Adina Darscht (Görz)

Land im Dämmerschein, Josefstal

Die Geschichte des Dorfes Josefstal in der Ukraine und die Geschichten seiner ehemaligen Bewohner mit Schwerpunkt auf Flucht und Vertreibung im Zweiten Weltkrieg.

Text: Adina Darscht
Lektorat: Monika Pier
Bilder: Für alle Bilder und Dokumente von Privatpersonen liegen Genehmigungen und Einverständniserklärungen für die Veröffentlichung vor.
Covergestaltung: Verlagshaus Schlosser
Umschlagabbildung: Adobe Firefly
Satz und Layout: Verlagshaus Schlosser
ISBN 978-3-7581-0143-4

Druck: Verlagsgruppe Verlagshaus Schlosser • Inhaber Florian Ebering
Geltinger Straße 21 • D-85652 Pliening
verleger@verlagshaus-schlosser.de • www.schlosser-verlagshaus.de

Printed in Germany

Inhaltsverzeichnis

Teil II

Adina Darscht (Görz)

geboren 1953 in Kuterlja, Gebiet Orenburg im Südural, in der ehemaligen Sowjetunion. Nach dem Abitur 1970 studierte sie Medizin an der Universität Orenburg.

Anschließend arbeitete sie sechzehn Jahre als Kinderärztin im Kinderklinikum Orenburg. 1991 wanderte sie mit ihrer Familie nach Deutschland aus. Zwei Jahre lang war sie an der Universität Göttingen in der humangenetischen Beratungsstelle tätig und führt seit 1994 eine eigene Praxis als Kinderärztin.

Seit 51 Jahren ist sie mit Dr. Waldemar Darscht verheiratet. Das Ehepaar hat eine Tochter (geb. 1977), einen Sohn (geb. 1982) und vier Enkeltöchter. Die Familie lebt in Melle, Landkreis Osnabrück.

Aufgrund ihrer eigenen Geschichte und der ihrer Familie interessiert sie sich seit vielen Jahren für ihre Familiengeschichte und die Historie der Russlanddeutschen. Im Jahr 2020 erschien ihr Buch *Das absolute Gedächtnis, Josefstal*, mit dem sie die Erinnerung an Josefstal, das Heimatdorf ihres Vaters, würdigte.

In diesem Buch erzählt Adina Darscht von der Geschichte Westpreußens, insbesondere den letzten hundert Jahren vor der Auswanderung ihrer Vorfahren nach Neurussland, sowie von der Flucht und Vertreibung der Josefstaler und anderer Verwandter während des Zweiten Weltkriegs.

Vorwort

„Vertreibung ist eine erzwungene Form von Migration über Staatsgrenzen hinweg. Die von ihr Betroffenen werden unter mittelbarem oder unmittelbarem Zwang dazu genötigt, ihre Heimat zu verlassen. Vertreibung ist unumkehrbar und endgültig.“[1]

„Flucht drängt sich in das Heute und fordert Aufmerksamkeit für das Gestern, selbst wenn der Heimatverlust viele Jahre zurückliegen mag.“[2]

H. Hirsch

Die Zeit fließt wie ein Strom, der alles mit sich reißt – und wir sind Reisende in diesem Strom. Doch nicht nur wir: Auch unsere Vorfahren haben eine Reise durch die Zeit gemacht. In diesem Buch werde ich von einzelnen Momenten erzählen – wie Schnappschüssen aus verschiedenen Epochen, die einen Blick in die Vergangenheit gewähren.

„Mehr als 110 Mio. Menschen sind derzeit auf der Flucht vor Krieg und Verfolgung. Sie teilen das Schicksal von Mio. Deutschen, die nach dem Zweiten Weltkrieg ihre Heimat verlassen mussten.

Hinter jeder Flucht steht eine persönliche Geschichte und mitunter viel Leid. Nicht immer werden Geflüchtete jedoch mit offenen Armen empfangen. Gerade im Bewusstsein unserer Geschichte und im Einklang mit unseren völkerrechtlichen Verpflichtungen aus der Genfer Flüchtlingskonvention müssen wir an der Seite der Schutzsuchenden stehen.“[3]

---

1 Philipp Ther: „Deutsche und polnische Vertriebene. Gesellschaft und Vertriebenenpolitik in der SBZ/DDR und in Polen 1945–1956“, Göttingen 1998.

2 Helga Hirsch, „Über Generationen hinweg: Das Erbe der Vertreibung – Traumata, Verhaltensmuster, Mentalitäten.“

3 Lisa Paus: „Flucht und Vertreibung sind Menschheitsthemen“, nationaler Gedenktag in Berlin.

Flüchtlinge, die heute vor Unmenschlichkeit, Terror und Kriegen fliehen, rufen bei vielen Deutschen historische Bilder wach. Dieses Land hat trotz der beschriebenen Schwierigkeiten bei der Integration von Millionen Vertriebenen eine ungeheure kulturelle und soziale Herausforderung gestemmt, als manche ein Scheitern oder gar ein schwelendes revolutionäres Pulverfass voraussagten.

Gleichzeitig lohnt sich einmal mehr ein neuer Blick auf eigene Familienbiografien. Das „Bitte weiterflüchten" der Dresdner Transparente hingegen offenbart einen Zynismus, der diese elementaren historischen Erfahrungen ausblendet. Millionen Biografien in Deutschland sind im Kern von einem Flüchtlingsschicksal geprägt. Vertreibung, Heimatverlust und unerwünschte Ankunft haben als millionenfache Erfahrung in der deutschen Gesellschaft tiefe Spuren hinterlassen und das Flüchtlingsschicksal damit in die mentale Verfassung der deutschen Gesellschaft eingeschrieben.[4]

„Es gibt ein Leben nach der Flucht", weiß der Schriftsteller Ilja Trojanow, der als Kind mit seiner Familie aus dem kommunistischen Bulgarien nach Deutschland floh. Flucht ist nicht das Ende, will er trösten – nach der Flucht beginnt ein neuer Abschnitt. Doch sein Trost bleibt schwach, halbherzig, durchzogen von Zweifel. Denn Trojanow schränkt sogleich ein: „Die Flucht wirkt fort, ein Leben lang. Unabhängig von individuellen Prägungen, von Schuld, Bewusstsein, Absicht, Sehnsucht. Der Geflüchtete ist eine eigene Kategorie Mensch." Menschen dieser besonderen Kategorie, so suggeriert Trojanow, tragen eine Last, die sich ihr Leben lang nicht abschütteln lässt. „Nichts an der Flucht ist flüchtig. Sie stülpt sich über das Leben und gibt es nie wieder frei."[5]

Erinnerungen sind endlich. Für einige Jahre wird es Erinnerungsbilder von mir geben, doch eines Tages werden auch sie

---

4 Andreas Kossert, „Flüchtlinge und Vertriebene im Nachkriegsdeutschland."

5 Ilja Trojanow: „Nach der Flucht: Ein autobiographischer Essay", Frankfurt am Main 2017.

verblassen. Was ich selbst von den Menschen in Erinnerung habe, die meine Wurzeln – und damit die Wurzeln meiner ganzen Familie – sind, halte ich hier fest. Es geht um die Schicksale von Menschen, meist aus Josefstal, die ich kennengelernt habe und die während oder nach dem Krieg ihre Heimat verlassen mussten.

Das Dorf Josefstal wurde 1789 von Auswanderern aus Westpreußen gegründet und 1943 im Rahmen der Operation „Verbrannte Erde“ von Wehrmachtssoldaten zerstört und niedergebrannt. Die Bewohner wurden nach Deutschland verschleppt. Nach dem Zweiten Weltkrieg wurden einige Josefstaler – nicht immer freiwillig – nach Russland repatriiert. Andere blieben in Deutschland, während manche von ihnen Ende der 1940er-Jahre nach Kanada auswanderten.

Wenn ich die Flucht- und Vertreibungserlebnisse meiner Familienmitglieder betrachte, erschließt sich mir ein Spektrum an Einzelheiten, die ihr Leben für immer geprägt haben. Davon erzähle ich hier.

Josefstal, ein deutsches Dorf in der Ukraine, war die Heimat meines Vaters sowie seiner Verwandten und Vorfahren.

Heute existiert das Dorf Josefstal nicht mehr. Doch es gibt Erinnerungen daran – und an seine Einwohner. Diese Erinnerungen verbinden die Josefstaler und ihre Nachkommen bis heute. Sie haben mich über viele Jahrzehnte bewegt, mehr über die Geschichte der Josefstaler zu erfahren und dieses Wissen weiterzugeben.

Dieses Buch ist eine Fortsetzung meines Werks „Das absolute Gedächtnis, Josefstal“. Jetzt, vier Jahre nach dessen Erscheinen, habe ich weitere Informationen über unsere Herkunft, unsere Konfession, den kanadischen Zweig unserer Familie sowie über das Thema „Flucht und Vertreibung“ gesammelt und werde sie hier präsentieren.

Mein Cousin zweiten Grades, Siegfried Schmold aus Kanada, hat mein erstes Buch ins Englische übersetzt und um Daten zum kanadischen Zweig unserer Familie ergänzt. Im vergangenen Jahr schrieb er die Geschichte seiner Eltern nieder, die ebenfalls aus Josefstal stammen. Ich durfte Siegfrieds Geschichte ins Deutsche übersetzen und hier weitergeben. So erhalten wir einen tieferen Einblick in die Schicksale unserer Verwandten in Kanada sowie in das Leben der Josefstaler nach ihrer Vertreibung und der Auswanderung aus Deutschland nach Kanada.

An dieser Stelle bedanke ich mich bei Siegfried für das fundierte und gleichzeitig einfühlsame Schreiben sowie für das Vertrauen. Ebenso danke ich meiner Familie für die Unterstützung und Geduld. Mein Dank gilt auch Barbara Rapier-Smela, die mich während der Recherchen in Polen unterstützt hat.

Besonders dankbar bin ich Emilia Epp, Emilie Littau und Edith Görz (Kurschat), die mir ihre Geschichten anvertraut haben.

Viele Philosophen haben bezweifelt, dass man über die Vergangenheit wissenschaftlich abgesicherte wahre Aussagen treffen könne.

Warum? Zunächst einmal handelt es sich um Aussagen über Vergangenes – und dieses ist uns nie direkt zugänglich, sondern nur indirekt. Der Zugang erfolgt durch Erinnerung, die sich täuschen und irren kann, oder durch Quellen, die zunächst interpretiert werden müssen, oder durch Überlieferungen, die die Vergangenheit vielleicht sogar bewusst verfälschen.

Außerdem wird der Geschichtsschreibung häufig der Wissenschaftscharakter abgesprochen, weil ihr die Objektivität der Naturwissenschaften fehle. Historische Aussagen, so heißt es, seien viel zu subjektiv, um als wissenschaftlich gelten zu können: Sie seien zeitgebunden, gebunden an den Standort des Historikers und würden mit Werturteilen einhergehen, die in einer Wissenschaft nichts zu suchen hätten. Verschiedene Historiker würden zu unterschiedlichen Zeiten auch unterschiedliche Geschichten erzählen. Kurz gesagt: Es scheint, als habe das Treiben des Historikers wenig mit wissenschaftlicher Wahrheitssuche zu tun. Dennoch ist historische Wahrheit nicht nur möglich, sondern auch höchst sinnvoll und gesellschaftlich wünschenswert.[6]

Die historische Wahrheit im Folgenden basiert auf Erinnerungen von Zeitzeugen, die mittels Quellen des Bundesarchivs in Berlin bestätigt wurden.

Adina Darscht, 25. Januar 2024

---

6 Ludger Jansen, Die Wahrheit der Geschichte und die Tugenden des Historikers, Rostock.

Teil I

Gezwungene Flucht

Als der Zweite Weltkrieg begann…

…begann eine neue Geschichte über Auswanderung und Deportation in der Geschichte unserer Familie – eine Geschichte in der Geschichte.

Die Tage unseres Lebens reihen sich aneinander wie Perlen auf einer Schnur, die aus der grauen Ungewissheit der Zukunft auftauchen und über die Gegenwart in das Grau der Vergangenheit und des Vergessens verschwinden. Sie gleichen sich alle, ein Tag ist wie der andere. Nicht große Ereignisse bestimmen das Leben, sondern der Alltag.

Doch manchmal ist es, als würde sich dieser ruhige Strom in einen reißenden Fluss verwandeln. Die Tage und Ereignisse jagen einander, und wir werden zum Spielball des Geschehens, auf das wir kaum noch Einfluss nehmen können. Wir kämpfen nur noch mit der Strömung, ohne uns zu fragen, wohin sie uns führt…

Am 22. Juni 1941 erfuhren die Josefstaler durch die Übertragungsanlage des Dorfes von dem Überfall des Deutschen Reiches auf die Sowjetunion.

Aus der Sicht Stalins und der sowjetischen Führung war die Zeit gekommen, ohne Rücksicht auf die Russlanddeutschen vorzugehen. Alle Deutschen sollten aus dem europäischen Teil der Sowjetunion deportiert werden. Für die Deutschen in Neurussland kam dieser Befehl jedoch etwas zu spät.

In Josefstal wurden am 17. Juni 1941, kurz vor dem Beginn des Krieges, viele Jugendliche und Männer, deren Väter 1937–1938 verhaftet worden waren, im Dorf zusammengebracht, um das Vieh aus dem Dorf gen Osten zu treiben. Später kam es zu Verurteilungen der Viehtreiber. Sie wurden in den hohen Norden und in östliche Gebiete verbannt und zu 8–10 Jahren Gefängnisstrafe mit Zwangsarbeit verurteilt.

Zu dieser Zeit wussten die Josefstaler noch nicht, dass sie zwei Jahre später gezwungen sein würden, ihre Heimat zu verlassen.

Am 7. Oktober 1939, nur einen Tag nach der Reichstagsrede Hitlers, wurde Himmler zum „Reichskommissar für die Festigung des deutschen Volkstums“ ernannt. In seiner Ernennungsurkunde heißt es dementsprechend: „Die Folgen vom Versailler Vertrag von 1919 in Europa sind beseitigt. Damit hat das Großdeutsche Reich die Möglichkeit, deutschen Menschen, die bisher in der Fremde leben mussten, in seinen Raum aufzunehmen und anzusiedeln und innerhalb seiner Interessensgrenzen die Siedlung der Volksgruppen so zu gestalten, dass bessere Trennungslinien zwischen ihnen erreicht werden.“

An den verschiedenen Planungen in den Jahren von 1940 bis 1942 wurde zunächst im Auftrag des Reichsführers SS Heinrich Himmler, später auch im Auftrag des NS-“Chefideologen“ Alfred Rosenberg gearbeitet.

Das Rasse- und Siedlungshauptamt, eines der ältesten Hauptämter des SS-Imperiums, erhielt neben den bereits bestehenden Arbeitsgebieten auch die Koordinierung der Umsiedlungspolitik in den besetzten Territorien als Aufgabe. Das schloss die Umsiedlung der Volksdeutschen ebenso ein wie die Vertreibung von Polen und Juden. Hierfür wurden zwei neue Institutionen ins Leben gerufen: die Einwandererzentralstelle (EWZ), die sich der Einbürgerung der Volksdeutschen annehmen sollte, und die Umwandererzentralstelle (UWZ), der die Vertreibung von Polen und Juden oblag.[7]

Die Siedlungspolitik unter Himmlers Führung wuchs zu einem gigantischen Projekt der Bevölkerungslenkung an, das schließlich auch die Entwicklung des Völkermords an den Juden entscheidend beeinflusste und beschleunigte.

Im Oktober 1939 wurde der Militärbezirk Posen in das Deutsche Reich eingegliedert, und zwar nicht als neue Provinz in das Land Preußen, sondern in seinen bisherigen Grenzen als neuer

---

7 Heinemann, „Rasse, Siedlung, deutsches Blut“, S. 195-201.

Reichsgau Posen mit Verwaltungssitz in Posen. Zum Reichsstatthalter wurde der bisherige Chef der Zivilverwaltung, Arthur Greiser, ernannt.

Das Hauptziel des Reichsstatthalters und NSDAP-Gauleiters Arthur Greiser war es, in diesem Gebiet einen Mustergau des Dritten Reiches zu schaffen. 1942 sagte er, der Warthegau sei hinsichtlich des „Volkstumskampfs" ein „Exerzierplatz des Nationalsozialismus" und ein Mustergau für den Aufbau des künftigen Reiches; hier würden in allen Lebensbereichen von Grund auf neue Verhältnisse im nationalsozialistischen Geiste geschaffen. Der Zustand, dem das Warthegau entgegengehe, sei das Ideal, das in der Zukunft das gesamte Reich anstreben werde.[8]

Nach einer „politischen Flurbereinigung", die sich in der Terrorisierung aller polnischen Bürger und der Ermordung der polnischen Eliten äußerte, begann man bereits Ende September und im Oktober 1939 mit den ersten Aktionen zur Aussiedlung der polnischen und jüdischen Bevölkerung. Diese Aktionen wurden zunächst innerhalb des jeweiligen Wohnorts durchgeführt; später wurden die polnischen Bürger dann ins Generalgouvernement (GG) ausgesiedelt, das eine Art Reservat für die Polen bis zu ihrer völligen Vernichtung oder Aussiedlung hinter den Ural, wie es der Generalplan Ost vorsah, darstellen sollte. Die Juden sollten in Ghettos zusammengezogen und später vernichtet werden.

Das Ziel der Nationalsozialisten war die „Germanisierung des Bodens", nicht der hier lebenden Polen und Juden, um neuen „Lebensraum" zu gewinnen. „Ich möchte hier eine blonde Provinz schaffen", erklärte SS-Reichsführer Heinrich Himmler seine Pläne. Zu diesem Zweck machte man sich an die Umgestaltung der ethnischen Verhältnisse durch Aussiedlung oder Vernichtung

8 Jerzy Marczewski: „Die nationalsozialistische Konzeption der Kolonisierungs- und Aussiedlungspolitik und ihre Umsetzung im „Warthegau", Poznań 1979, S. 48.

der Polen und Juden sowie durch die Ansiedlung von Reichsdeutschen sowie Volksdeutschen aus verschiedenen Teilen Europas.

Weitere Behörden wurden ins Leben gerufen, die sich der Verwaltung von Grund und Boden oder des Vermögens annahmen. Eine der wichtigsten war die Deutsche Umsiedlungs- und Treuhandgesellschaft, deren Aufgabe die Erfassung, Verwaltung und Verwertung des Vermögens war, das die volksdeutschen Umsiedler zurücklassen mussten, sowie dessen Verrechnung mit Gegenwerten in den Ansiedlungsgebieten der „Neusiedler".[9]

Dann gab es noch die Forschungsstelle des Russlanddeutschtums in Berlin, in der Dr. Karl Stumpp, der zu der Zeit Leiter der russlanddeutschen Geschäftsstelle des Deutschen Ausland-Instituts in Stuttgart war, beschäftigt war.

Dr. Karl Stumpp (* 12. Mai 1896 in Alexanderhilf, Russisches Kaiserreich; † 20. Januar 1982 in Stuttgart) war ein deutscher Ethnograph schwarzmeerdeutscher Herkunft, der sich den Auslandsdeutschen in Osteuropa und Südosteuropa widmete. Nach dem Abitur am deutschen Gymnasium in Odessa studierte er zwischen 1918 und 1922 an der Eberhard-Karls-Universität Tübingen. Dort beteiligte er sich an der Gründung des Vereins Deutscher Studierender Kolonisten. 1922 promovierte er zum Doktor der Philosophie.[10]

Während des Zweiten Weltkrieges führte Stumpp im Auftrag des Deutschen Auslandsinstituts und des Reichsministeriums für die besetzten Ostgebiete (RMO) ethnologische und genealogische Untersuchungen in volksdeutschen Dörfern der besetzten Ukraine durch. Das von ihm geleitete 80-köpfige Sonderkommando Dr. Stumpp operierte als halbmilitärische Einheit von Sommer 1941

---

9 Zit. nach Martin Broszat: „Nationalsozialistische Polenpolitik 1939-1945", überarbeitete Ausgabe, Frankfurt a.M. 1965, S. 65 f.

10 Karl Stumpp: „Die deutschen Kolonien im Schwarzmeergebiet, dem früheren Neu- (Süd-) Russland, – ein siedlungs- und wirtschaftsgeographischer Versuch" Dissertation.

bis Sommer 1943 in der Ukraine. Im Jahr 1942 wurde Stumpp zudem als Leiter eines Sonderkommandos „Sippenkunde und Volksbiologie“ beim Reichskommissar der Ukraine eingesetzt. Dieses Kommando war dem Einsatzstab Reichsleiter Rosenberg (ERR) zugeordnet, einer Rauborganisation der NSDAP, die Kulturgüter raubte und insbesondere Archivalien sicherzustellen hatte. [11]

Er fertigte zu mehr als 300 Dörfern im von der Wehrmacht besetzten Gebiet „Dorfberichte“ an. Die detaillierten demographischen, kulturellen und rassischen Untersuchungen für die NS-Bürokratie und die SS stellten eine Grundlage für die bevölkerungspolitische Kontrolle ukrainischer Dörfer und der ethnischen Absonderung ihrer Bevölkerung dar. Auch das Archivgut der umgesiedelten Russlanddeutschen sicherte das Kommando.[12]

Der Reichsgau Wartheland, oder verkürzt Warthegau, bestand im Verband des Deutschen Reiches von 1939 bis 1945. Das Territorium kam nach der deutschen Besetzung Polens infolge einer völkerrechtswidrigen Annexion zum Deutschen Reich. Seinen Namen hatte es von der Warthe, die es vom Südosten zum Nordwesten durchfließt.

Drei Aufgaben nahm Himmler in seiner neuen Funktion wahr:

1. Die „Heimholung“ der Auslandsdeutschen,

2. Polen und Juden in den besetzten Gebieten zu kontrollieren sowie ihren „schädlichen Einfluss“ auszuschalten, und schließlich

3. Polen und Juden auszusiedeln, um Platz für die Neusiedler zu schaffen.

Nach Berechnungen von Maria Rutowski waren in den Jahren 1939 bis 1944 im Warthegau insgesamt 625.000 polnische Bürger von Aussiedlung, Umsiedlung und Vertreibung betroffen.

---

11 Nazarii Gutsul: „Der Einsatzstab Reichsleiter Rosenberg und seine Tätigkeit in der Ukraine 1941-1944“, Dissertation Gießen, 2013, S. 251ff.

12 Adina Darscht (Görz), „Das absolute Gedächtnis, Josefstal“, historische Berichte über Josefstal, 2020, Verlag Tredition.

Die soziale Struktur der Flüchtlinge, in der die Bauern dominierten, entsprach den Plänen von Greiser, der den landwirtschaftlichen Sektor im Wartheland verstärken wollte. Außerdem waren 60 % der Ansiedler im beschäftigungsfähigen Alter, sodass sie als Arbeitskräfte eingesetzt werden konnten. Ende des Jahres 1944 lebten aufgrund der Aktion „Heim ins Reich“ zwischen 530.000 und 630.000 Kolonisten im Warthegau.[13]

Der Transfer der ethnischen Deutschen verlief häufig chaotisch und unorganisiert. Sie standen dicht gedrängt mit ihrem gesamten Hab und Gut in Zügen oder auf Schiffen und wussten oft nicht, wohin sie eigentlich fuhren.

Vor ihrer Ankunft im Warthegau wurden die ethnischen Deutschen nach Rasse und sozialer Herkunft vom Rasse- und Siedlungshauptamt (RuSHA) selektiert. Diejenigen, die den Selektionskriterien nicht entsprachen, wurden ins alte Reich transportiert, wo sie in provisorischen Lagern untergebracht wurden. Nach ihrer Entlassung aus den Lagern konnten sie das Warthegau besiedeln und erhielten gleichzeitig die deutsche Staatsangehörigkeit von der Einwanderungszentrale (EWZ), die organisatorisch für ihre Ansiedlung zuständig war.

Die Kolonisten, die im Warthegau ankamen, verbrachten mehrere Monate in hunderten provisorischen Lagern, die von der SS-Hauptabteilung Volksdeutsche Mittelstelle (VoMi) verwaltet wurden. Dort warteten sie auf die Zuteilung von Immobilien oder Grundstücken, die zuvor den deportierten Polen und Juden geraubt worden waren. Die meisten wussten jedoch nicht, dass sie tatsächlich mit Immobilien und Grundstücken versorgt werden würden. Das NS-Regime verfolgte in erster Linie das Ziel, die Volksdeutschen aus Osteuropa für die Germanisierung der annektierten Gebiete zu nutzen.

Die Germanisierung des Warthelandes sollte durch die Vertreibung der polnischen Bevölkerung und die Schaffung eines An-

---

13 C. Łuczak, Pod niemieckim jarzmem…, S. 69–71; W. Röhr, „Reichsgau Wartheland“…, S. 46–47.

siedlungsraums für ethnische Deutsche erfolgen. Der Transfer von Volksdeutschen kann als ein zentrales Element der NS-Bevölkerungspolitik im Sinne der „völkischen Flurbereinigung“ in Osteuropa angesehen werden, eine Vorbereitung auf die Durchführung des Generalplans Ost. 1944/45 wurden im Wartheland größtenteils die deutschstämmigen Umsiedler aus dem nordost- und südosteuropäischen Raum in den vom Deutschen Reich annektierten Teilen Polens angesiedelt. Laut Schätzungen von Ingeborg Fleischhauer handelt es sich insgesamt um etwa 350.000 Deutsche, die aus der UdSSR ausgesiedelt oder geflüchtet waren. Etwa 70.000 bis 80.000 dieser Personen gelangten in die westlichen Besatzungszonen.[14]

14 Ingeborg Fleischhauer, „Das Dritte Reich und die Deutschen in der Sowjetunion“, Stuttgart 1983, S. 242.

Abschied von Josefstal

Im Herbst 1943 begann der Rückzug der deutschen Truppen aus der UdSSR. Bereits im Frühling ging das Gerücht um, dass die Josefstaler ihre Heimat verlassen müssten. Niemand wollte es so recht glauben. In den Sommermonaten wurde immer wieder darüber gesprochen. In den Gesprächen ging es auch darum, was man am besten mitnehmen sollte.

Während der zwei Jahre der Besatzung hatte sich für die Bewohner nicht viel geändert. Die Einwohner arbeiteten weiterhin im Kollektiv. Im Dezember 1942 wurde die Kirche wieder geöffnet, und der Schulunterricht fand weiterhin statt.

Eine Schulklasse mit Eugenia Look in Josefstal (Album von Anna Kuhn)

Am 14. September 1943 wurde von der Wehrmacht die Schaffung einer 190 km breiten Wüstenzone östlich des Dnepr befohlen (Taktik „Verbrannte Erde"). Die vollständige Räumung aller dort befindlichen Betriebe, Vorräte, Dörfer und technischen Einrichtungen sollte bis zum 19. September 1943 abgeschlossen sein.

Frauen mit ihren Kindern auf dem Hof von Frau Müller in Josefstal (Album von Wilhelmina Littau)

1942, Kontenius Denkmal auf dem Friedhof von Josefstal, Foto von K. Stumpp

Am 15. September 1943 wurden die Richtlinien zur Evakuierung und Verwüstung bekanntgegeben. Es wurde befohlen, Dorftrecks unter der Führung der Dorfvorsteher (Starosten) zu bilden, begleitet von einheimischer Polizei. Ein Ausweis, in dem Abmarsch- und Zielort genannt wurden, war mitzuführen.

Am 14. September 1943 zog ein Treck, teils mit Fuhrwerken, meistens jedoch zu Fuß, aus Josefstal in

Richtung Westen über den Dnepr. Mehrere Zeitzeugen berichteten mir, dass Josefstal in Flammen stand, als sie das Dorf am 14. September 1943 verließen – vielleicht auf Nimmerwiedersehen.

Meine Großmutter erzählte mir, dass die Frauen laut weinten und manche laut beteten, weil Josefstal zu dieser Zeit bereits in Flammen stand. Die Soldaten, die den Treck begleiteten, sagten: „Ihr habt, um nichts zu weinen, von diesem Dorf wird nichts übrigbleiben.“[15]

In langen Trecks zogen Männer, Frauen und Kinder Richtung Westen, Foto: Hulton Archive / Getty Images.

Viele Russlanddeutsche, insbesondere aus bäuerlichen Familien, zogen von Anfang an in großen Trecks mit Pferd und Wagen sowie vielen Habseligkeiten los. Eine gute Behandlung dieser Trecks wurde von verschiedenen deutschen Dienststellen gefordert. Die Geheime Feldpolizei verlangte beispielsweise, eine planmäßige Rückführung mit Verpflegung, medizinischer Betreuung durch landeseigene Kräfte und einer Lenkung durch Landwirtschaftsführer zu gewährleisten. Damit sollte die Propaganda vom „deutschen Schutz“ unterstützt werden, um den Zulauf zu den Partisanen zu bremsen.[16]

15 Adina Darscht (Görz), „Das absolute Gedächtnis, Josefstal“, historische Berichte über Josefstal, S. 255, 2020, Verlag Tredition.

16 Monatsbericht der GFP, Dezember 1943, BA, R6/136, S. 8.

Umgesetzt wurden diese Strategien jedoch nur teilweise. Der „Berück Süd“[17] zwar Straßenkommandanten für die Flüchtlingsbewegung, verfolgte damit jedoch in erster Linie das Ziel, die Marschrouten des Militärs abzusichern. So erhielt die Feldkommandantur 298 die Weisung, auf dem „Abmarschweg der Volksdeutschen, der rückzugswilligen ukrainischen Bevölkerung und des Viehs“ von Bila Zerkwa in Richtung Bialopol die Panzerstraße nach Piszczyki notfalls mit Waffengewalt freizuhalten.

Den Oberfeldkommandanturen, denen die Straßenkommandanten unterstellt waren, oblag es jedoch auch, die zivilen Dienststellen zur Unterbringung und Versorgung der Flüchtlinge anzuhalten.

Ein Straßenkommandant zwischen Lubny und Kiew, einer Strecke von rund 200 km, war beispielsweise ein Major Ockert vom Ostbaubataillon 559, der mit zwei PKWs, zwei Offizieren und einigen Unteroffizieren ausgestattet war. Diese Straßenkommandanten spielten eine Schlüsselrolle bei der Fluchtbewegung: Ockert unterstanden am wichtigen Dnepr-Übergang der Durchgangsstraße V bei Tscherkassy auch eine Dampf- und eine Kahnfähre, die täglich 500 Pferdefahrzeuge transportieren konnten. Am Westufer des Dnepr sollte die zuständige Ortskommandantur die Weiterleitung der Flüchtlinge übernehmen.

Doch angesichts der knappen Transportkapazitäten stauten sich die Trecks am Dnepr. Neben den Flüchtlingen verstopfte auch das gen Westen getriebene Vieh die Fähren. Die Familien ließen ihre Pferdefuhrwerke zurück und wurden zusammen mit vielen anderen Flüchtlingen in Güterwaggons verladen und zum Arbeitseinsatz ins Reich gebracht.

Von deutscher Seite wurden insbesondere die Landtrecks häufig positiv bewertet. Sie bewiesen gute Haltung, die anführenden Starosten (Dorfältesten) meldeten sich mit deutschem Gruß, und sie hatten Verpflegung und Habseligkeiten mitnehmen können, wie die Wirtschaftsinspektion Süd im September 1943 berichtete.

17 Befehlshaber des Rückwärtigen Heeresgebietes.

Städtische Flüchtlinge hingegen hatten alles zurückgelassen und waren auf die schlecht funktionierende Verpflegung der Flüchtlingsorganisation angewiesen. Sie streiften beschäftigungslos in der Westukraine umher.

Diese Trecks liefen aufgrund ihres langsamen Tempos ständig Gefahr, von der Front eingeholt zu werden. Zudem waren sie Angriffen sowjetischer Partisanen ausgesetzt, die in ihnen Helfer der Deutschen sahen.

Grundsätzlich versuchten die deutschen Behörden, Flüchtlinge schon in den besetzten Gebieten zu erfassen, das heißt, arbeitsfähige Personen direkt zur Arbeit ins Reich zu bringen. Offiziell wurden sie dann als „Fremdarbeiter" behandelt, wie auch die zwangsdeportierten Landsleute, und erhielten dieselben Dokumente. Ein markanter Unterschied bestand jedoch darin, dass die deutschen Behörden versuchten, Familien nicht auseinanderzureißen und bei der Arbeitsplatzwahl Vorkenntnisse sowie Berufserfahrungen zu berücksichtigen.

Die Menschen, die deportiert wurden, erlebten einen Moment der Gottverlassenheit und Ohnmacht in ihrem Schmerz. Diese Erfahrung war so schwer zu ertragen, dass sie sie in eine innere Kapsel verschlossen. In dieser Kapsel lag die ganze unerträgliche Schwere des Erlebten. Bei einigen brach sie eines Tages auf und sie konnten darüber sprechen. Manchen aber gelang das nie. Typisch für meine Generation, die der Kriegsenkel, ist ein Konflikt zwischen den eigenen, oft unausgesprochenen Wünschen und den äußeren Erwartungen, wie der Psychoanalytiker Bachhofen feststellt. „Traumatisierungen der Eltern wirken sich sehr stark auf die Entwicklungsverläufe von Kindern aus", erklärt er. Das Trauma der Eltern prägt nicht nur die Beziehungen innerhalb der Familie, sondern beeinflusst auch die Identität der Kinder auf einem tiefen, oft unbewussten Level.

Die Generation der „Kriegsenkel", also der direkten Nachkommen von durch Kriegserlebnisse traumatisierten Menschen, zu der auch ich gehöre, ist ein Leben lang von den Erlebnissen ihrer Eltern und Großeltern im Krieg geprägt.

Süß, ein Psychoanalytiker, der ebenfalls zu dieser Generation gehört, beobachtete bei Kriegsenkeln insbesondere eine große Unsicherheit und Unzufriedenheit. Diese Emotionen brechen vor allem in der Lebensmitte aus „Sie fragen sich, warum sie nicht den Beruf ergriffen haben, den sie eigentlich haben wollten. Warum sie in einer Beziehung stecken, die sie unglücklich macht." Dann setzt oft ein Nachforschen ein und man beginnt, sich mit der eigenen Familiengeschichte zu beschäftigen.

„Dann lernen wir, dass das eigene Elternhaus uns nicht stärken konnte, weil unsere Eltern selbst traumatisiert waren. Man begreift, dass man nicht selbst an allem schuld ist, dass es da etwas gibt, was man nicht beeinflussen kann."

Dieses Andere ist die Vergangenheit. Eine solche Erklärung für falsche Lebensentscheidungen zu finden, könnte viele Kriegsenkel entlasten und mit der eigenen Biografie versöhnen, so der Psychoanalytiker Süß. Wenn die Eltern nicht mehr leben oder partout nichts erzählen wollten, riet er dazu, in Archiven zu recherchieren.[18]

Im Laufe der Jahre haben sich die Gefühle zu den Geschichten unserer Großeltern und Eltern immer wieder verändert. Man denkt mehr nach, wenn man älter wird, und erkennt, dass die eigenen Eltern und Großeltern in einem jüngeren Alter, als dem, in dem man mittlerweile selbst ist, furchtbare Erlebnisse und Verluste ertragen mussten, dass man selbst in großer Sicherheit und Wohlstand aufgewachsen ist und lebt.

Nach dem Tod der Großeltern und meines Vaters setze ich mich heute ganz anders mit den in der Familie teilweise bekannten Geschichten auseinander. Ich bin mir sicher, dass sie aufbewahrt werden müssen, da sie Teil nicht nur meiner Familiengeschichte, sondern auch meiner eigenen Biografie sind.

---

18 Katrin Janker, „Die Kinder der Traumatisierten", Süddeutsche Zeitung.

Im Warthegau

Im September 1939 wurde die Stadt Tuschin von der deutschen Wehrmacht besetzt. Im Tuschin Wald, etwa 20 km von Litzmannstadt (Łódź) entfernt, befand sich ein großes Umsiedlerlager der VOMI (Volksdeutsche Mittelstelle). Ab 1940 waren dort deutschstämmige Umsiedler aus Bessarabien, Kroatien und anderen Gebieten untergebracht, die später im Generalgouvernement angesiedelt werden sollten.

Das Lager bestand aus 700 Gebäuden, darunter eine Schule und eine Großküche. Aufgrund ihres fortgeschrittenen Alters konnten mir meine Zeitzeugen nichts mehr über dieses Lager erzählen.

1944, Josefstaler in Schildberg, Bild aus dem Album von Irene Pauls

„Das Gedächtnis achtet der Daten nicht, es überspringt die Jahre und dehnt den zeitlichen Abstand. Erinnern wählt aus, kombiniert und lässt Ereignisse aus, weil der Mensch, der sich erinnert, eine spezifische Vorstellung entwirft, ohne zugleich zu wissen, was diese Veränderungen meinen. Insofern geht mit dem Erinnern jeweils das Vergessen einher, das dem Erinnern gegenübergestellt wird."[19]

Anhand von Aussagen von Zeitzeugen gehe ich dennoch davon aus, dass viele Josefstaler über das Lager Tuschin Wald nach Kempen und Schildberg im Warthegau gelangten.

So kam auch meine Oma, Karolina Görz, geborene Schmoldt, (*26. Juni 1895 - †26. März 1968), aus Josefstal mit ihrem Volkstumsausweis nach Kempen.

1943, Karolina Görz mit ihrer Schwiegertochter Elisabeth und Enkelkind Friedrich in Josefstal

Mitte Oktober 1939 wurde zunächst in Gotenhafen (polnisch Gdynia) eine nationalsozialistische „Sammeldienststelle" eingerichtet, die die Einbürgerung und Ansiedlung von bis zu 1.000.000 „volksdeutschen Umsiedlern" regelte. Dabei erfolgte die Auswahl nach angeblich rassebiologischen und politischen Kriterien.

Bereits ab Oktober 1939 mussten sich die Umsiedler aus Estland und Lettland in der Einwanderungszentrale (EWZ) melden. Dort wurden sie registriert, gesundheitlich untersucht und für den Transport zu ihrem Ansiedlungsort erfasst. Es wurden Staatsangehörigkeitsfragen geklärt, der Vermögensausgleich geregelt und der Arbeitseinsatz bestimmt. Zwei Tage später erhielten die Umsiedler einen abschließenden Bescheid über ihren Einbürgerungs-

19 S. Kracauer, „Die Photographie", [in:] Ders.: Schriften, Bd. 52 (1927–1931), Frankfurt/M.1990, S. 86.

antrag.[20] Um Platz für die Baltendeutschen zu schaffen, sorgte die EWZ in Zusammenarbeit mit der Einsatzgruppe III bis Februar 1940 auch für die Vertreibung von Polen aus Danzig-Westpreußen.

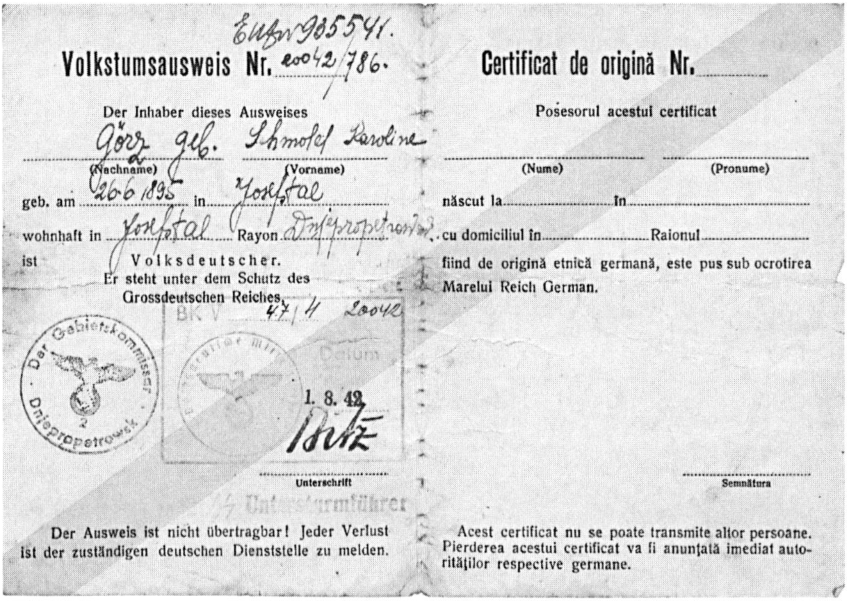

Volkstumsausweis Nr. ....

Der Inhaber dieses Ausweises

.... (Nachname) .... (Vorname)

geb. am .... in ....

wohnhaft in .... Rayon ....

ist Volksdeutscher.
Er steht unter dem Schutz des Grossdeutschen Reiches.

.... Unterschrift

Der Ausweis ist nicht übertragbar! Jeder Verlust ist der zuständigen deutschen Dienststelle zu melden.

Certificat de origină Nr. ....

Posesorul acestui certificat

.... (Nume) .... (Pronume)

născut la .... în ....

cu domiciliul în .... Raionul ....

fiind de origină etnică germană, este pus sub ocrotirea Marelui Reich German.

.... Semnătura

Acest certificat nu se poate transmite altor persoane. Pierderea acestui certificat va fi anunțată imediat autorităților respective germane.

Der Volkstumsausweis meiner Oma, Karolina Görz, (BArch, R9361-IV/30384)

Bei einer Umorganisation wurde im April 1940 die Umwandererzentralstelle (UWZ) eingerichtet, die für die Organisation der Deportationen zuständig war.

Damit begann die Entwicklung der EWZ zu einer „Selektionsbehörde" des Reichskommissars zur Festigung des deutschen Volkstums. Die EWZ war für die „erbbiologische" Erfassung verantwortlich. Ein Teil des Einbürgerungsverfahrens war ein als „Durchschleusung" bezeichneter Selektionsprozess nach „rassi-

20 Andreas Strippel: „NS-Volkstumspolitik und die Neuordnung Europas", Paderborn 2011.

schen und rassenhygienischen“ Prinzipien, der von (SS-)Ärzten der EWZ durchgeführt wurde.

Im Zweiten Weltkrieg bildeten die deutschen Besatzungsbehörden die Verwaltungseinheit Landkreis Kempen (Wartheland) in Posen. Zum Landkreis Kempen gehörten auch Schildberg und Altwerder.

Laut den Unterlagen des Bundesarchivs Berlin wurde meine Oma, Karolina Görz, in Altwerder, Kreis Kempen, registriert. Für sie wurde eine EWZ-Karte ausgefüllt.

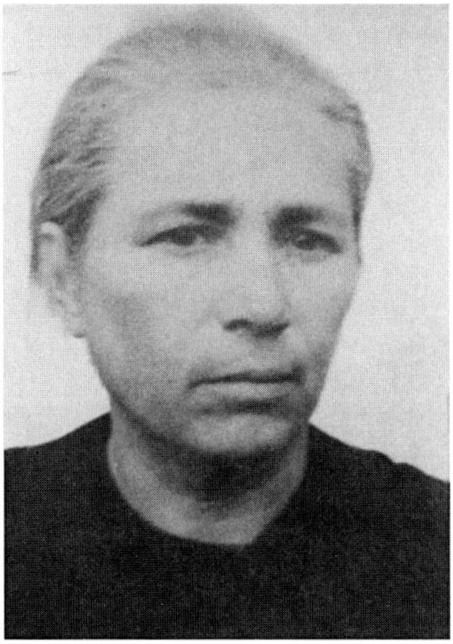

1944, Karolina Görz, geborene Schmoldt

Ihr Bruder, Wilhelm Schmold, seine Frau Anna und ihre sechs Kinder befanden sich nach der Einbürgerung in Kempen ebenfalls in Altwerder.

Altwerder, heute Grabów nad Prosną, ist eine Stadt in der Woiwodschaft Großpolen, im Kreis Ostrzeszów, im Grabowska-Tal, am Fluss Prosna.

Der Wiener Kongress von 1815 markierte die preußisch-russische Grenze am Fluss Prosna und machte Grabów, am Westufer des Flusses gelegen, für über 100 Jahre zur preußischen Grenzstadt. Im Jahr 1919 wurde die Stadt Teil des wiedergeborenen polnischen Staates, und der Fluss Prosna verlor seine Funktion als Grenze.

Infolgedessen beschleunigte sich in der Zwischenkriegszeit bis 1939 die Entwicklung von Grabów, und es wurde zu einem Handels- und Dienstleistungszentrum, das auch für Gebiete von Bedeutung war, die in der ehemaligen russischen Teilung gelegen hatten.

Zur Registrierung in der EWZ musste Karolina Görz ihre Autobiografie vorlegen. Sie schrieb sie in ihrer vertrauten Sütterlinschrift. Diese Schrift war 1911 im Auftrag des preußischen Kultur- und Schulministeriums von Ludwig Sütterlin entwickelt worden und diente als Ausgangsschrift für das Erlernen der Schreibschrift in der Schule.

Diese Autobiografie habe ich in die uns vertraute Schriftart übersetzt. Sie schrieb: „Peter Görz, geboren am 1. Januar 1894, konfirmiert am 5. Oktober 1909.

Karolina, geborene Schmoldt, geboren am 26. Juni 1895, konfirmiert am 5. Oktober 1909, geheiratet am 27. August 1914. Wir haben beide die Dorfschule (vier Schuljahre) beendet.

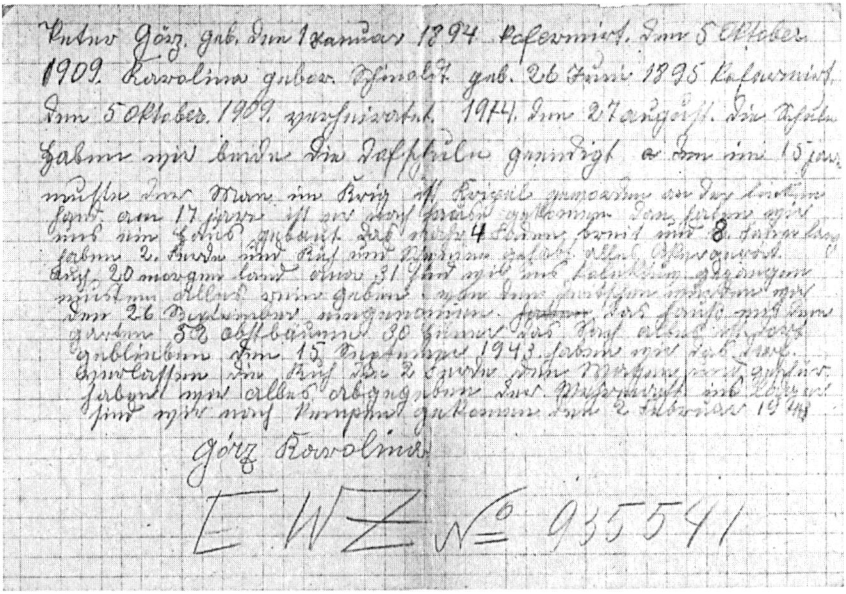
Görz Karolina

EWZ No 935541

Autobiografie von Karolina Görz (BArch, R9361-IV/30384)

In der Autobiografie heißt es: „Im Jahr 1915 musste mein Mann in den Krieg, ist Krüppel geworden (wegen bleibender Schäden durch die Verletzung an der linken Hand). Im Jahr 1917 ist er nach Hause gekommen. Dann haben wir uns ein Haus gebaut, das war 4 Faden[21] breit und 8 Faden lang. Hatten 2 Pferde, eine Kuh und Schweine gehabt. Alles .... auf 20 Morgen[22] Land.

Anno 1931 sind wir ins Kollektiv gegangen. Mussten alles reingeben.

Von den Deutschen wurden wir den 26. September 1941 eingenommen. Das Haus mit dem Garten, 52 Obstbäume, 30 Hühner, das Vieh, alles ist dortgeblieben.

Den 15. September 1943 haben wir das Dorf verlassen, die Kuh, die 2 Pferde, den Hausrat und Geschirr, haben wir alles abgegeben. ... sind wir nach Kempen in das Lager gekommen, den 2. Februar 1944.

Peter Görz, geboren am 1. Januar 1894, getauft am 6.01.1894, konfirmiert den 5. Oktober 1909, in den Krieg genommen den 18. Januar 1915, bis 1917, dann kam er nach Hause, die linke Hand war verletzt.“

Meine Oma hatte in ihrer Biografie noch nicht das Wichtigste erwähnt: Ihr Mann, Peter Görz, mein Großvater, wurde in der Nacht vom 25. Mai 1938 verhaftet und am 4. Juni 1938 der Mitgliedschaft in einer konterrevolutionären Organisation beschuldigt.

Nach seiner Verhaftung fuhr meine Oma bis Ende August in regelmäßigen Abständen zum Gefängnis und brachte ihrem Mann saubere Kleidung und Lebensmittel. Im September durfte sie nichts mehr zum Gefängnis bringen. Angeblich war mein Großvater in ein anderes Gefängnis verlegt worden.

Tatsächlich wurde er jedoch bereits am 22. September 1938, während des Großen Terrors, zusammen mit 124 anderen Gefangenen erschossen.

Ein NKWD-Befehl aus dieser Zeit ordnete an, dass auf Anfragen von Angehörigen nach dem Schicksal der Hingerichteten ge-

---

21 Ein Faden ist 1,62 m lang.

22 Ein Morgen Land ist 2.500 Quadratmeter groß.

antwortet werden sollte, dass diese zu 10 Jahren Zwangsarbeitslager ohne Recht auf Korrespondenz und Überstellung verurteilt worden seien.

So kam es, dass meine Oma bei der Befragung in Kempen angab, dass ihr Mann, Peter Görz, von den Sowjets verschleppt worden sei. Sie wusste nichts über sein Schicksal. Dies war auch der Grund, weshalb sie später, 1945, bei der Befragung durch einen sowjetischen Offizier vor der Repatriierung antwortete, dass sie vorhabe, sich nach dem Krieg mit der ganzen Familie wieder „zu Hause" zu treffen.

Meine Großmutter war eine selbstbewusste, fleißige Frau mit Humor. Sie war 1,60 m groß, schlank und trug ein weißes Tuch, nach der russischen Art gebunden, gewöhnlich eine Bluse und einen Rock. Sie war begabt und konnte lange Geschichten erzählen. Diese Geschichten entsprachen nicht immer der Wahrheit, wurden mit jeder Wiederholung jedoch immer interessanter und lustiger und hatten stets ein glückliches Ende. In Josefstal war ihre Malerei bekannt. Oft wurde sie von Nachbarn gebeten, auf deren Öfen bunte Blumen zu malen (dies war in der Zeit in der Ukraine eine Mode).

Mit 19 Jahren heiratete sie meinen Großvater, Peter Görz. Ein Jahr später, 1915, während des Ersten Weltkrieges, wurde er zum Wehrdienst einberufen.

Während des Krieges nahm er an der Schlacht um Erzurum (Türkei) teil. Am 14. Juni 1915 begann die Deportation der Armenier aus Erzurum im Zuge des Genozids.[23] In der Schlacht von Erzurum besiegte die russische Armee im Februar 1916 die in der Stadt verschanzten osmanischen Truppen, die durch den Armenier-Genozid und die damit verbundene ausbleibende Versorgung durch die armenische Zivilbevölkerung geschwächt waren. In Erzurum wurde mein Großvater an der linken Hand schwer verletzt

23 Raymond Kevorkian: „Le Genocide des Arméniens ", Odile Jacob, Paris 2006, S. 358f.

und konnte nicht mehr an weiteren Kriegshandlungen teilnehmen. 1917 wurde er aus der Armee entlassen.

*Peter Görz (*01.01.1894 - †22.09.1938)*

In der Zeit von 1930 bis 1932 war mein Großvater Vorsitzender des Kollektivs „Sojus" in Josefstal. Später arbeitete er als Buchhalter und bildete sich zum Agrotechniker aus. Peter Görz war von mittlerer Statur und hatte dunkle Haare. Durch seine Offenheit und seine positive Einstellung zum Humor war er in der Dorfgemeinschaft sehr beliebt. Mit seinem ausgeprägten musikalischen Gehör und seiner Fähigkeit zu singen (Tenor) verdiente er zusätzlich Geld, indem er auf Feierlichkeiten Musik machte. Er spielte Trompete, Harmonika, Kontrabass und Geige.

Meine Großeltern hatten vier Söhne, von denen einer im Frühkindesalter starb. Zu Beginn des Krieges waren die beiden älteren Söhne bereits verheiratet.

Der älteste Sohn, Peter, war in der Arbeitsarmee, wo er während des Zweiten Weltkrieges verhungerte. Seine Frau mit zwei Töchtern wurde 1943 in das Warthegau deportiert. Am Ende des Krieges floh sie in den Westen (Münsterland), wo viele Josefstaler zusammenkamen und sich ein neues Leben aufbauten.

Der zweitälteste Sohn, Alexander, wurde mit seiner Familie 1943 in das Warthegau deportiert.

Mein Vater wurde am 25. Mai 1941 zum Wehrdienst in die Rote Armee einberufen, kam 1942 in die Arbeitsarmee und wurde 1944 aus gesundheitlichen Gründen entlassen.

Zurück zur Aufnahme in die EWZ: Die EWZ-Registrierungskarte von Karolina Görz wurde vom Ortsgruppenführer in Altwerder ausgefüllt. In der Karte wurde vermerkt, dass sie freundlich, fleißig, offen und umsichtig sei und von Beruf Landarbeiterin.

Vorderseite der EWZ-Karte von Karolina Görz (BArch, R9361-IV/30384)

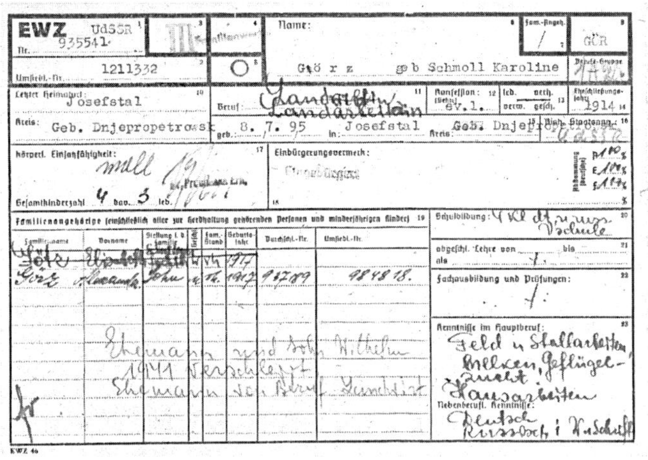
EWZ UdSSR 935541
Umsiedl.-Nr. 1211332
Name: Görz geb Schmoll Karoline
Fam.-Angeh. 1
GÜR
Letzter Heimatort: Josefstal
Beruf: Landarbeiterin
Konfession: ev. l.
led. verh. verw. gesch.
Eheschließungsjahr 1914
Kreis: Geb. Dnjepropetrowsk
geb.: 8. 7. 95 in: Josefstal Kreis: Geb. Dnjepr.
Staatsang.
Körperl. Einsatzfähigkeit:
Gesamtkinderzahl 4 dav. 3 leb.
Einbürgerungsvermerk:
Familienangehörige (einschließlich aller zur Haushaltung gehörenden Personen und minderjährigen Kinder)
Familienname | Vorname | Stellung i. d. Familie | Geschl. | Fam.-Stand | Geburtsjahr | Durchschl.-Nr. | Umsiedl.-Nr.
Schulbildung:
abgeschl. Lehre von ... bis ... als
Fachausbildung und Prüfungen:
Kenntnisse im Hauptberuf:
Nebenberufl. Kenntnisse:
EWZ 46

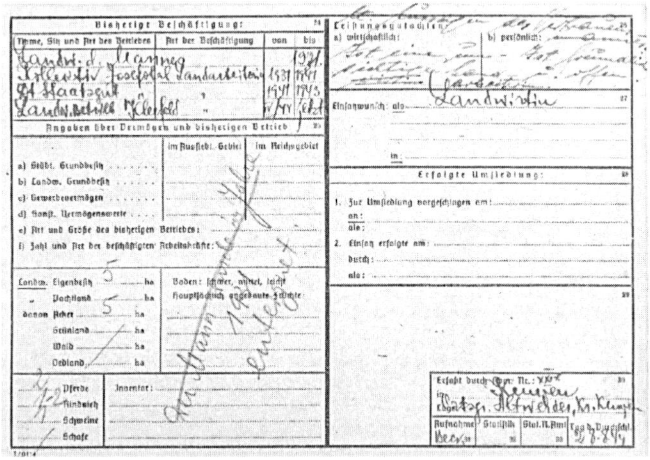
Bisherige Beschäftigung:
Name, Sitz und Art des Betriebes | Art der Beschäftigung | von | bis
Leistungsgutachten
a) wirtschaftlich: b) persönlich:
Einsatzwunsch: als
Angaben über Vermögen und bisherigen Betrieb
im Aussiedl. Gebiet | im Reichsgebiet
a) Städt. Grundbesitz
b) Landw. Grundbesitz
c) Gewerbevermögen
d) Sonst. Vermögenswerte
e) Art und Größe des bisherigen Betriebes:
f) Zahl und Art der beschäftigten Arbeitskräfte:
Erfolgte Umsiedlung:
1. Zur Umsiedlung vorgeschlagen am: nach: als:
2. Einsatz erfolgte am: durch: als:
Landw. Eigenbesitz ... ha
Pachtland ... ha
davon Acker ... ha
Grünland ... ha
Wald ... ha
Ödland ... ha
Boden: schwer, mittel, leicht
Hauptsächlich angebaute Früchte:
Pferde
Rindvieh
Schweine
Schafe
Inventar:
Erfaßt durch Kom. Nr.:
Aufnahme | Statistik | Stat. K. Amt | Tag d. Durchschl.

Rückseite der EWZ-Karte von Karolina Görz

Der Ariernachweis war im nationalsozialistischen Deutschland von 1933 bis 1945 für bestimmte Personengruppen (insbesondere Mitglieder der SS, Beamte, Angestellte im öffentlichen

Dienst, Ärzte, Juristen, Wissenschaftler deutscher Hochschulen sowie umgesiedelte und neu eingebürgerte Volksdeutsche) ein von Staats- und Regierungsbehörden geforderter Nachweis der „rein arischen Abstammung“ aus der „arischen Volksgemeinschaft.“[24]

Der Nachweis der „arischen“ Abstammung erfolgte durch die Vorlage von sieben Geburts- oder Taufurkunden (des Probanden, der Eltern und der vier Großeltern) sowie drei Heiratsurkunden (der Eltern und Großeltern). Diese Urkunden mussten von Pastoren, Standesbeamten oder Archivaren offiziell beglaubigt werden. Alternativ konnte ein beglaubigter Ahnenpass oder eine beglaubigte Ahnentafel vorgelegt werden.

Es wurde geschätzt, dass der „Arierparagraph“ im Sommer 1933 etwa zwei Mio. Angehörige der öffentlichen Verwaltung betraf. Außerdem veranlasste er Zehntausende von Rechtsanwälten, Studenten und Angehörige aus zahlreichen Kultur- und Wissenschaftsberufen wie Schriftleitern, Journalisten sowie Bewerber um die Mitgliedschaft in der NSDAP, SA oder SS dazu, nach Beweisen ihrer arischen Abstammung zu suchen. Eine umfangreiche Bürokratie entstand, die sich mit der Überprüfung und Ausstellung der entsprechenden Nachweise befasste.[25]

Auch im Rahmen der Umsiedlung der Südtiroler, der Deutsch-Balten und der Volksdeutschen aus der Sowjetunion, die Teil der Heim-ins-Reich-Bewegung war, galt der Ariernachweis als Voraussetzung für die Einbürgerung und Ansiedlung in Deutschland.

Der Ariernachweis führte auch nach 1945 noch zu Auseinandersetzungen. So warf Margot Käßmann der AfD 2017 vor, deren Forderung nach einer höheren Geburtenrate der „einheimischen“

---

24 „Im Schatten der Nürnberger Gesetze“. In: Volkmar Weiß: „Vorgeschichte und Folgen des arischen Ahnenpasses: Zur Geschichte der Genealogie im 20. Jahrhundert“, Arnshaugk, Neustadt an der Orla 2013, S. 151–178.

25 Ina Lorenz und Jörg Berkemann: „Die Hamburger Juden im NS-Staat 1933 bis 1938/39“, Band I, Göttingen 2016.

Bevölkerung entspreche dem „kleinen Arierparagraphen“ der Nationalsozialisten.[26]

Da der Ariernachweis zur Zeit seiner Erstellung durch die Beglaubigung ein amtliches Dokument war, wird er auch heute als Beweismittel anerkannt.[27]

Am 28. August 1944 wurde Karolina Görz vom Chef der Sicherheitspolizei und des SD der EWZ in Kempen die 100-prozentige Deutschstämmigkeit bescheinigt. Jetzt durfte sie die deutsche Staatsangehörigkeit beantragen.

In dieser Zeit wohnte sie zusammen mit ihrer Schwiegertochter Elisabeth und ihrem Enkelkind Friedrich, geboren am 5. Mai 1939. Am 13. Juni 1944 wurde ihr Enkel Emil in Altwerder geboren. Getauft wurde er mit hoher Wahrscheinlichkeit in der evangelischen Kirche in Grabow nad Prosna (Altwerder).

26 Käßmann nutzt Bibelarbeit zur Attacke gegen die AfD. Evangelisch-Lutherische Landeskirche Hannover, 26. Mai 2017, archiviert vom Original am 27. Juli 2017; abgerufen am 10. Januar 2022: „Zwei deutsche Eltern, vier deutsche Großeltern: Da weiß man, woher der braune Wind wirklich weht“.

27 Landratsamt Ilm-Kreis, archiviert vom Original am 8. Juli 2018; abgerufen am 8. Juli 2018: „Die Behandlung als Deutscher ist zumindest glaubhaft zu machen, z. B. durch: […] Arbeitsbücher […] Ariernachweis […]“.

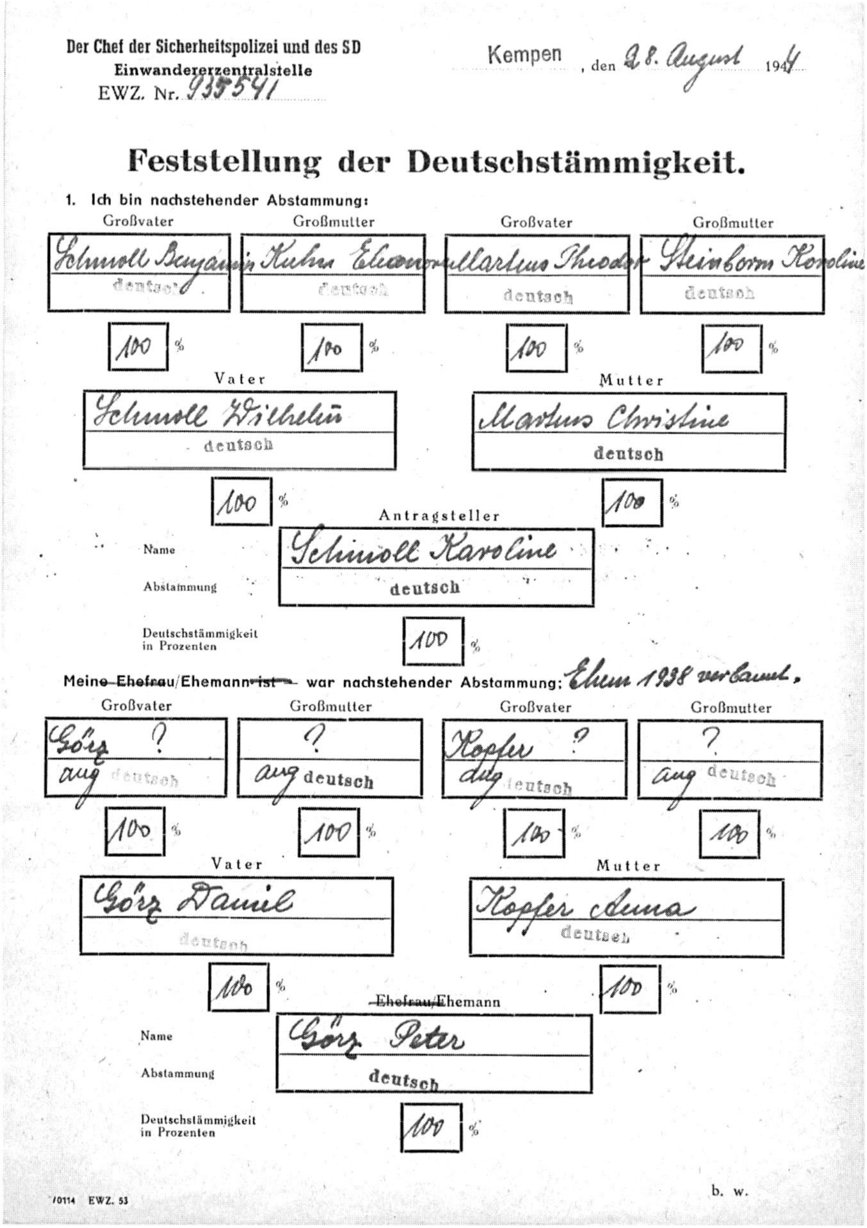

Der Chef der Sicherheitspolizei und des SD
Einwandererzentralstelle
EWZ. Nr. 935541

Kempen, den 28. August 1941

Feststellung der Deutschstämmigkeit.

1. Ich bin nachstehender Abstammung:

Großvater	Großmutter	Großvater	Großmutter
Schmoll Benjamin	Kuhn Eleonora	Martus Theodor	Steinborn Karoline
deutsch	deutsch	deutsch	deutsch
100 %	100 %	100 %	100 %

Vater	Mutter
Schmoll Wilhelm	Martus Christine
deutsch	deutsch
100 %	100 %

Antragsteller
Name: Schmoll Karoline
Abstammung: deutsch
Deutschstämmigkeit in Prozenten: 100 %

Meine ~~Ehefrau~~/Ehemann ~~ist~~ – war nachstehender Abstammung: Ehem 1938 verbannt.

Großvater	Großmutter	Großvater	Großmutter
Görz ?	?	Kopfer ?	?
ang deutsch	ang deutsch	ang deutsch	ang deutsch
100 %	100 %	100 %	100 %

Vater	Mutter
Görz Daniel	Kopfer Anna
deutsch	deutsch
100 %	100 %

~~Ehefrau~~/Ehemann
Name: Görz Peter
Abstammung: deutsch
Deutschstämmigkeit in Prozenten: 100 %

b. w.

/0114 EWZ. 53

Feststellung der Deutschstämmigkeit
(BArch, R9361-IV/30384)

EWZ-Nr. UdSSR 935541

Ansatzentscheidung O

Der Chef der Sicherheitspolizei und des SD
Einwandererzentralstelle
Kommission XXIX

Kampen /Warthe den 28.8.44 194..

Einbürgerungsantrag

Gehört zum Herd
Elisabeth Görz
EWZ-Nr. 935 542

Falls die Einbürgerung beantragt wird, ist nachstehender Vordruck mit folgender Massgabe auszufüllen:

1. Das Familienoberhaupt stellt den Antrag für sich und seine Familienangehörigen (Ehefrau und minderjährige Kinder).
2. Im übrigen haben alle volljährigen Personen diesen Vordruck auszufüllen. Die Volljährigkeit tritt mit der Vollendung des 21. Lebensjahres ein.

UdSSR
Umsiedlungsgebiet

I. Es erscheint der Umsiedler Görz geb Schmoll (Familiennamen) Karoline (Vornamen)

aus Josefstal. Geb. Dnjepropetrowsk (Ort, Kreis, Land)

ausgewiesen durch (Umsiedlungspapiere): Uns № 1211332

und erklärt:

1. **Antrag:** Ich beantrage für mich — ~~und meine aus dem anliegenden Meldeblatt ersichtlichen Familienangehörigen~~ — die Aufnahme in den deutschen Staatsverband. Die Angaben in dem Meldeblatt erkenne ich als richtig an.

2. **Staatsangehörigkeit:** Ich besitze folgende Staatsangehörigkeit: UdSSR.

(Doppelstaatsangehörigkeit ist anzugeben, bei Staatenlosigkeit frühere Staatsangehörigkeit u. Grund des Verlustes)

Zum Nachweis der Staatsangehörigkeit lege ich vor (Paß, Kennkarte, Heimatschein u. s. w.): nicht nachgewiesen.

3. **Abstammung:**
Ich bin
väterlicherseits deutscher-deutscher
mütterlicherseits deutscher-deutscher Abstammung
Meine ~~Ehefrau~~ — Ehemann ~~ist~~ war Ehem. 1938 verbannt
väterlicherseits deutscher-deutscher
mütterlicherseits deutscher-deutscher Abstammung

Eingebürgert

4. **Volkstumsbekenntnis:**
Ich bekenne mich zum deutschen Volkstum.
Meine ~~Ehefrau~~ — Ehemann ~~bekennt~~ — bekannte — sich zum deutschen Volkstum.

EWZ 25

Einbürgerungsantrag, fünf Seiten (BArch, R9361-IV/30384)

5. **Konfession:** Ich und meine Familienangehörigen gehören folgender Religionsgemeinschaft an: w. l. Meine Ehe ist durch die gleiche Religionsgemeinschaft geschlossen.

6. **Umgangssprache:**

In der Familie deutsch

bei den Vorfahren deutsch

bei den Vorfahren des ~~Frau~~ Mannes: deutsch

(bei verschiedenen Umgangssprachen ist die meist gebräuchliche vorauszusetzen und zu unterstreichen).

7. **Schulbesuch:** (Schulgattung, Ort, Zeit, deutsche, russische usw.)

Eigener Schulbesuch 1903-10; 4 Kl. russ-deutsche Schule in Josefstal.

Schulbesuch der Ehefrau/des Ehemannes: —

Schulbesuch der Kinder: —

8. **Zugehörigkeit zu deutschen oder fremdvölkischen Parteien, Vereinen, Verbänden:** pol. und kult. Vereine und Verbände, Ehrenämter im öffentlichen Dienst, z. B. Stadt- oder Gemeindeverordneter (von — bis; auch bei Ehefrau):

keine

9. **Militärverhältnisse:** (Angabe der Dienstzeit, des letzten Dienstgrades, Kriegsteilnehmer):

—

10. **Deutsche bezw. fremde Auszeichnungen:** (Orden, Ehrenzeichen, Ernennungen)

—

11. **Bestrafungen bezw. Verwicklung in Strafverfahren:** (Politische und kriminelle, Höhe der Strafe, Zeitpunkt der Verurteilung, Art des Delikts, auch bei der Ehefrau):

keine

Einbürgerungsantrag, fünf Seiten (BArch, R9361-IV/30384)

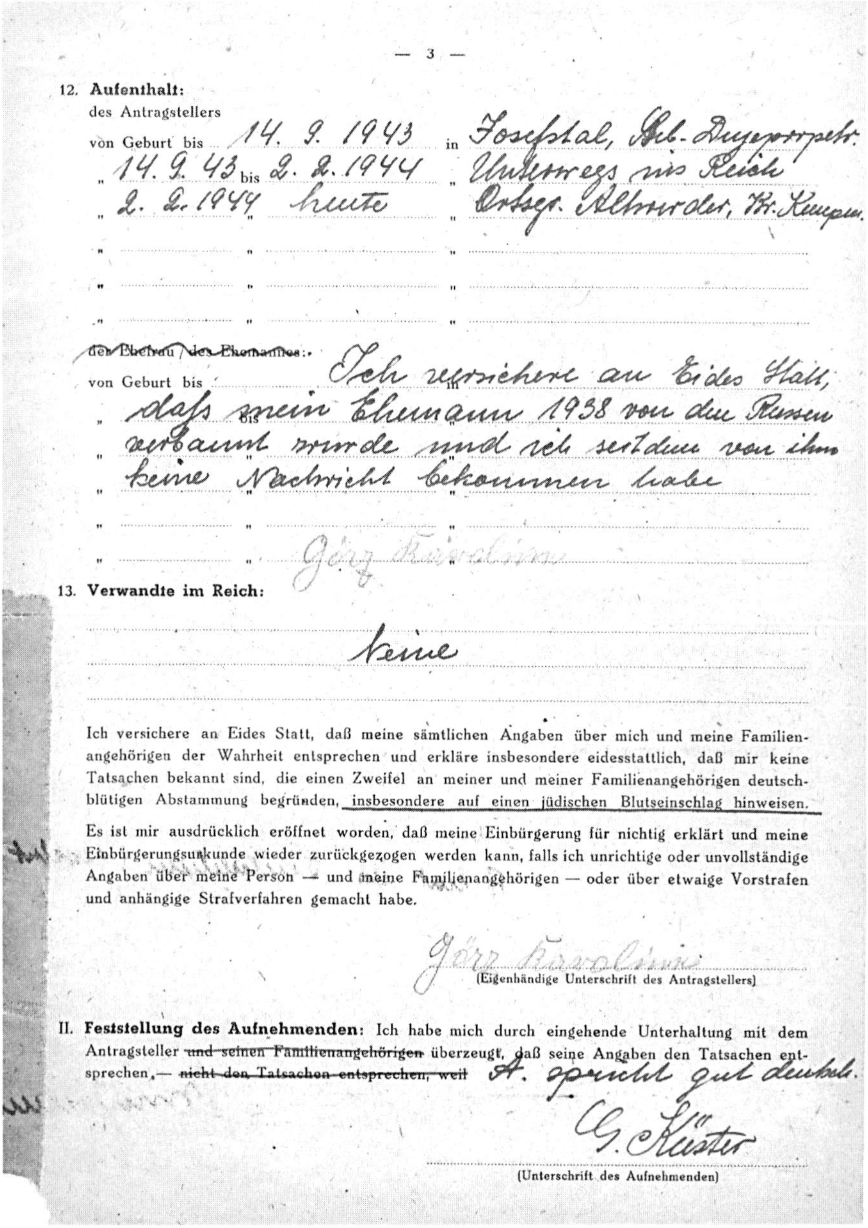

— 3 —

12. **Aufenthalt:**
des Antragstellers
von Geburt bis 14. 9. 1943 in Josefstal, Geb. Dnjepropetr.
„ 14. 9. 43 bis 2. 2. 1944 „ Unterwegs ins Reich
„ 2. 2. 1944 heute „ Ortsgr. Altwarder, Kr. Kempen

~~der Ehefrau / des Ehemannes~~:
von Geburt bis Ich versichere an Eides Statt, daß mein Ehemann 1938 von den Russen verbannt wurde und ich seitdem von ihm keine Nachricht bekommen habe

Görz Karoline

13. **Verwandte im Reich:**

Keine

Ich versichere an Eides Statt, daß meine sämtlichen Angaben über mich und meine Familienangehörigen der Wahrheit entsprechen und erkläre insbesondere eidesstattlich, daß mir keine Tatsachen bekannt sind, die einen Zweifel an meiner und meiner Familienangehörigen deutschblütigen Abstammung begründen, insbesondere auf einen jüdischen Blutseinschlag hinweisen.

Es ist mir ausdrücklich eröffnet worden, daß meine Einbürgerung für nichtig erklärt und meine Einbürgerungsurkunde wieder zurückgezogen werden kann, falls ich unrichtige oder unvollständige Angaben über meine Person — und meine Familienangehörigen — oder über etwaige Vorstrafen und anhängige Strafverfahren gemacht habe.

Görz Karoline
(Eigenhändige Unterschrift des Antragstellers)

II. **Feststellung des Aufnehmenden:** Ich habe mich durch eingehende Unterhaltung mit dem Antragsteller ~~und seinen Familienangehörigen~~ überzeugt, daß seine Angaben den Tatsachen entsprechen. — ~~nicht den Tatsachen entsprechen, weil~~ A. spricht gut deutsch.

G. Küster
(Unterschrift des Aufnehmenden)

Einbürgerungsantrag, fünf Seiten (BArch, R9361-IV/30384)

— 4 —

III. **Ergebnis der gesundheitlichen und erbbiologischen Prüfung:**

Keine Bedenken

Bedenken erbbiologische / medizinische

(Unterschrift)

VI. **Feststellung des Eignungsprüfers**

Einzelwert: III

Familienwert: III

(Unterschrift)

V. **Stellungnahme des Volkstumssachverständigen:**

Art 100% dt. Abst. Der von den Bolschewisten 1938 verbannte Ehemann war gleichfalls 100% dt. Abst.
A. spricht gut deutsch und hat ihr Deutschtum vollkommen bewahrt.

Keine Bedenken gegen Einbürgerung

Neigel

(Unterschrift)

VI. **Entscheidungsvorschlag:**

Eingebürgert

Fam. 100% Dtschst.
A. hat ihr Deutschtum bewahrt.

(Unterschrift)

F/0114

Einbürgerungsantrag, fünf Seiten (BArch, R9361-IV/30384)

Der Chef der Sicherheitspolizei und des SD
Einwandererzentralstelle

Kempen, den 28. 8. 1941

Kommission XXII
EWZ. Nr. 935541

1

Vfg.

1. Die **unbeschränkte Einbürgerung** wird hiermit verfügt.
2. ~~Die **Einbürgerung auf Widerruf** wird hiermit verfügt.~~

   Zu 1 bezw. 2:

   ~~Folgende Familienangehörige sind ausgenommen:~~

3. Einbürgerungsurkunde ausfertigen und aushändigen.
4. ~~**Zwischenbescheid** wird erteilt (s. besonderer Vordruck).~~
5. Die Entscheidung über den Einbürgerungsantrag wird **zurückgestellt.** Bescheid erteilt.
6. **Pflegerbescheid** wird hiermit erteilt.
7. **Aussetzungsbescheid** wird hiermit erteilt.
8. Einbürgerungsantrag wird hiermit **abgelehnt.** ~~Bescheid erteilt.~~

   Zu 1 bis 8:

   Gründe: S. Ziffer V und VI des Einbürgerungsantrages. Bz

9. Eintrag in die EWZ-Karte erfolgt.
10. Zu den Akten.

Im Auftrage:

Fast

Meine Einbürgerungsurkunde/~~Einbürgerungsurkunde auf Widerruf/~~ ~~Bescheid~~

habe ich heute erhalten.

Kempen, den 28. 8. 1941.

Jörg Karolino

EWZ-Vordr. 4 T/0114

Einbürgerungsantrag, fünf Seiten (BArch, R9361-IV/30384)

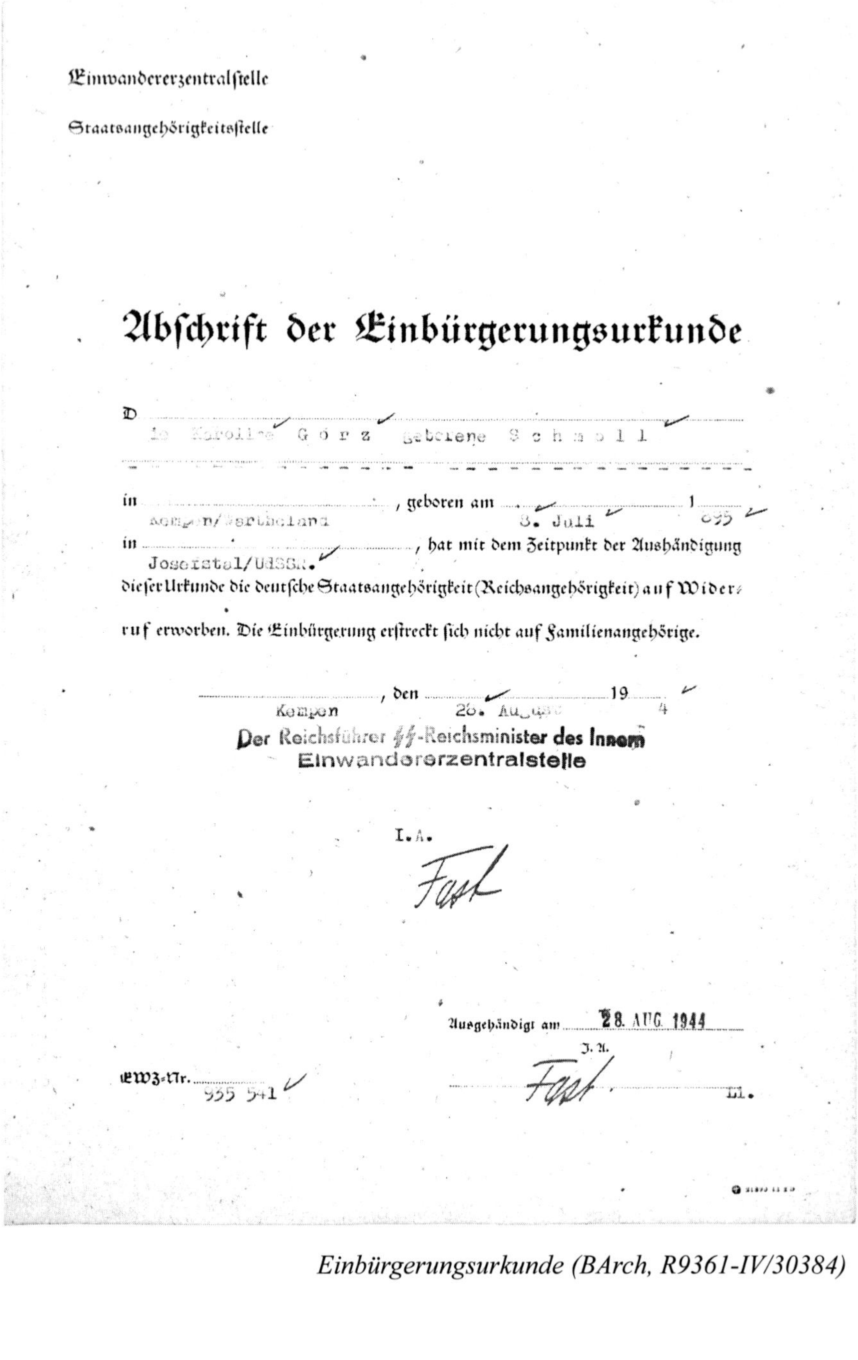

Einwandererzentralstelle

Staatsangehörigkeitsstelle

Abschrift der Einbürgerungsurkunde

Die Karoline Görz geborene Schmoll

in Kempen/Wartheland, geboren am 3. Juli 1895

in Josefstal/UdSSR., hat mit dem Zeitpunkt der Aushändigung dieser Urkunde die deutsche Staatsangehörigkeit (Reichsangehörigkeit) auf Widerruf erworben. Die Einbürgerung erstreckt sich nicht auf Familienangehörige.

Kempen, den 26. August 1944

Der Reichsführer SS-Reichsminister des Innern
Einwandererzentralstelle

I.A.
Fast

Ausgehändigt am 28. AUG 1944

I.A.
Fast Lt.

EWZ-Nr. 935 541

Einbürgerungsurkunde (BArch, R9361-IV/30384)

So erhielt meine Großmutter, Karolina Görz, die Einbürgerungsurkunde.

Das Ende des Reichsgaus Wartheland kam mit der Großoffensive der Roten Armee im Januar 1945. Nachdem die Ostfront über mehrere Monate hinweg weitgehend ruhig geblieben war, starteten die sowjetischen Truppen am 12. Januar die Weichsel-Oder-Operation. Bereits in den ersten Tagen wurde die deutsche Front vollständig zerschlagen, und die sowjetischen Truppen rückten nahezu ohne militärisch relevanten Widerstand innerhalb von nur zwei Wochen bis an die Oder vor.

Am 16. Januar überschritt die Rote Armee die Grenze des Reichsgaus, und bereits am folgenden Tag wurde mit „Litzmannstadt“ (Łódź) die größte Stadt im Wartheland eingenommen.

Karolina Görz hatte mit ihrer Familie für den Fall einer Trennung verabredet, dass sie sich nach dem Krieg wieder zu Hause treffen würden.

Ihre Schwiegertochter Emilie, die Frau ihres ältesten Sohnes Peter, floh mit ihren Töchtern Martha und Olga in den Westen. Gemeinsam mit vielen anderen Josefstalern fand sie in der Gemeinde Ascheberg im Münsterland eine neue Heimat. Eine Verbindung zu meiner Cousine Martha konnte ich nach meiner Umsiedlung nach Deutschland im Jahr 1991 wiederherstellen.

Viele Verwandte entschieden sich nach dem Kriegsende für einen Verbleib in Deutschland. Auch die Familie ihres Bruders Wilhelm Schmold ließ sich im Münsterland nieder. Meine Großmutter hingegen blieb bei ihrer Entscheidung.

Nach dem Kriegsende und der Befreiung der Zwangsarbeiter wurden diese als sogenannte „Displaced Persons“ oft erneut in Lagern untergebracht.

Jene unter ihnen, die vor dem Krieg in der Sowjetunion gelebt hatten, wurden ohne Rücksicht auf ihre eigenen Wünsche „repatriiert“ und in die Sowjetunion zurückgebracht. Dort kamen sie in Filtrationslager des sowjetischen Geheimdienstes NKWD, wo ihre Tätigkeit in Deutschland auf eine mögliche Kollaboration mit den Deutschen hin untersucht wurde.

Wer nach Einschätzung des Geheimdienstes als schwer belastet galt, wurde zu bis zu 25 Jahren Zwangsarbeit in einem sowjetischen Lager verurteilt. Bis März 1946 betraf dies etwa 294.000 Menschen. Obwohl die meisten nach dem Tod Stalins begnadigt wurden, blieben ehemalige Zwangsarbeiter, die nicht in Konzentrationslagern inhaftiert gewesen waren, bis in die 1990er Jahre gesellschaftlicher Diskriminierung und Verdächtigungen ausgesetzt.

Insgesamt kehrten von 1944 bis 1946 rund 4,2 Mio. sowjetische Staatsbürger in die Sowjetunion zurück. 6,5 % von ihnen wurden während der Filtration im Hinblick auf eine Strafverfolgung verhaftet, unter den Zivilisten waren es 1,8 %. Eine Mehrheit der ehemaligen Kämpfer auf Seiten der Achsenmächte (Deutschland, Italien und Japan) wurde ohne individuelle juristische Anklage zunächst für sechs Jahre in Lager eingewiesen. Zudem wurden 14,5 % der Rückgeführten, zumindest für mehrere Monate, in Arbeitsbataillone eingegliedert und während dieser Zeit einer erneuten politischen Überprüfung unterzogen. Dies betraf insbesondere viele ehemalige Kriegsgefangene sowie Zwangsarbeiter im wehrfähigen Alter.

Rund 58 % der Rückkehrer, mehrheitlich Frauen, wurden hingegen unmittelbar wieder in die sowjetische Gesellschaft entlassen.[28]

Eines Tages erhielt meine Großmutter die Nachricht, dass sie sich mit ihrer Familie am nächsten Tag am Sammelpunkt in Kempen einfinden müsse. Vierzehn Kilometer Fußmarsch lagen vor ihnen. So begann die Repatriierung ihrer Familie.

Zusammen mit vielen anderen Repatriierten wurden sie in einen Güterwagen verladen. Unter den Reisenden herrschte eine Mi-

28 Ulrike Goeken-Haidl, „Repatriierung in den Terror? Die Rückkehr der sowjetischen Zwangsarbeiter und Kriegsgefangenen in ihre Heimat 1944–1956“, in: Dachauer Hefte 16 (2000) „Zwangsarbeit“, S. 190–209.

schung aus Aufregung und Hoffnung, bald wieder in die Heimat zurückzukehren.

Doch die Enttäuschung war groß. Nach einer langen, beschwerlichen Reise voller Hunger und Kälte stiegen sie schließlich aus dem Güterwagen – nicht in ihrer Heimat, sondern tief im Norden Russlands, in der Taiga des Gebiets Archangelsk.

Dort gab es keine Häuser, keine Unterkünfte – sofort mussten sie sich primitive Hütten bauen, während eisige Kälte herrschte. Elisabeth, die Schwiegertochter meiner Großmutter, wurde zur Arbeit als Holzfällerin gezwungen. Unter dem täglichen Hunger und der erbarmungslosen Kälte litten sie alle schwer.

Ein Erlass des Präsidiums des Obersten Sowjets der UdSSR vom 24. November 1948 bestimmte, dass die Deportierten auf Dauer in einer Sondersiedlung verbleiben mussten. Ihnen wurde das Recht verweigert, an ihren früheren Wohnort zurückzukehren. Wer unerlaubt den Ort der Zwangssiedlung verließ, wurde mit einer Haftstrafe von bis zu 20 Jahren bestraft.

Ende der 1940er-Jahre erhielt meine Großmutter eine Nachricht von meinem Onkel Alexander aus Kemerowo. Er schrieb, dass es ihm gut gehe, dass er im Bergbau in einer Kohlegrube arbeite und täglich mehr Brot auf Karte bekomme als die Verbannten im Gebiet Archangelsk.

Für meine Großmutter war das ein Hoffnungsschimmer – ein Ziel, für das es sich zu kämpfen lohnte. Mit großer Mühe gelang es ihr, die Erlaubnis zu erhalten, zusammen mit Elisabeth und den Kindern aus dem nördlichen Verbannungsort in das 4000 Kilometer entfernte Kemerowo in Sibirien zu ziehen. Doch es gab einen Haken: Sie bekamen kein Geld für die Reise.

Es wurde die schwerste Reise ihres Lebens. Sie konnten immer nur kurze Strecken zurücklegen. In jeder neuen Stadt bettelte meine Großmutter barfuß im Schnee oder suchte Gelegenheitsarbeiten, um das Nötigste für die Weiterreise zu verdienen. Erst wenn sie genug gesammelt hatte, konnten sie ein kleines Stück weiterfahren. Ganze zwei Monate dauerte die beschwerliche Reise, bis sie schließlich in Kemerowo ankamen.

Doch meine Großmutter wusste zu dieser Zeit noch nicht, dass ihr Mann, Peter Görz, und ihr Sohn Peter nicht mehr am Leben waren. Auch über das Schicksal ihres Sohnes Wilhelm, meines Vaters, hatte sie noch kein Lebenszeichen erhalten.

Es ist offensichtlich, dass Deportation und Zwangsarbeit – wo immer sie im 20. Jahrhundert praktiziert wurden – die Fundamente unzähliger menschlicher Existenzen zerstörten. Sie prägten auch die Überlebenden für ihr ganzes Leben.

In einem kleinen Haus in Kemerowo richtete sich die Familie schließlich ein neues Zuhause ein.

Meine Großmutter hat mir mit ihrer Geschichte vor Augen geführt, wie wichtig Mut und die Überwindung von Angst im Leben sind. So gesehen wird sie für mich immer ein Vorbild bleiben.

Karolina Görz (bereits 61 Jahre alt) mit ihrem Sohn Alexander, Schwiegertochter Elisabeth und Enkelin Olga, 1956

Anfang der fünfziger Jahre konnte mein Vater, Wilhelm Görz, den Aufenthaltsort seiner Mutter und seines Bruders Aleksander ausfindig machen. Trotz aller Schwierigkeiten und der Pflicht, sich regelmäßig bei der Kommandantur zu melden – diese betraf alle verbannten Russlanddeutschen in der Sowjetunion bis zum Jahr 1956 – war es ihm gelungen, seine Mutter und seinen Bruder in Kemerowo im Winter 1953/1954 zu besuchen.

In den vergangenen zwölf Jahren war viel passiert, und sie hatten sich viel zu erzählen. Zusammen beschlossen sie, auch weiter nach meinem Großvater, Peter Görz, zu suchen.

Erst im Januar 1962 bekam mein Vater eine Nachricht vom Amtsgericht Dnepropetrowsk. Im Brief wurde mitgeteilt, dass mein Großvater, Peter Görz, am 22. September 1938 wegen Verdacht auf Spionage zum Tode verurteilt wurde und dass er noch an diesem Tag erschossen wurde. Zusätzlich wurde mitgeteilt, dass es keine Beweise für ein Verbrechen gegeben hatte und dass er unschuldig war. Ab dieser Zeit, 24 Jahre nach dem Tod von Großvater, hörte mein Vater auf, ihn zu suchen.

Beim Abschied schenkte Aleksander meinem Vater einen „Mosquitsch“, einen kurzen Wintermantel, weil mein Vater zu dieser Zeit immer noch seinen abgetragenen Militärmantel aus der Arbeitsarmee trug, aus der er 1944 aus gesundheitlichen Gründen entlassen worden war. Der Mantel war inzwischen kaum noch brauchbar. Dieses Geschenk schätzte mein Vater sehr. Den neuen Mantel trug er nur zu besonderen Anlässen.

Als wir 1991 nach Deutschland auswanderten, hing dieser Mantel immer noch im Kleiderschrank, für die „guten Kleider“.

Christine Schmoldt, die Wunderheilerin

Warum habe ich nicht meinen Vater (meine Oma, meine Verwandte), als er noch lebte, über meine Urgroßmutter, Christine Schmoldt, gefragt? Wie oft trauen wir uns nicht zu fragen?

Hinter der Furcht vor einer Frage steckt manchmal schlicht Schüchternheit. Dazu gibt es eine schöne Erklärung, die das Wesen der Schüchternheit illustriert. Es ist die Geschichte einer schüchternen Frau, die einen Fahrstuhl mit einem Aufzugführer betritt. Dieser fragt pflichtgemäß: „Welches Stockwerk?" Darauf die Frau leise: „Siebter Stock – aber nur, wenn es für Sie kein Umweg ist."

Manchmal steckt aber auch mehr dahinter. Eine Ursache für den fehlenden Mut zur Frage können auch verschiedene Ängste sein: Die Angst vor Zurückweisung; Die Angst, uns dabei offenbaren zu müssen. (Ich brauche Hilfe); Die Angst, den anderen in Verlegenheit zu bringen (wenn er eigentlich Nein sagen möchte).

Was viele dabei übersehen: Es gibt ebenso gute Gründe, trotzdem zu fragen. Mindestens drei sogar, die zudem wissenschaftlich bestätigt sind: Es sagen mehr „Ja", als wir denken; Fragen macht uns stärker; Wir fühlen uns danach besser.

Thomas Gilovich und Victoria Medvec von der Cornell Universität untersuchten 1995, wie sich Zurückweisungen psychisch, aber auch physisch auswirken. Tatsächlich wird dabei unser Schmerzzentrum aktiviert. Oder anders formuliert: Es tut körperlich weh, wenn wir abgewiesen werden. Allerdings nur kurz, wie bei einem Bienenstich. Nach ein paar Minuten juckt es uns kaum noch. Gleichzeitig stellten die Forscher fest: Die Traurigkeit darüber, eine mögliche Chance verpasst zu haben, löst ebenfalls Schmerzen aus – nur diese dauern wesentlich länger! Noch Wochen danach ärgern wir uns, nicht gefragt zu haben. Schlimmstenfalls ein ganzes Leben lang…[29]

---

29 Jochen Mai, „Ich trau mich nicht zu fragen! 3 Gründe dafür", Internetseite „Karriere & Psychologie".

Da ich bis dato nichts über meine Uroma wusste, habe ich 77 Jahre nach ihrem Tod einige Fragen vorbereitet und, um eine mögliche Chance nicht zu verpassen, meiner Tante Martha Belz aus Paderborn, mein Anliegen vorgetragen. Martha Belz ist meine Tante zweiten Grades. Ihr Mann, Valentin Schmoldt, war ein Cousin meines Vaters. Christine Schmoldt war seine Großmutter, und er war bei ihr aufgewachsen. Daher kennt Martha die Geschichte meiner Urgroßmutter.

Dank Martha kann ich diese Geschichte hier weitergeben. Somit erzähle ich die Geschichte einer Frau, die in ihrem Leben dreimal vertrieben wurde und immer dadurch alles verlor. Durch die Vertreibungen verlor sie ihre Heimat, geliebte Menschen, das soziale und kulturelle Umfeld und hatte mit verschiedensten Gewalterfahrungen, Hunger und anderen Nöten zu kämpfen. Lebenslang trug sie dadurch einen Schmerz in sich, blieb aber eine starke Frau. Dieses Bild von ihr und ihrem damaligen Leben erzähle ich hier.

Christine Schmoldt, geborene Martens, wurde am 26. Mai 1875 in Josefstal geboren, Sie stammt aus einer wohlhabenden Familie, die Wert auf Bildung legte. Sie hatte die Dorfschule (4 Kl.) beendet, ihr Bruder wurde Offizier.

Die Familie beschäftigte sich mit Landwirtschaft. Obwohl Angestellte im Hof und im Haus tätig waren, übernahm Christine früh mehrere Aufgaben in beiden Bereichen. Sie konnte gut mit anderen zusammenarbeiten und war gut darin, sich an neue Aufgaben anzupassen. Sie war sorgfältig und genau bei der Arbeit und sammelte eine Menge Erfahrungen in der Haushaltführung und auf dem Hof ihrer Eltern.

Im Alter von 19 Jahren verliebte sie sich in meinen Urgroßvater, Wilhelm Schmoldt, geboren am 17. Mai 1875. Beide trafen sich oft. Wilhelm war musikalisch und gesellig, er spielte im Posaunenchor.

Der Ehe mit einem jungen Mann aus der Familie Schmoldt stimmten ihre Eltern nicht zu, weil die Streitlust und die kämpferische Haltung der Schmoldt-Jungs im Dorf bekannt war. Wenn ihnen etwas nicht gefiel, dann mussten sie dies den anderen unmissverständlich und deutlich zeigen. Sie hatten auch das Bedürfnis, anderen zu zeigen, dass sie meistens im Recht waren. So kam es dazu, dass mein Urgroßvater meine Urgroßmutter entführte. Am 26. Oktober 1894 heirateten sie, nicht ohne Christines Zustimmung.

Beide waren sie fleißig und konnten sich in kurzer Zeit ihre Existenz aufbauen. Um ihr Haus beneideten sie viele Menschen im Dorf.

Meine Urgroßmutter war eine schöne Frau, 144 cm groß, dunkelhaarig und schlank. Ihre Intelligenz, Humor und Empathie waren im Dorf bekannt. Durch diese Eigenschaften konnte sie die Gespräche mit den Dorfbewohnern bereichern und eine emotionale Bindung zu den Leuten, die sie um Rat fragten, aufbauen. Mit einem freundlichen Lächeln und einem intensiven Blickkontakt vermittelte sie das Gefühl, auf einer Wellenlänge mit ihrem Gegenüber zu sein.

Christine hatte ein Alleinstellungsmerkmal, eine einzigartige Gabe: Sie konnte Krankheiten und Leiden besprechen. Die alte Kunst des Besprechens von verschiedenen Erkrankungen ist eine Behandlungsmethode. Sie wird als Geistheilung[30] bezeichnet. Sie behandelte erfolgreich mit Gebeten und mit Handauflegen. Dank ihrer freundlichen Art auf die Leute zu zugehen und ihrer Hilfsbereitschaft, war sie in der Dorfgemeinschaft sehr beliebt.

In ihrer Ehe hatte meine Urgroßmutter elf Kinder geboren, sieben Kinder davon starben im Kindesalter.

---

30 Geistheilung ist ein Oberbegriff für eine Vielzahl unterschiedlicher alternativmedizinischer, esoterischer, religiöser oder magischer Behandlungsmethoden, bei denen ein geistiger bzw. religiöser oder psychischer Einfluss heilende Wirkung auf den Kranken haben und die sich nicht in die wissenschaftliche Medizin oder die klassische Psychotherapie einordnen lassen. Geistheilung praktizierende Personen werden als Geistheiler oder Wunderheiler bezeichnet.

Am 25. Oktober 1917 kam die Oktoberrevolution, die gewaltsame Machtübernahme durch die kommunistischen Bolschewiken unter Führung Wladimir Iljitsch Lenins in Russland. Dies führte zu einem mehrjährigen Bürgerkrieg und nach dessen Ende 1922 zur Gründung der Sowjetunion, einer Diktatur der Kommunistischen Partei Russlands.

Ende der 1920er Jahre begann die sowjetische Führung unter Josef Stalin mit einer radikalen Neuorganisation der Landwirtschaft, bezeichnet als Kollektivierung. An die Stelle der traditionellen Gemeinde sollte der Dorfrat treten, der in engem Verbund mit den neuen sozialistischen Großbetrieben, seien es Kolchosen oder Sowchosen, die dörfliche Sozialstruktur auf den Kopf stellte. Dabei setzten die Bolschewiken in großem Maßstab ökonomische, physische und psychische Gewalt ein.

Die Kollektivierung ging im Zuge der „Großen Wende" einher mit der forcierten Industrialisierung der Sowjetunion. Weil diese Industrialisierung weder durch Ausbeutung von Kolonien noch durch die Aufnahme von Krediten im Ausland zu finanzieren war, hatte die Bauernschaft einen „Tribut" zu entrichten, so Stalin. Trotz Knappheit exportierte die Sowjetunion das Getreide, um sich so Maschinen und Werkzeuge kaufen zu können (sogenannte Hungerexporte). Die Bauern selbst sollten für die bei ihnen akquirierten Agrarprodukte kein volles Äquivalent erhalten. Stalin machte damit die Bauernschaft zu einer internen Kolonie, aus der das notwendige Kapital für die Wirtschaftsentwicklung herauszuziehen sei.

Mit Zwangsmaßnahmen wurden zwischen Juni 1928 und Juli 1932 mehr als 61 Prozent der Bauernwirtschaften in Kollektive überführt. Hauptleidtragende dieser Entwicklung waren viele Mittelbauern, insbesondere jedoch die Kulaken.[31] Weil sie tatsächlich oder angeblich Widerstand gegen die Zwangspolitik

---

31 Der Begriff Kulak war im Russischen eine seit dem 19. Jahrhundert verwendete Bezeichnung für wohlhabende Bauern.

leisteten, wurden sie von den sowjetischen Machthabern mit äußerster Härte verfolgt. Oftmals genügte die Anschuldigung, Kulak oder deren Sympathisant zu sein, um deportiert zu werden. Die die Kollektivierung begleitende Enteignung und Vertreibung der Kulaken forderte rund 530.000 bis 600.000 Menschenleben. Die Landwirtschaft der UdSSR brach infolge von Kollektivierung und Entkulakisierung zusammen.

Die Familie meiner Urgroßmutter wurde als Kulaken eingestuft. Sie wurde enteignet, ihr ganzes Hab und Gut wurde ihr weggenommen. Anschließend wurde sie in ein kleines Dorf Kokoschka im Osten des Landes deportiert (vertrieben). Nur einen Sack Mehl konnten sie mitnehmen. So kam die erste Vertreibung meiner Urgroßeltern.

Zwei Jahre später durften sie wieder zurück nach Josefstal kommen. In ihrem Haus befand sich immer noch der Dorfrat. Sie mieteten sich ein Zimmer bei Bekannten und fingen an in der Landwirtschaft im Kollektiv zu arbeiten. Lohn bekamen sie nicht, aber jeder Beschäftigte bekam eine Schüssel Suppe einmal im Tag.

Besonders schwer traf Stalins Politik die Ukrainische Sozialistische Sowjetrepublik, wo während des Holodomors zwischen fünf und sieben Millionen Menschen starben. Während die Bevölkerung aus Not Blätter und Knospen aß und es bereits zu Kannibalismus kam, ließ Stalin in großem Umfang Getreide exportieren. Den Menschen wurde die Flucht aus den Hungergebieten verwehrt.

1933 starb mein Urgroßvater, er war verhungert.

Im Februar 1938 starb ihre jüngste Tochter Elisabeth im Alter von 28 Jahren. Sie hinterließ ihren Mann und zwei Söhne, Friedrich und Valentin, im Alter von acht und drei Jahren.

Christine und ihr jüngster Sohn Johann lebten weiterhin mit der Familie ihres Sohnes Wilhelm zusammen. 1937 kaufte Wilhelm ein Haus und zog aus. Johann Schmoldt heiratete Emilia Kuhn, und die junge Familie wohnte weiterhin mit Christine zusammen.

Seit 1935 eskalierten Stalins Verfolgungen und Deportationen von Bürgern, die dem System scheinbar oder tatsächlich im Wege standen. Die stalinistischen Säuberungen hatten bereits in den 1920er-Jahren begonnen und kulminierten im „Großen Terror“ von 1936 bis 1938, der sich systematisch gegen Menschen richtete, die angeblich gegen Stalin konspirierten. Zu den Säuberungsaktionen gehörten auch Schauprozesse wie die Moskauer Prozesse, bei denen Geständnisse unter Folter erpresst wurden. Schätzungen zufolge fanden allein in den Jahren 1937 und 1938 etwa eine Million Hinrichtungen statt.

Emilie und Johann Schmoldt

Es wurden ganze Völker der Sowjetunion, ethnische Minderheiten, in Arbeitslager (Gulag) deportiert. „Kulaken“, Priester und Mönche, kirchliche Laien, große Teile der militärischen Führungsspitze, führende Mitglieder der KPdSU und sogar Angehörige der Opfer wurden verurteilt, deportiert und ermordet. Schätzungen gehen davon aus, dass zeitweise bis zu 2,5 Mio. Menschen inhaftiert waren und mehr als eine Million Todesopfer in den Lagern des sogenannten Gulag zu beklagen waren.

Im deutsch-sowjetischen Nichtangriffspakt vom 23. August 1939 hatten sich Adolf Hitler und Josef Stalin gegenseitig ihre Einflusszonen in Mittel- und Osteuropa versichert. Eine Woche später überfiel die Wehrmacht zunächst Polen, wenig später rückte die Rote Armee ebenfalls in das Land ein. Die Republik Polen wurde zerschlagen und ihr Territorium aufgeteilt.

Doch Hitler entschloss sich bereits im Juni 1940, auch die Sowjetunion anzugreifen. Die Gründe hierfür waren die Sicherung der deutschen Ostgrenze für den Fall eines ebenfalls geplanten Krieges gegen Großbritannien, die damit verbundenen kriegswirtschaftlichen Interessen sowie sein rasseideologisches Programm eines germanischen „Lebensraums im Osten".

Am 22. Juni 1941 begann mit dem deutschen Überfall auf die UdSSR der sogenannte Große Vaterländische Krieg. Aus Sicht der Sowjetunion handelte es sich jedoch um einen Verteidigungskrieg.

Für die nationalsozialistische Führung Deutschlands war der Krieg gegen die Sowjetunion nicht nur ein Eroberungskrieg, der auf der Suche nach „Lebensraum im Osten" geführt wurde, sondern auch ein Vernichtungskrieg gegen die Bevölkerung. In den Augen der nationalsozialistischen Ideologen galten Russen, Ukrainer, Belarussen und andere Slawen als „Untermenschen".

Führende NS-Persönlichkeiten wie Alfred Rosenberg und Heinrich Himmler hatten Pläne ausgearbeitet, wie das eroberte sowjetische Gebiet verwaltet und ausgebeutet werden sollte. Der Generalplan Ost und das „Programm Heinrich" sahen vor, die slawischen Völker um 30 Mio. Menschen zu dezimieren, einen großen Teil der Bevölkerung nach Sibirien umzusiedeln, die übrigen zu unterdrücken und das Land wirtschaftlich auszubeuten. Dabei sollte mit der Abschöpfung der Getreideerträge bewusst der Hungertod von Mio. von Menschen herbeigeführt werden (Hungerplan).[32]

---

32 Der Hungerplan, auch als Backe-Plan bekannt (benannt nach Herbert Backe, dem Staatssekretär im Reichsministerium für Ernährung und Landwirtschaft), war eine 1941 entwickelte nationalsozialistische Strategie im Rahmen der Kriegsführung gegen die Sowjetunion. Gemäß diesem Plan sollten die in den von der Wehrmacht besetzten Gebieten produzierten Lebensmittel vorrangig an die deutschen Besatzungstruppen und in das Deutsche Reich geliefert werden. Es wurde bewusst eingeplant, dass durch die gezielte Entziehung von Nahrungsmitteln bis zu dreißig Mio. Menschen in der Sowjetunion verhungern würden.

Im Juni 1941 kurz nach Kriegsbeginn, wurden 115 Männer und Frauen aus Josefstal mobilisiert, um das Vieh der Kollektive in den Osten zu treiben und die Reihen der Fabrikarbeiter aufzufüllen, die durch die Säuberungen während des „Großen Terrors" stark dezimiert worden waren. Sie wurden entweder in die Arbeitsarmee im Nordural geschickt oder verhaftet und ins Gulag deportiert.

So auch mein Großonkel Johann Schmoldt, der zum Viehtreiben einberufen wurde und 1942 in die Arbeitsarmee im Nordural kam. Uroma Christine blieb mit ihrer Schwiegertochter Emilchen und ihrem Enkelsohn Valentin (geboren am 9. Dezember 1938) zu Hause.

Am Sonntag, den 28. September 1941, wurde Josefstal von der Wehrmacht eingenommen. Es hatte den ganzen Tag geregnet, die Straßen waren matschig und kaum befahrbar. Bereits in den frühen Morgenstunden begannen der Beschuss und die Bombardierung.

Laut dem Dorfbericht von Dr. K. Stumpp wurden nach dem Einmarsch der deutschen Truppen Lebensmittel und Kleidungsstücke verteilt. Außerdem wurden den Volksdeutschen Pferde und Wagen überlassen.

Uroma Christine bekam ihr Haus zurück, worüber sie sich sehr freute. Zeitweise kamen Wehrmachtsoffiziere ins Haus. Christine konnte sich mit den Deutschen problemlos unterhalten, da sie eine deutsche Dorfschule besucht hatte. Dabei sagte sie immer wieder: „Jungs, ihr müsst nach Hause gehen, Russland ist ein sehr großes Land, das könnt ihr nicht erobern."

Vieles im Dorf änderte sich. Gleich in den ersten Wochen nach der Besetzung wurden alle Bäume, sogar die Süßkirschenbäume in den Vorgärten, gefällt, damit die Besatzer einen besseren Überblick für die Partisanenbekämpfung hatten.

Die Strukturen der Dorfräte blieben jedoch bestehen und die Bewohner von Josefstal arbeiteten weiterhin im Kollektiv. Das Leben im Dorf nahm wieder eine gewisse Normalität an. Die Kinder gingen zur Schule. Zu Weihnachten wurde die Kirche wieder geöffnet, und sogar die Orgel war noch vorhanden.

Die Niederlage in Stalingrad markierte einen Wendepunkt im Zweiten Weltkrieg. Schon bald befanden sich deutsche Truppen an allen Fronten auf dem Rückzug.

Die sowjetischen Streitkräfte trugen nach wie vor die Hauptlast des Kampfes gegen die Wehrmacht, die wiederum zwei Drittel ihres Heeres gegen die Rote Armee einsetzte. So wurde der Krieg in Europa dem Kräfteeinsatz nach an der Ostfront entschieden. Dort war die Wehrmacht durch die sowjetische Winteroffensive 1942/43 zurückgeschlagen und in die Defensive gedrängt worden. Beide Parteien waren derart erschöpft, dass die Front zwischen April und Juni 1943 weitgehend stabil blieb.

Bereits im Frühling 1943 ging ein Gerücht um, dass die Josefstaler ihre Heimat verlassen müssten. Im September war es dann so weit. Uroma Christine packte als Erste einen Sack Mehl auf die Fuhre – eine Vorsichtsmaßnahme, die sie aufgrund ihrer Lebenserfahrungen traf. Dazu kamen einige Kleidungsstücke. Am 15. September 1943 setzte sich der Treck aus Josefstal in Bewegung. Ins Ungewisse. Das war das Ende ihrer geliebten Heimat.

Erst Anfang Januar kamen sie in Kempen im Warthegau an. Nach Monaten Wartezeit wurden sie im Warthegau/Deutschland eingebürgert und kamen auf einen Gutshof in Kochlau, wo sie in der Landwirtschaft eingesetzt wurden. Der Hofbesitzer war einige Monate zuvor verwitwet und verguckte sich in die bereits 69-jährige Christine. Für sie kam keine Beziehung zu einem Mann in dieser Zeit in Frage.

Kochłowy (deutsch Kochlau) ist eine Ortschaft mit einem Schulzenamt der Landgemeinde Ostrzeszów im Powiat Ostrzeszowski in Polen. Beim Überfall auf Polen 1939 wurde das Gebiet von den Deutschen besetzt und dem Landkreis Kempen im Reichsgau Wartheland zugeordnet. Heute zählt Kochłowy etwa 300 Einwohner und liegt etwa 12 Kilometer nördlich von Kempen.

EWZ-Karte von Uroma Christine vom 18. Oktober 1944
(BArch R 9361-IV Kartei 1)

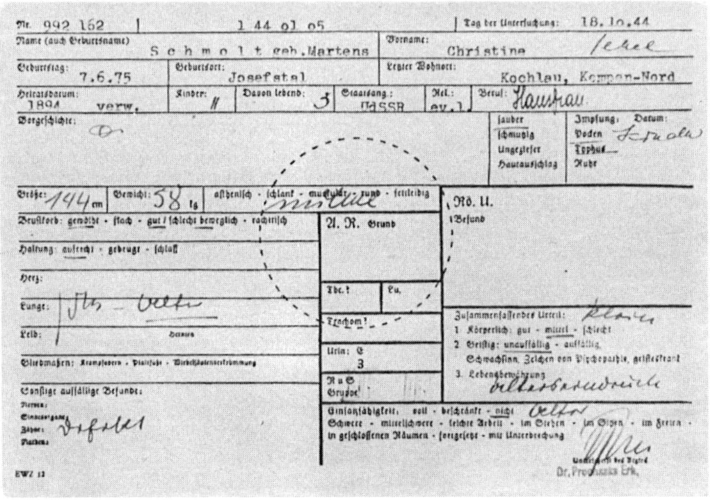

Nr. 992 162 | 1 44 01 05 | Tag der Untersuchung: 18.10.44
Name (auch Geburtsname): Schmolt geb. Martens | Vorname: Christine
Geburtstag: 7.6.75 | Geburtsort: Josefstal | Letzter Wohnort: Kochlau, Kempen-Nord
Heiratsdatum: 1894 verw. | Kinder: 11 | Davon lebend: 3 | Staatsang.: UdSSR | Rel.: ev.l. | Beruf: Hausfrau
Vorgeschichte:
sauber · schmutzig · Ungeziefer · Hautausschlag | Impfung: Datum: Pocken · Typhus · Ruhr
Größe: 144 cm | Gewicht: 58 kg | asthenisch · schlank · muskulös · rund · fettleibig
Brustkorb: gewölbt · flach · gut / schlecht beweglich · rachitisch | A. R. Grund | Nd. U. Befund
Haltung: aufrecht · gebeugt · schlaff
Herz:
Lunge:
Leib:
Gliedmaßen:
Tbc.? | Lu.
Trachom?
Urin: E 3
R u S Gruppe
Sonstige auffällige Befunde:
Zusammenfassendes Urteil:
1. Körperlich: gut · mittel · schlecht
2. Geistig: unauffällig · auffällig, Schwachsinn, Zeichen von Psychopathie, geisteskrank
3. Lebensbewertung
Einsatzfähigkeit: voll · beschränkt · nicht
Schwere · mittelschwere · leichte Arbeit · im Stehen · im Sitzen · im Freien · in geschlossenen Räumen · fortgesetzt · mit Unterbrechung
Unterschrift des Arztes
Dr. Prohaska Erk.
EWZ 13

EWZ: 992162.
Christina Schmolt geborn Mättens
geboren 1875 den 26 Mai Mein
Vater Theodor Mättens geboren 1845
26 August meine Mutter Karolina Mättens
geborne Steinborn geboren 1855
29 Februar mein Mann Wilhelm Schmolt
geboren 1875 14 Mai sein Vater Benj.
Sch. geb. 1839 22 Oktober seine Mutter
Elenore geb. Kuhn geborn 1837.
in die Ehe getreten Wilh. Schmolt mit
Christina Mättens 1894 d 26 Okt.
haben 11 Kinder davon 9 tot sind 3 am
leben Wilhelm Schmolt geb. 1908 den
1 Januar verheiratet mit Anna Kuhn
1927. September Karolina Götz geb.
Schmolt geb. 1895 den 26 Juni verheiratet
den 25 August ihr Mann Peter Götz
geboren den 1 Januar 1894
Johan Schmolt geb. 1914 den 20 März
verh. mit Emilie Kuhn geb. 1920
den 26 September.

Autobiografie von Christine Schmoldt (BArch R 9361-IV)

Das Ende des Reichsgaues Wartheland kam mit der Großoffensive der Roten Armee im Januar 1945. Nachdem die Ostfront mehrere Monate ruhig gewesen war, starteten die sowjetischen Truppen am 12. Januar ihre Weichsel-Oder-Operation. Schon in den ersten Tagen konnte die deutsche Front völlig zerschlagen werden, und die sowjetischen Truppen rückten innerhalb von nur zwei Wochen ohne militärisch relevanten Widerstand bis an die Oder vor. Mit der Kapitulation der letzten deutschen Verbände in der alten preußischen Festung Posen am 23. Februar 1945, um 6:00 Uhr morgens, war das gesamte Wartheland endgültig unter sowjetischer Kontrolle.

Am 20. Januar 1945 gab die Gauleitung dem Drängen der Wehrmacht, vertreten durch General Walter Petzel, nach und begann mit der Evakuierung der deutschen Bevölkerung des Warthelandes. Gauleiter Greiser setzte sich noch am selben Tag mit dem größten Teil der Parteiführung nach Berlin ab. Sein Stellvertreter, Kurt Schmalz, wurde mit der Führung des Gaus beauftragt.[33]

Die sogenannte Evakuierung der deutschen Zivilbevölkerung erfolgte in den folgenden Tagen größtenteils in einer ungeordneten Flucht, wodurch der kalte Winter und die schnell vorrückenden Verbände der Roten Armee große Opfer unter der Zivilbevölkerung forderten. Die verbliebene deutschstämmige Bevölkerung, vor allem ältere Menschen und Personen, die nicht mehr rechtzeitig fliehen konnten, wurden in den folgenden Monaten von den neu eingesetzten polnischen Behörden enteignet und vertrieben.

Ein besonders dunkles Kapitel der Deportation der Russlanddeutschen ist als „Repatriierung“ in die Geschichte eingegangen. Es betraf zwei Bevölkerungsgruppen von Deutschen aus Russland:

1. Ca. 30.000 sogenannte „Vertragsumsiedler“, die aufgrund der Festlegungen des Hitler-Stalin-Paktes in den Jahren 1939–41 aus den baltischen Ländern, Ostpolen und Bessarabien überwiegend in das Warthegau umgesiedelt worden waren.

33 Werner Haupt, „Das Ende im Osten 1945“, Dörfler Verlag o. J.

2. Ca. 200.000 sogenannte „Administrativumsiedler“, die meist aus der Ukraine stammten und beim Rückzug der Wehrmacht 1943/44 in großen Trecks ins Warthegau und nach Ostdeutschland umgesiedelt worden waren. Dort wurden sie von den sowjetischen Truppen überrollt und in Sammellagern interniert. Zu dieser Gruppe gehören auch ca. 50.000 Repatrianten, die sich bei Kriegsende in den westlichen Besatzungszonen befanden und von den Westalliierten an die sowjetischen Repatriierungskommandos überstellt wurden.

Die rechtliche Grundlage für die zwangsweise Rückführung dieser Gruppen durch die sowjetischen Militärbehörden ergab sich aus den Abkommen der Alliierten von Jalta und Potsdam 1945.

So wurde die Repatriierung von russischer Seite offiziell als ein „normaler Akt“ dargestellt und mit dem Versprechen einer Rückkehr der Betroffenen in ihre früheren Heimatorte „versüßt“. Dass sie stattdessen in den Norden Russlands oder nach Sibirien deportiert wurden und unter welchen unmenschlichen Bedingungen das alles für die „Heimkehrer“ wirklich ablief, geht aus den detaillierten Schilderungen von Zeitzeugen hervor.

Insgesamt wird die Zahl der Opfer aller Deportationen von Russlanddeutschen in den Jahren 1941 bis 1946 auf etwa 30 % der Betroffenen geschätzt. Daraus lässt sich ableiten, dass von den rund 970.000 Russlanddeutschen, die von den Deportationen betroffen waren, etwa 300.000 Personen ums Leben kamen.

Uroma Christine, Emilchen und Valentin begaben sich zusammen mit vielen anderen Russlanddeutschen nach der Anmeldung zum Bahnhof in Kempen, wo bereits die Güterwagen bereitstanden. So begann die dritte Deportation meiner Urgroßmutter Christine, zu dieser Zeit war sie bereits 69 Jahre alt. Mitgenommen hatten sie einen halben Sack Mehl, den Sack aus Josefstal.

1944, Christine Schmoldt im Wartheland (BArch R 9361-IV Kartei I)

Bei den regulären Transporten in die sowjetische Zone gab es keine Mindeststandards, sodass vielen Deutschen bereits an den Abfahrtsstationen das Gepäck geplündert wurde. In dieser Phase erfolgte die Vertreibung als Ausweisung. Die Behörden informierten die Bevölkerung ein bis zwei Tage zuvor, oft durch Aushänge. Die Familien konnten zwar geschlossen aufbrechen und waren auf Selbsthilfe sowie Nachbarschaftshilfe angewiesen. Eine leistungsfähige Betreuung setzte erst in den deutschen Aufnahmegebieten ein. Besonders viele alte Menschen und Säuglinge starben aufgrund von Krankheiten und Erschöpfung. Stets war die Vertreibung mit einem vollständigen Eigentumsverlust durch staatliche Konfiskation ohne jeglichen Wertausgleich verbunden.

Am 28. August 1941 wurde im Rahmen der Vorbereitung auf die Massenumsiedlungen von Sowjetdeutschen aus dem europäischen Teil der UdSSR nach Sibirien und Kasachstan im NKWD eine neue Abteilung für Sonderumsiedlungen gebildet. Zum Abteilungsleiter wurde Major der Staatssicherheit I. Iwanow ernannt. Die Abteilung wurde „zur Planung der Sonderumsiedlung, zur Sicherung der Maßnahmen beim Transport der Umgesiedelten und zur Überwachung deren Eingliederung an den Ansiedlungsorten“ gegründet.

In der letzten Phase des Krieges und unmittelbar nach Kriegsende stieg die Zahl der deutschen Sondersiedler rasch an: zum einen durch die Repatrianten (ca. 200.000 Personen), zum anderen durch die Auflösung der Arbeitsarmee.

Im März 1946 erteilte der Rat der Volkskommissare der UdSSR den Volkskommissariaten, in deren Zuständigkeit Einheiten der Arbeitsarmee eingesetzt waren, die Weisung, die aus mobilisierten Sowjetdeutschen bestehenden Arbeitstrupps und Arbeitskolonnen aufzulösen und die Arbeitslager, die sogenannten „Zonen“, zu schließen, was das Ende der Arbeitsarmee bedeutete. Allerdings wurde allen ehemaligen Angehörigen der Arbeitsarmee der Status eines Sondersiedlers verliehen, sodass sie wie Leibeigene an ihrem Betrieb, ihrer Baustelle oder ihrem Lager gebunden blieben. Es war ihnen gestattet, ihre Familien nachzuholen, und sie erhielten Unterstützung. Sie bekamen die Möglichkeit, in Wohnheimen oder Privatwohnungen zu leben, konnten Häuser bauen oder Wohnraum käuflich erwerben. In den Rayons, in denen ehemalige Angehörige der Arbeitsarmee mit ihren nachgezogenen Familien lebten, wurden Sonderkommandanturen eingerichtet.

Uroma Christine wurde mit ihrer Familie in die Gegend von Karpinsk deportiert. Karpinsk liegt im Norden der Oblast Swerdlowsk am Soswa-Zufluss Turja, 80 km östlich des Uralgebirges und 436 km nördlich der Gebietshauptstadt Swerdlovsk (Jekaterinburg).

Von 1945 bis 1949 existierte nahe Karpinsk ein Arbeitslager für Russlanddeutsche und deutsche Zivilisten, die vor allem aus Deutschland als Zwangsarbeiter hierher verschleppt worden waren. Die Arbeitsfähigen unter ihnen mussten im Kohlebergbau (Tagebau, stückige Braunkohle), im Wohnungsbau, Straßenbau oder im Steinbruch arbeiten, teilweise auch als Handwerker in verschiedenen Betrieben. Saisonal wurden Arbeitsbrigaden als Waldarbeiter in der Taiga eingesetzt.

Urgroßmutter Christine war zu dieser Zeit bereits 70 Jahre alt und daher nicht mehr arbeitsfähig. Emilchen wurde als Holzfällerin eingesetzt.

Im Hungerwinter 1946/47 hatte man die mitgebrachte Kleidung, Haushaltsgegenstände, Geschirr usw. gegen karge Rationen von

Kartoffeln und Mehl eingetauscht, denn das Monatsgehalt eines Schwerarbeiters betrug 600 Rubel. Ein Laib Brot konnte auf dem Schwarzmarkt für bis zu 200 Rubel erworben werden. Ein Pud Mehl (ca. 16 kg) kostete zeitweise bis zu 1.500 Rubel. Unter diesen Versorgungsverhältnissen war es nicht verwunderlich, dass viele Menschen den Hungertod starben.

Uroma Christine konnte ihre klägliche Versorgungssituation dank ihrer Wunderheilungskräfte etwas verbessern, indem sie den gesundheitlich angeschlagenen Repatriierten bei ihren Krankheiten half. Dafür gaben diese ihr etwas von ihren Lebensmitteln.

Regional gab es nach und nach Erleichterungen, die stark vom Verhalten des jeweiligen Kommandanten abhingen. Insbesondere konnten die Familien wieder zusammenziehen, durften bis zu 600 m^2 Land für den Eigenbedarf an Kartoffeln nutzen und Kleinvieh halten. Dadurch verbesserte sich die Ernährungslage, und die hohen täglichen Arbeitsnormen konnten besser erfüllt werden.

Als Emilchen erfuhr, dass es in der Umgebung von Karpinsk mehrere Lager für russlanddeutsche Zwangsarbeiter gab, begann sie, ihren Mann, Johann Schmoldt, zu suchen. Sobald sie jemanden aus einem anderen Lager traf, fragte sie immer wieder nach ihm. Endlich hatte sie 1946 Glück: Jemand erkannte Johann auf dem Foto, und so fanden sie wieder zueinander.

Die Gesamtzahl der deutschen Bevölkerung im Gebiet Swerdlovsk war zu Beginn des Zweiten Weltkrieges gering. Ende September/Anfang Oktober 1941 nannten die örtlichen NKWD-Organe eine Zahl von 1.695 Personen. Der Krieg hatte diese Zahl durch Zwangsumsiedlung und die Schaffung der Arbeitsarmee vergrößert. Auf dem Territorium des Gebiets Swerdlovsk wurden in den Kriegsjahren sechs NKWD-Lager errichtet. Sie lagen hauptsächlich im Nordosten des Gebiets. Im Jahr 1943 waren in diesen Lagern insgesamt 38.533 Zwangsarbeiter untergebracht.

Nach einem Jahr verblieben von den ursprünglich 38.533 Zwangsarbeitern noch 29.033 Personen, bedingt durch hohe

Sterblichkeit und Entlassungen aus Gesundheitsgründen. Außerdem arbeiteten noch 11.042 Deutsche nach weiteren Mobilisierungen in den Industriewerken des Gebiets Swerdlovsk. Die gesamte Zahl der dorthin in die Arbeitsarmee Deportierten betrug also 40.075 Personen – mehr als in jeder anderen administrativen Einheit der Sowjetunion.[34]

Der Alltag und die psychosoziale Lage der deutschen Zwangskolonisten waren äußerst schwer. Das Vermögen der zivilen Deportierten wurde beschlagnahmt, und sie wurden der Kollaboration mit dem Feind beschuldigt. Die insgesamt schlechte Lage im Land, die schwere physische Arbeit sowie die psychosoziale Traumatisierung führten zu hoher Morbidität und Mortalität unter den Zwangsarbeitern.

Am 9. September 1947 hörte das Herz von Christine Schmoldt auf zu schlagen. Im März 1947 hatte sie ihr 72. Lebensjahr erreicht. Laut Todesurkunde war sie an Herzschwäche gestorben.

Gegen Ende der 40er-Jahre wurden die Kriegsgefangenen und Internierten größtenteils freigelassen und repatriiert. Das Kriegsende änderte jedoch kaum etwas an der Lage der Russlanddeutschen.

Nach dem Ende des Zweiten Weltkrieges wurden 1946-47 die Arbeitskolonnen und andere Gruppierungen, in denen deportierte Deutsche zu Zwangsarbeiten herangezogen wurden, aufgelöst. Die Zwangsarbeiter selbst wurden in die regulären Industriekader überführt. Die Arbeitgeber wollten nicht auf qualifizierte, aber ansonsten billige und rechtlose Arbeitskräfte verzichten und versuchten, die Zwangsumsiedler noch viele Jahre in ihren Deportationsorten zu halten. Die Betriebsleitungen sorgten z. B. dafür, dass die Deutschen immer wieder von der Justiz zu vier bis fünf Monaten Besserungsarbeit verurteilt wurden, unter dem Vorwand von Versäumnissen, Arbeitsverweigerungen etc.

34 Olga Labuda, „Russlanddeutsche Sprachvarietäten des Mittleren Ural.“

*Emilie Schmoldt, geborene Kuhn (BArch R 9361-IV Kartei I) (*26. September 1920 - † 9. Mai 1952)*

Emilchen arbeitete weiterhin im Wald, obwohl sie schon sehr krank war. Am 9. Mai 1952 starb sie im Alter von 32 Jahren an Tuberkulose.

Das Regime der Sondersiedlungen, unter dem die Deportierten seit den ersten Tagen des Krieges gelebt hatten, wurde erst 1955 aufgehoben. Während dieser ganzen Zeit durften die Deutschen ihre Deportationsorte ohne besondere Erlaubnis nicht verlassen. Sie befanden sich unter Aufsicht der sogenannten Spezialkommandantur. Obwohl nach dem Krieg bestimmte staatliche Beschlüsse über die Familienzusammenführung verabschiedet wurden, war die Wiedervereinigung der Familien selbst mit dem Einverständnis des Kommandanten der Sondersiedlung nur schwer möglich.

Erst mit der Aufhebung des Kommandantur-Regimes (Dekret vom 13. Dezember 1955) wurden die Russlanddeutschen wieder zu freien Sowjetbürgern, allerdings immer noch mit Einschränkungen. Trotz der Aufhebung des Sonderregimes durften die Russlanddeutschen nicht in ihre ursprünglichen Siedlungsgebiete zurückkehren.

Für die Russlanddeutschen galt, dass sie eine Verpflichtungserklärung unterschreiben mussten, nie wieder in ihre ehemaligen Gebiete zurückzukehren und keine Ansprüche auf ihr konfisziertes Eigentum zu erheben. Sie erhielten keine Entschädigung für ihr beschlagnahmtes Eigentum. Auch das gemeinschaftliche Eigentum an Grund und Boden der Kolchosen und Genossenschaften (eingebracht bei der Kollektivierung), Schulen, Bibliotheken, Redaktionen, der Deutsche Staatsverlag in Engels und das Zentralmuseum der ASSR der Wolgadeutschen blieben in russischer Hand. Sie wurden nicht rehabilitiert.

Infolge der Deportation und der Einziehung in die „Arbeitsarmee“ lebten die Russlanddeutschen nunmehr in Kasachstan, Mittelasien, Sibirien und der Altai-Region. Vor Kriegsbeginn hatten 89% der Russlanddeutschen im europäischen Teil der Sowjetunion gelebt. Nach dem Krieg waren es nur noch 17%, d. h. ca. 650.000 Russlanddeutsche waren aus dem europäischen Teil der UdSSR ausgesiedelt und in asiatische Gebiete umgesiedelt worden.

Der Erlass vom 13. Dezember 1955 brachte jedoch für das Leben der Russlanddeutschen einschneidende Erleichterungen. Die wiedergewonnene relative Reisefreiheit innerhalb der Sowjetunion führte zu einer „wahren Völkerwanderung“. Viele Verwandte fanden sich über Briefe oder durch Suchdienste wieder. Tausende briefliche Kontakte entstanden auch zu Verwandten in Deutschland.

So fand auch Johann Schmoldt seine Schwester Karolina Görz, meine Großmutter, wieder. Sie war mit ihrer Familie zunächst nach Archangelsk und später nach Kemerowo im Rahmen der Repatriierung deportiert worden. 1953 konnten Johann und sein Sohn Valentin mit einer Sondergenehmigung Karpinsk verlassen und im Rahmen der Familienzusammenführung nach Kemerowo umziehen. Zwölf Jahre hatten die Geschwister sich nicht gesehen.

Viele russlanddeutsche Familien zogen aus den unwirtlichen, kalten Regionen in den Süden, in klimatisch günstigere Gebiete. Andere zogen dorthin, wo sich Verwandte aus der Vorkriegszeit und durch Deportation angesiedelt hatten. Wiederum andere blieben in den zugewiesenen Gebieten.

Die Geschichte von Emilia Epp

Eines Tages im Jahr 2013 brachte mir Emilia Epp, geborene Kuhn, kurz vor ihrem 90. Geburtstag ihre Aufzeichnungen und sagte dabei: „Du wirst schon wissen, wofür meine Aufzeichnungen gut sind…“ Sie hatte recht: Mit ihren Aufzeichnungen hatte sie uns einen Teil ihrer eigenen Geschichte und der Geschichte des Zweiten Weltkrieges erzählt.

Emilia Epp, geborene Kuhn

An dieser Stelle möchte ich ihre Geschichte weitergeben:

„Mein Vater Friedrich Kuhn Johannssohn wurde am 20. April 1887 geboren. Er starb im Jahr 1942. Meine Mutter Florentina, geborene Schmoldt, kam am 13. Juni 1891 auf die Welt. Als meine Mutter meinen Vater am 16. Juni 1918 kurz nach der Oktoberrevolution heiratete, nahm sie zwei seiner Kinder aus seiner ersten Ehe mit ihrer Cousine als eigene an: Florentina, geboren 1910 und Johann, geboren am 16. Juni 1915. Meine Mutter stammte aus Georgstal und mein Vater kam aus Josefstal/Ukraine. Meine Schwester Emma erblickte am 12. Februar 1922 in Josefstal das Licht der Welt.

Ich, Emilia Kuhn, wurde zwei Jahre später, am 10. Februar 1924 in Josefstal geboren.

1921 kam die Hungersnot. Meine Eltern hatten wohl noch Lebensmittel übriggehabt. Durch einen Tausch gelang es ihnen ein sehr altes Haus zu erwerben. Dieses Haus wurde abgerissen und aus Lehm und Stroh wurde dann 1929 ein neues Haus gebaut. Baumeister war Karl Hoch, ein Schwager meines Vaters, gewesen.

Das Haus war noch nicht fertig gewesen, als die Auswanderung nach Amerika begann. Meine Familie hatte alles Notwendige für die Auswanderung gepackt, aber dann kam die Nachricht, dass die Grenzen wieder geschlossen worden waren.

Ende der zwanziger Jahre begannen die Enteignungen und die Gründung der Kolchosen. Mein Vater wollte nicht in die Kolchose eintreten. Nach seinem Besitz zu urteilen, gehörte er zu den Serednjaki.[35] Um der Gefahr der Verschleppung nach Sibirien zu entgehen, flüchtete er nach Saporoschje zum Dneprostroj und arbeitete dort auf der Baustelle.

Nach einer kurzen Zeit kamen wir, Kinder mit unserer Mutter, nach. Unser Haus und unsere Kuh überließen wir einer sehr armen Familie Krüger. Die älteste Tochter der Krügers, Scheny, verheiratete Look, war später meine erste Lehrerin gewesen.

Wir haben auf dem Land gewohnt und waren verpflichtet gewesen eine bestimmte Menge an Fleisch pro Jahr an den Staat zu liefern, so waren damals die Auflagen gewesen. Durch unseren Umzug hatte meine Familie es nicht geschafft, die notwendige Menge zu liefern. Somit wurde die Kuh bei den Krügers konfisziert und der Familie wurden dann 45 Rubel dafür geschickt.

Als sich die Lage in Josefstal etwas beruhigt hatte, kehrte meine Familie 1932 zurück in das Dorf. Meine Schwester Florentina und mein Bruder Johann hatten eine Arbeit im Nachbardorf gefunden.

Einige Tage nach unserer Rückkehr begann dann die Überschwemmung. Unser Haus wurde auch überschwemmt. Wir wurden von Verwandten aufgenommen. Als das Wasser wieder weg war, fingen wir wieder an, unser Haus in Ordnung zu bringen.

---

35 Bauern mit mittlerem Einkommen.

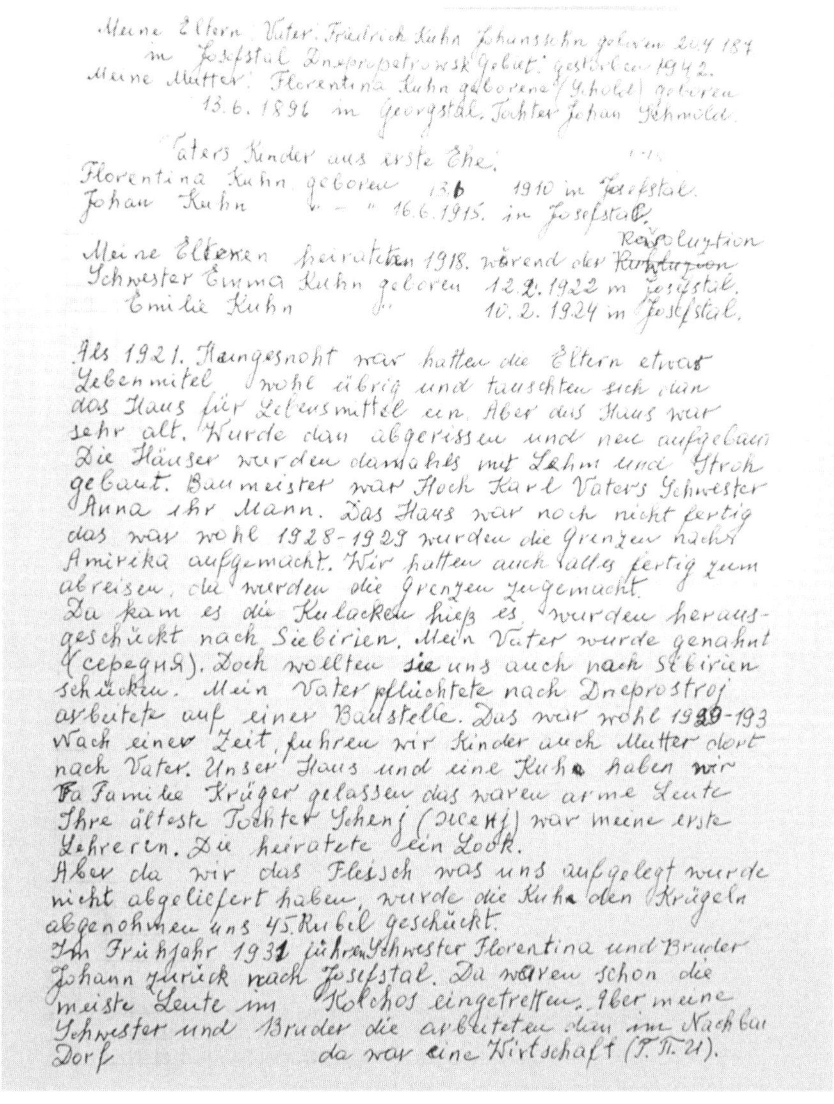

Meine Eltern: Vater: Friedrich Kuhn Johannssohn geboren 20.4.187
im Josefstal Dnepropetrowsk Gebiet. gestorben 1942.
Meine Mutter: Florentina Kuhn geborene (Schold) geboren
13.6.1896 in Georgstal. Tochter Johan Schmold.

Vaters Kinder aus erste Ehe:
Florentina Kuhn geboren 13.6 1910 in Josefstal.
Johan Kuhn " " 16.6.1915. in Josefstal.

Meine Elteren heirateten 1918. wärend der Revolution
Schwester Emma Kuhn geboren 12.2.1922 in Josefstal.
Emilie Kuhn " 10.2.1924 in Josefstal.

Als 1921. Hungersnoht war hatten die Eltern etwas
Lebenmitel wohl übrig und tauschten sich dan
das Haus für Lebensmittel ein. Aber das Haus war
sehr alt. Wurde dan abgerissen und neu aufgebaut
Die Häuser wurden damahls mit Lehm und Stroh
gebaut. Baumeister war Hoch Karl Vaters Schwester
Anna ihr Mann. Das Haus war noch nicht fertig
das war wohl 1928-1929 wurden die Grenzen nach
Amirika aufgemacht. Wir hatten auch alles fertig zum
abreisen, die wurden die Grenzen zugemacht.
Da kam es die Kulacken hieß es, wurden heraus-
geschückt nach Siebirien. Mein Vater wurde genahnt
(середня). Doch wollten sie uns auch nach Sibirien
schücken. Mein Vater flüchtete nach Dneprostroj
arbeitete auf einer Baustelle. Das war wohl 1930-193
Nach einer Zeit, fuhren wir Kinder auch Mutter dort
nach Vater. Unser Haus und eine Kuh haben wir
Familie Krüger gelassen das waren arme Leute
Ihre älteste Tochter Schenj (Женя) war meine erste
Lehreren. Die heiratete ein Look.
Aber da wir das Fleisch was uns aufgelegt wurde
nicht abgeliefert haben, wurde die Kuh den Krügeln
abgenohmen uns 45. Rubil geschückt.
Im Frühjahr 1931 fuhren Schwester Florentina und Bruder
Johann zurück nach Josefstal. Da waren schon die
meiste Leute im Kolchos eingetretten. Aber meine
Schwester und Bruder die arbeiteten dan im Nachbar
Dorf da war eine Wirtschaft (Т.П.И).

Aufzeichnungen von Emilia Epp

So, wie ich es in Erinnerung habe, war die Kirche von Josefstal 1866 gebaut worden. Bis 1933 sind wir zur Kirche gegangen. Ich weiß noch genau, damals war ich ja schon neun Jahre alt gewesen, wenn wir in die Kirche kamen, saßen wir, Kinder, auf dem Balkon: links die Mädchen und rechts die Jungs, alle, die noch nicht konfirmiert gewesen waren. Unten rechts saßen die Männer und links saßen die Frauen.

Bis zum Jahr 1933 fand im Dorf immer noch regelmäßig Gottesdienst statt, es wurde getraut, konfirmiert und getauft. 1934 wurden die Glocken von der Kirche abgenommen und die Kirche wurde in einen Klub (Gemeindehaus) verwandelt.

1933 war wieder Hungersnot. Unsere Familie überlebte. 1938 war meine Familie dann doch in die Kolchose eingetreten.

Meine Schwester Florentina heiratete 1934 Christian Bergmüller. Ihre Tochter Adina wurde am 16. Juni1938 geboren. Mein Bruder Johann heiratete 1937 Mathilde Ballach. Sie bekamen zwei Kinder: Alexander und Ida. Wir wohnten alle zusammen in unserem Haus: unsere Mutter, Emma, Christian, Adina, Johann, Mathilde, Alexander, Ida und ich.

Unser Vater wollte nicht im Kollektiv arbeiten und verdiente sein Geld bis zu seiner Verhaftung am 03. Februar 1938 in einem Werk in Dnepropetrowsk. Nach seiner Verhaftung durften wir ihm einmal im Monat etwas zu Essen in das Gefängnis bringen. Bei dem zweiten Besuch wurde uns mitgeteilt, dass unser Vater nach einem Gerichtsurteil für acht Jahre in ein weit entferntes Lager verschickt worden war. Die Wahrheit wurde verschwiegen. Später 1959 bekam die Familie eine Nachricht darüber, dass unser Vater 1942 im Gefängnis verstorben war und dass er nach seinem Tod rehabilitiert wurde, was heißt, er war unschuldig gewesen.

Im Februar 1939 verließ ich nach 6,5 Schuljahren die Schule und begann zu arbeiten. Wir banden Matten für die Abdeckung der Frühbeete. Dann ging das Leben so etwas besser. Wir hatten schon eine Kuh, ein Schwein und Hühner. Im Garten war auch immer viel zu tun gewesen. Meine Mutter kränkelte viel nach einer Unterleibsoperation 1933.

Als der Krieg am Sonntag, den 22. Juni 1941 kundgegeben wurde, waren wir alle im Gemeindehaus (in der ehemaligen Kirche von Josefstal, die im Jahr 1936 umfunktioniert wurde) zum Tanzen gewesen.

Am 17. Juni 1941 waren alle Jugendlichen und Männer, deren Väter 1937-1938 verhaftet gewesen waren, im Dorf zusammengetrieben, verhaftet und auf Fuhren bis nach Charkow abtransportiert und später dann verurteilt worden. Mein Bruder Johann war auch unter den Verhafteten, auch er wurde zu acht Jahren Haft verurteilt und verbrachte viele Jahre in einem Gefangenenlager im Ural bei Swerdlowsk. Keinem von den Verhafteten wurde jemals ein Gerichtsurteil mitgeteilt. Viele verhungerten im Lager. Mein Bruder überlebte. Am 17. Juli 1947 wurde er entlassen und kam nach Sol-Ilezk bei Orenburg. Dort arbeitete er dann im Bergbau.

Während des Zweiten Weltkrieges arbeiteten wir weiter in der Landwirtschaft. Im September 1941 kam die Besatzung.

Unser Dorf war beinahe sechs Wochen an der Frontlinie. Die Deutschen waren am östlichen Ufer des Dnepr und hatten um Charkow einen Kessel gemacht.[36] Da haben wir so manches erlebt. Unser Haus wurde von einer Bombe getroffen. Im Garten waren auch sechs Löcher nach den Bombeneinschlägen. Unser Schwager half uns das Haus in Ordnung zu bringen.

1941 zu Weihnachten wurde unsere Josefstaler Kirche wieder eröffnet. Sogar die Orgel war noch da. Es wurden wieder Gottesdienste gehalten. Wir arbeiteten weiter in der Landwirtschaft.

Im September 1943 bekamen wir die Nachricht, dass wir demnächst gezwungen sein werden unsere Heimat zu verlassen. Wohin es gehen sollte, wusste niemand. Einige Tage später wurden viele von uns, Frauen und Kindern, alle samt der Habseligkeiten

---

36 Die Erste Schlacht bei Charkow vom 20. bis 24. Oktober 1941 bezeichnet die Kämpfe während der Eroberung der ostukrainischen Stadt Charkow (Kießling, Hannes, 2007–2011). Bericht über die Einnahme von Charkow.

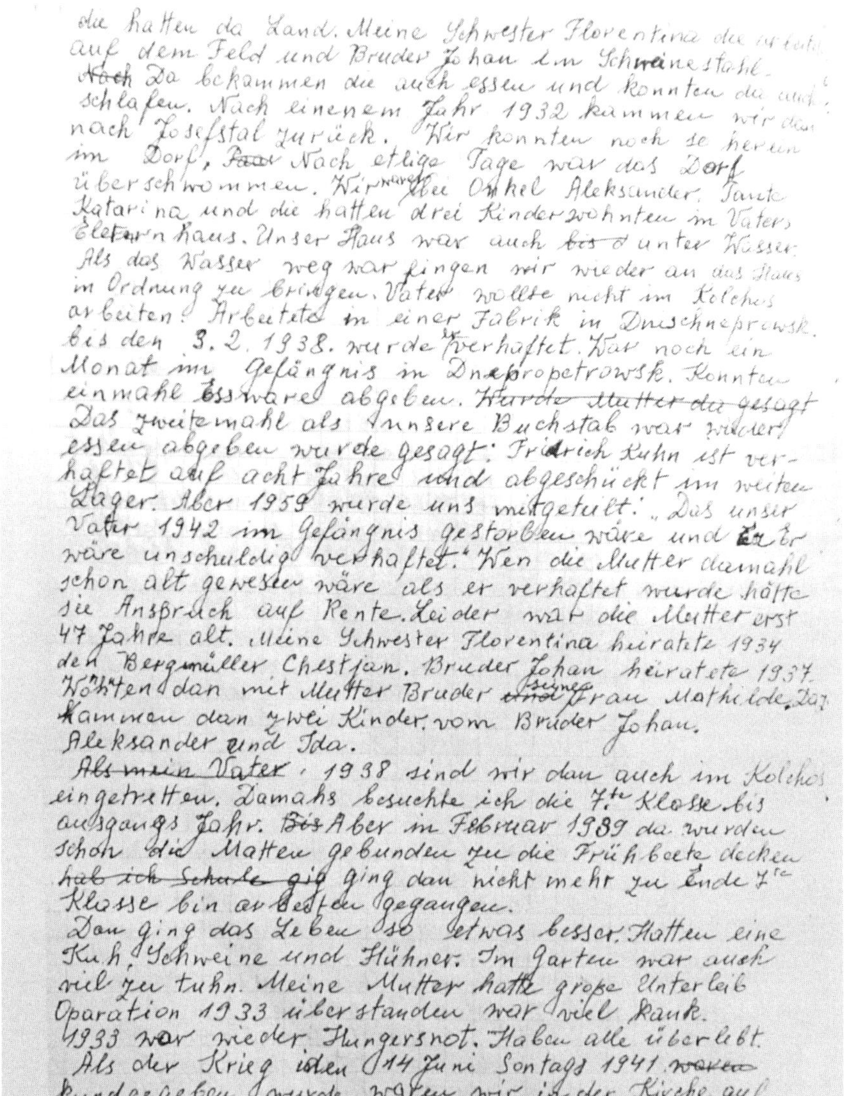

die hatten da Land. Meine Schwester Florentina die arbeitete
auf dem Feld und Bruder Johan im Schweinestahl.
~~Nach~~ Da bekammen die auch essen und konnten da auch
schlafen. Nach einenem Jahr 1932 kammen wir dan
nach Josefstal zurück. Wir konnten noch so herein
im Dorf, ~~Faar~~ Nach etlige Tage war das Dorf
überschwommen. Wir waren bei Onkel Aleksander, Tante
Katarina und die hatten drei Kinder wohnten im Vaters
Eltern haus. Unser Haus war auch ~~bis~~ unter Wasser.
Als das Wasser weg war fingen wir wieder an das Haus
in Ordnung zu bringen. Vater wollte nicht im Kolchos
arbeiten. Arbeitete in einer Fabrik in Dneschneprowsk.
bis den 3.2.1938. wurde er verhaftet. War noch ein
Monat im Gefängnis in Dnepropetrowsk. Konnten
einmahl Esswaren abgeben. ~~Wurde Mutter da gesagt~~
Das zweitemahl als unsere Buchstab war wieder
essen abgeben wurde gesagt: Fridrich Kuhn ist ver-
haftet auf acht Jahre und abgeschückt im weiten
Lager. Aber 1959 wurde uns mitgeteilt: „Das unser
Vater 1942 im Gefängnis gestorben wäre und Er
wäre unschuldig verhaftet." Wen die Mutter damahl
schon alt gewesen wäre als er verhaftet wurde hätte
sie Anspruch auf Rente. Leider war die Mutter erst
47 Jahre alt. Meine Schwester Florentina heiratete 1934
den Bergmüller Chestjan. Bruder Johan heiratete 1937.
Wohnten dan mit Mutter Bruder ~~und~~ seine Frau Mathilde. Da
kammen dan zwei Kinder vom Bruder Johan.
Aleksander und Ida.
~~Als mein Vater~~ 1938 sind wir dan auch im Kolchos
eingetretten. Damahs besuchte ich die 7te Klasse bis
ausgangs Jahr. ~~Bis~~ Aber in Februar 1939 da wurden
schon die Matten gebunden zu die Frühbeete decken
~~hab ich Schule gig~~ ging dan nicht mehr zu Ende 7te
Klasse bin arbeiten gegangen.
Dan ging das Leben so etwas besser. Hatten eine
Kuh, Schweine und Hühner. Im Garten war auch
viel zu tuhn. Meine Mutter hatte große Unterleib
Oparation 1933 überstanden war viel krank.
1933 war wieder Hungersnot. Haben alle überlebt.
Als der Krieg iden 14 Juni Sontags 1941 ~~waren~~
kundgegeben wurde waren wir in der Kirche auf
Tanz.

Aufzeichnungen von Emilia Epp

(Kleidung und etwas zu Essen) in einen Zug geladen und dann ging es in den Westen. Wir aber hatten eine Kuh. Die Männer zogen auf den Fuhren mit den an den Fuhren angebundenen Kühen los. Meine Cousine und ich gingen hinter der Fuhre und passten auf die Kühe auf.

So kamen wir nach Kriwoj Rog, dort gaben wir unsere Kühe ab und zogen weiter bis nach Gronau, das waren die Nummern-Dörfer in der Ukraine. Die Hiesigen mussten uns immer wieder aufnehmen.

In Gronau kamen wir mit meiner Familie zusammen und meine Mutter nahm meine Schwester Florentina, ihren Mann Christian und mich mit zu der Fuhre. Wir gingen zu Fuß hinter den Fuhren und säuberten die Räder, wenn sie sich voll von Dreck nicht mehr drehen konnten.

Zu der Zeit war es sehr kalt und wir konnten nur alle zusammengerollt auf den Fuhren schlafen. In den Häusern der Ukrainer zu schlafen war gefährlich, die nahmen uns auch nicht auf. Uns wurde zugetragen, dass Häuser der Deutschen in der Nacht des Öfteren von Partisanen angezündet wurden. Brennende Häuser in der Nacht haben wir auch gesehen. Wir nächtigten unter dem freien Himmel, manchmal regnete und schneite es. Wir froren und hatten auch nichts zu Essen. Unsere Pferde waren auch hungrig.

Auf dem Weg in den Westen

Anfang Dezember kamen wir in ein Dorf in der Nähe von der polnischen Grenze. Übernachten konnten wir in einem nicht beheizten Gemeindehaus mit Stroh auf dem Boden. Von Schlaf war in den Nächten kaum die Rede. Uns plagten die Läuse. Zeitweise hatten wir den Eindruck, dass sogar das Stroh von den Läusen bewegt wurde.

Hier trennten sich unsere Wege mit meiner Schwester und ihrem Mann. Von hier aus brachte man uns mit der Eisenbahn Ende Dezember 1943 nach Litzmannstadt (Posen). Hier durften wir endlich einmal baden. Wir und unsere Bettsachen wurden von den Läusen befreit.

Meine Mutter, ich und viele andere Landsleute wurden in das Lager Tuschin Wald[37] gebracht. Hier bekamen wir regelmäßig eine warme Kohlrabi-Suppe, darauf haben wir uns sehr gefreut. Am 23. Dezember 1943 brachte man uns wieder nach Litzmannstadt, wo wir dann eingebürgert wurden. So bekamen wir die deutsche Staatsangehörigkeit.

Hier im Warthegau wurde ich auch konfirmiert.

Anfang 1944 holte uns mein Schwager Christian dann nach Schildberg, Kreis Kempen, Warthegau, zu einem Großbauern

auf den Hof, wo wir dann arbeiteten. Im März 1944 erhielt mein Schwager Christian einen Einberufungsschein in die SS. Von ihm haben wir dann niemals mehr etwas gehört.

Ein Monat später erhielt sein Bruder Gottlieb einen Einberufungsschein in die SD.[38] Er überlebte. Nach dem Krieg kam er in russische Gefangenschaft und wurde für 10 Jahre in ein sibirisches Lager verbannt.

Lebensmittel, Kleidung und etwas Geschirr bekamen wir auf Karten von der Regierung. In dieser Zeit ging es uns etwas besser. In der Zeit vom April 1944 bis zum November 1944 ging ich zusammen mit noch 19 russlanddeutschen Mädchen in die Landwirtschaftsschule in Wilhelmsbrück, Kreis Welun im Warthegau.

---

37 Dieses Lager in Polen diente nach dem Kriegsende als Internierungslager für Verurteilte, als Sammellager für zur Vertreibung bestimmte Deutsche, und vor allem war es ein Ort für systematisch repressive Zwangsarbeit.88 Gefängnisse und 14 Arbeitslager standen im Frühjahr 1945 unter der Aufsicht des Ministeriums für Öffentliche Sicherheit. In den Lagern setzte das nun polnische Personal oft die Terrormethoden der Nationalsozialisten fort.

38 Einsatzgruppen der Sicherheitspolizei und des Sicherheitsdienstes.

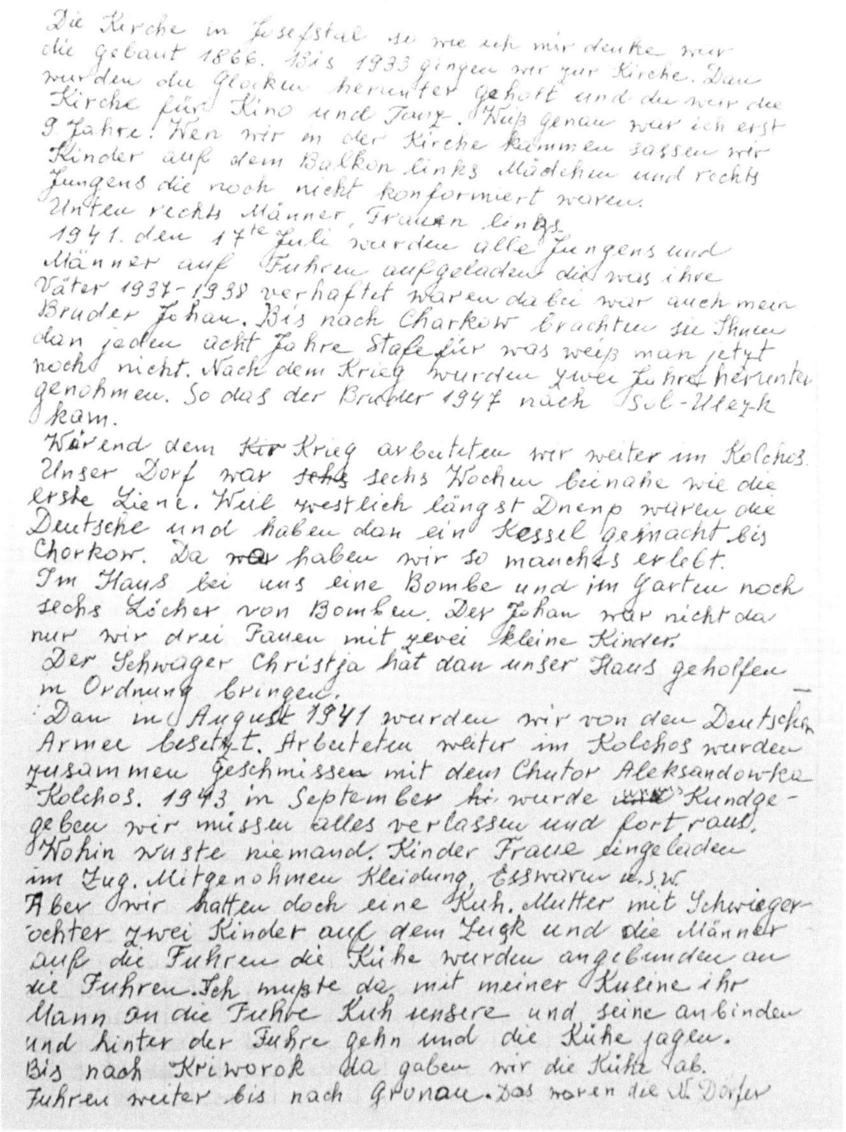
Die Kirche in Josefstal so wie ich mir denke war
die gebaut 1866. Bis 1933 gingen wir zur Kirche. Dan
wurden die Glocken herunter geholt und die war die
Kirche für Kino und Tanz. Weiß genau war ich erst
9 Jahre! Wen wir in der Kirche kammen sassen wir
Kinder auf dem Balkon links Mädchen und rechts
Jungens die noch nicht konformiert waren.
Unten rechts Männer, Frauen links.
1941 den 17te Juli wurden alle Jungens und
Männer auf Fuhren aufgeladen die was ihre
Väter 1937-1938 verhaftet waren dabei war auch mein
Bruder Johan. Bis nach Charkow brachten sie Ihnen
dan jeden acht Jahre Stafe für was weiß man jetzt
noch nicht. Nach dem Krieg wurden zwei Jahre herunter
genohmen. So das der Bruder 1947 nach Sol-Uleyk
kam.
Wärend dem ~~Kr~~ Krieg arbeiteten wir weiter im Kolchos.
Unser Dorf war ~~sehs~~ sechs Wochen beinahe wie die
erste Liene. Weil westlich längst Dnepr waren die
Deutsche und haben dan ein Kessel gemacht bis
Chorkow. Da ~~war~~ haben wir so manches erlebt.
Im Haus bei uns eine Bombe und im Garten noch
sechs Löcher von Bomben. Der Johan war nicht da
nur wir drei Fauen mit zwei kleine Kinder.
Der Schwager Christja hat dan unser Haus geholfen
in Ordnung bringen.
Dan im August 1941 wurden wir von den Deutschen
Armee besetzt. Arbeiteten weiter im Kolchos wurden
zusammen geschmissen mit dem Chutor Aleksandowka
Kolchos. 1943 in September ~~hi~~ wurde ~~[illegible]~~ Kundge-
geben wir müssen alles verlassen und fort raus.
Wohin wuste niemand. Kinder Fraue eingeladen
im Zug. Mitgenohmen Kleidung, Esswaren u.s.w.
Aber wir hatten doch eine Kuh. Mutter mit Schwieger-
tochter zwei Kinder auf dem Zugk und die Männer
auf die Fuhren die Kühe wurden angebunden an
die Fuhren. Ich mußte da mit meiner Kusine ihr
Mann an die Fuhre Kuh unsere und seine anbinden
und hinter der Fuhre gehn und die Kühe jagen.
Bis nach Kriworok da gaben wir die Kühe ab.
Fuhren weiter bis nach Gronau. Das waren die M. Dörfer

Aufzeichnungen von Emilia Epp

Nach dem Schulabschluss wurden wir, drei Mädchen, Frieda Becker, Anna Becker und ich in der Küche einer Militärschule für

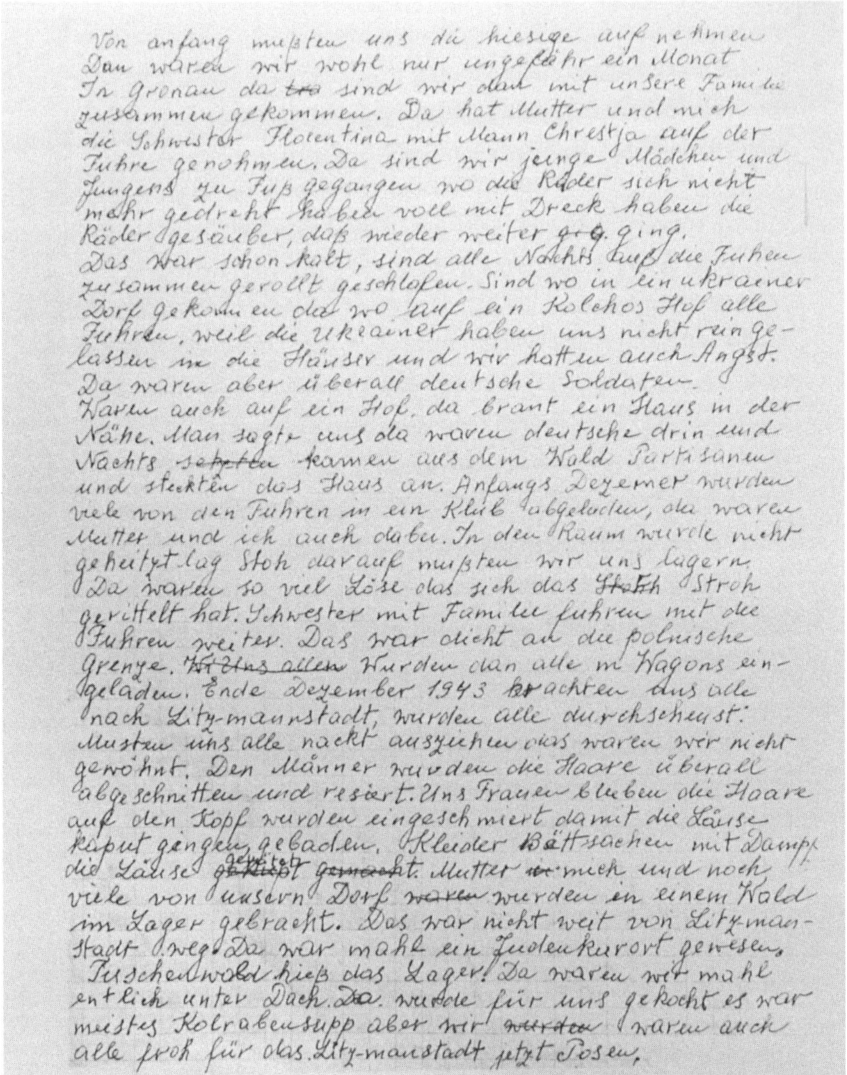

Von anfang mußten uns die hiesige auf nehmen
Dan waren wir wohl nur ungefähr ein Monat
In Grenau da ~~tra~~ sind wir dan mit unsere Familie
zusammen gekommen. Da hat Mutter und mich
die Schwester Florentina mit Mann Chrestja auf der
Fuhre genohmen. Da sind wir junge Mädchen und
Jungens zu Fuß gegangen wo die Räder sich nicht
mehr gedreht haben voll mit Dreck haben die
Räder gesäuber, daß wieder weiter ~~ge~~ ging.
Das war schon kalt, sind alle Nachts auf die Fuhren
zusammen gerollt geschlafen. Sind wo in ein ukraener
Dorf gekommen da wo auf ein Kolchos Hof alle
Fuhren, weil die Ukrainer haben uns nicht rein ge-
lassen in die Häuser und wir hatten auch Angst.
Da waren aber überall deutsche Soldaten.
Waren auch auf ein Hof, da brant ein Haus in der
Nähe. Man sagte uns da waren deutsche drin und
Nachts ~~setzten~~ kamen aus dem Wald Partisanen
und steckten das Haus an. Anfangs Dezemer wurden
viele von den Fuhren in ein Klub abgeladen, da waren
Mutter und ich auch dabei. In den Raum wurde nicht
geheitzt lag Stoh darauf mußten wir uns lagern.
Da waren so viel Löse das sich das ~~Stoh~~ Stroh
gerittelt hat. Schwester mit Familie fuhren mit die
Fuhren weiter. Das war dicht an die polnische
Grenze. ~~Wir Uns allen~~ Wurden dan alle in Wagons ein-
geladen. Ende Dezember 1943 brachten uns alle
nach Litzmannstadt, wurden alle durchscheust.
Musten uns alle nackt ausziehen das waren wir nicht
gewöhnt. Den Männer wurden die Haare überall
abgeschnitten und resiert. Uns Frauen bleben die Haare
auf den Kopf wurden eingeschmiert damit die Läuse
kaput gengen, gebaden. Kleider Bättsachen mit Dampf
die Läuse ~~gekocht~~ ~~gemacht~~ getötet. Mutter ~~er~~ mich und noch
viele von unsern Dorf ~~waren~~ wurden in einem Wald
im Lager gebracht. Das war nicht weit von Litzman-
stadt weg. Da war mahl ein Judenkurort gewesen.
Tuschenwald hieß das Lager. Da waren wir mahl
entlich unter Dach. ~~Da~~ wurde für uns gekocht es war
meistes Kolrabensupp aber wir ~~wurden~~ waren auch
alle froh für das. Litzmanstadt jetzt Posen.

Aufzeichnungen von Emilia Epp

zwei Monate eingestellt. In dieser Schule wurden 30 Jungs für den Militärdienst ausgebildet.

Die Frontlinie bewegte sich immer weiter in Richtung Westen. Eines Tages mussten wir zusehen, um noch den letzten Zug zusammen mit den Auszubildenden zu nehmen, um aus Schildberg nach Litzmannstadt zu kommen. In der Zeit gingen da alle Züge gen Westen zu.

Was ich da erlebte, war schlimm: Frauen ließen ihr Gepäck und ihre Kinder zurück, stiegen in einen Zug und flohen in den Westen. Auf jedem Bahnhof waren da Frauen von einer Organisation, die sich um die Reisenden bzw. Flüchtlinge kümmerten. Kinder und alte Leute wurden versorgt.

Wir drei konnten auch noch in einen Zug einsteigen und fuhren so bis nach Halle. In Halle mussten wir zusammen mit vielen anderen Flüchtlingen in Busse umsteigen und wurden in ein Dorf etwa 15 km von Halle entfernt gebracht. Die Dorfeinwohner mussten uns aufnehmen. Ich wurde von einer reichen Familie aufgenommen. Da wohnten eine 81-jährige Oma und ein jüngeres Ehepaar, deren Tochter in Berlin arbeitete.

Am 10. Februar 1944 feierten wir meinen 20. Geburtstag. Die Leute schenkten mir Kleidung, ich hatte ja nichts mehr bei mir. Das Schlimmste war, dass ich nichts über meine Familie wusste. Damals hatte ich nur eine Adresse von Tante Jakobine, einer Schwester meiner Mutter, die sich in einem Lager in Dresden befand. Meine Mutter hatte auch diese Adresse und so fand ich über meine Tante meine Mutter wieder. Sie befand sich in der Zeit zusammen mit den Eltern von Anna Becker in einem Dorf in der Tschechoslowakei.

Ende März 1944 machten wir uns auf den Weg in die Tschechoslowakei und kamen auch gut an. Meine Mutter wohnte zusammen mit meiner Schwester Florentina und mit ihren Schwiegereltern in einem Zimmer bei einem Bauern. Hier bekamen wir Lebensmittelkarten und gingen auf das Feld arbeiten. Dafür bekamen wir noch jeden Morgen eine Stolle Schmalzbrot und Kartoffeln. An den Sonnabenden bekamen wir einen Briefumschlag mit dem Stundenlohn.

Am 8. Mai 1945 um vier Uhr nachmittags kamen dann die Russen mit ihren Panzern in das Dorf. Wir, Mädchen, mussten uns verstecken. Die Russen waren alle betrunken, kamen in die Häuser und nahmen und taten, was sie wollten. Am nächsten Tag wurde es ruhiger.

Aufzeichnungen von Emilia Epp

Ich wurde aufgenohmen bei gute und reiche Leute.
Da war eine 81 jährige Oma, Mann, Frau und
Tochter, aber die arbeitete in Berlin.
Den 10 Februar fierten wir mein 20järiges Geburtstag.
Die Leute haben mich eingekleidet, viel wir doch nichts
bei uns hatten. Wusten leider ~~von~~ nicht wo dan unsere
Verwanten sind. Hatte aber die Adresse von Mutters
Schwester Jakopiene die waren in Dresden im Lager
meine Mutter hatte auch die Adresse. Dadurch be-
kam ich Nachrich und Adressen von Mutter. Die war
aber in der Tschechoslowokei in ein Dorf. Da waren
auch Beckers Anna Wilhelmtocher ihre Eltern.
Zu dritt machten wir uns dan auf den Weg ausgangs
März nach der Tschechoslawakei. Kammen auch gut
da an. Da wohnte meine Mutter mit Schwester Florentina
ihre Schwiegermutter, Stiefschwiegervater bei einem
Bauer in ein Zimmer. Beckers Frieda weiste nichts
von ihre ~~Vem~~ Verwanten schloß sie sich bei uns an.
Da bekammen wir auch Lebesmittelkarten. Frida und
Ich gingen sofort auf dem Feld arbeiten dafür bekammen
wir noch jeden Morgen eine Stolle Schmalzbrot auch
Kartoffeln. Sonnabends im Briefumschlag unsere Stunden
aufgeschrieben und Lohn.
Aber das war nicht lang. ~~Den fünft~~
Den 8.ten Mai 4 Uhr nachmittags 1945 kammen dan
die Russen mit Ihren Tanken ins Dorf.
Da mußten wir Mädchen uns aber verstecken, Die Russen
waren alle betrunken, in den Häuser herein nahmen
und machten was sie wollten. Den andern Tag war das
verboten. Die Poler und ukrainer Zwanksarbeiter nahmen
dan bei ihren Bauern was ihnen nur gefallen hat und
luden sich Fuhren voll auf und nach paar Tage waren
die verschunden. Ob die dan nachhause gekommen sind
mit dem Allen oder was mit Ihnen geworden ist keine
Ahnung. Bei den Bauer was Beckers wohnten schlugen den
Wirt fast tot. Das waren Mann und Frau von Polen
Man weiß nicht, hat der Wirt vielleicht Ihnen schlescht
behandelt. Nach paar Tagen haben die Tscheche schon
alles in ihre Hand genohmen. In diesem Dorf war
dan ein russischer Komendand. Hat uns Befehle
gegeben bis zum 25 Mai zurück nach ~~Russland~~ Josefstal.

Die polnischen und die ukrainische Zwangsarbeiter nahmen dann bei ihren Bauern, was ihnen gefallen hatte, luden sich ihre Fuhren voll und verschwanden. Der Bauer, bei dem die Beckers wohnten, war auch von den Zwangsarbeitern fast totgeschlagen worden. Ein paar Tage später haben die Tschechen alles in ihre Hand genommen. Ein russischer Kommandant aus diesem Dorf befahl uns bis zum 25. Mai zurück nach Russland zu gehen.

Aus einer Dorffabrik nahmen wir uns dann einen kleinen Leiterwagen mit vier Rädern, luden unser Hab und Gut auf und machten uns zusammen mit der Beckers Familie auf den Weg in unsere Heimat.

Wir gingen durch Dörfer und Städte und erlebten so manches. Viele Dörfer standen leer. Wir übernachteten dann und nahmen uns Lebensmittel mit.

In einem leeren Haus fanden wir einen halben Sack mit Bohnenkaffee mit einer Kaffeemühle. Wir nahmen ihn mit und das erleichterte uns die weitere Reise, wir konnten uns mit dem Kaffee stärken. Die meisten Leute reisten gen Westen, wir reisten gen Ural.

An der polnischen Grenze auf einem Bahnhof hörten wir, dass ein Zug mit offenen Waggons und aufgeladenen Motoren in die Ukraine geht. Wir nahmen unser Hab und Gut und kletterten auf die Waggons.

Während eines Haltens des Zuges, noch in Polen, hörte ich die Rufe eines ukrainischen Soldaten: Emilie! Emilie! Ich erkannte ihn. Wir hatten zusammen mit ihm im Nachbarsdörfchen Alexandrowka am Anfang des Krieges gearbeitet. Er erzählte uns, dass von Josefstal nichts übriggeblieben war. Das hätte ihm seine Frau geschrieben. Wir waren verzweifelt, konnten aber nichts ändern und mussten weiterziehen, wohin wusste niemand.

Im August 1945 trafen wir in ein Lager im Ort namens Sadovaja Wischnja in der Westukraine ein. Wir waren zu der Zeit sehr erschöpft, verhungert und hatten wochenlang nicht gebadet. Es hatten sich im Lager viele Deutsche angesammelt. Manche von uns hatten noch Lebensmittel dabei und versorgten sich selbst. Wir hatten noch Päckchen mit gemahlener Erbsensuppe, die kochten wir uns auf einer Feuerstelle aus zwei gebrannten Ziegeln.

Aufzeichnungen von Emilia Epp

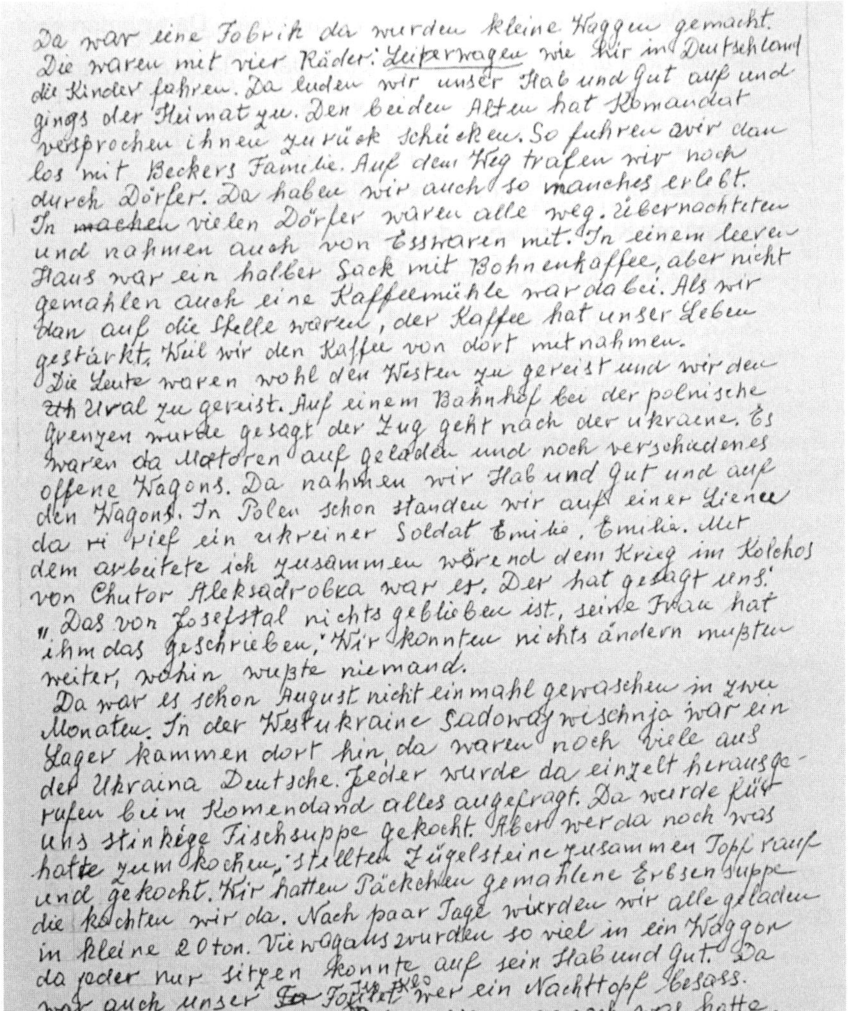
Da war eine Fobrik da wurden kleine Waggen gemacht.
Die waren mit vier Räder: Leiterwagen wie wir in Deutschland
die Kinder fahren. Da luden wir unser Hab und Gut auf und
gings der Heimat zu. Den beiden Alten hat Komandat
versprochen ihnen zurück schicken. So fuhren wir dan
los mit Beckers Familie. Auf dem Weg trafen wir noch
durch Dörfer. Da haben wir auch so manches erlebt.
In ~~machen~~ vielen Dörfer waren alle weg. übernachteten
und nahmen auch von Esswaren mit. In einem leeren
Haus war ein halber Sack mit Bohnenkaffee, aber nicht
gemahlen auch eine Kaffeemühle war dabei. Als wir
dan auf die Stelle waren, der Kaffee hat unser Leben
gestärkt. Weil wir den Kaffee von dort mitnahmen.
Die Leute waren wohl den Westen zu gereist und wir den
~~zh~~ Ural zu gereist. Auf einem Bahnhof bei der polnische
Grenzen wurde gesagt der Zug geht nach der ukraene. Es
waren da Motoren auf geladen und noch verschiedenes
offene Wagons. Da nahmen wir Hab und Gut und auf
den Wagons. In Polen schon standen wir auf einer Lienee
da ri rief ein ukreiner Soldat Emilie, Emilia. Mit
dem arbeitete ich zusammen wörend dem Krieg im Kolchos
von Chutor Aleksadrobka war er. Der hat gesagt uns:
„Das von Josefstal nichts geblieben ist, seine Frau hat
ihm das geschrieben." Wir konnten nichts ändern mußten
weiter, wohin wußte niemand.
Da war es schon August nicht einmahl gewaschen in zwei
Monaten. In der Westukraine Sadowajwischnja war ein
Lager kammen dort hin, da waren noch viele aus
der Ukraina Deutsche. Jeder wurde da einzelt herausgerufen
beim Komendand alles ausgefragt. Da werde für
uns stinkige Fischsuppe gekocht. Aber wer da noch was
hatte zum kochen, stellten Zügelsteine zusammen Topf rauf
und gekocht. Wir hatten Päckchen gemahlene Erbsensuppe
die kochten wir da. Nach paar Tage wurden wir alle geladen
in kleine 20 ton. Viewagons wurden so viel in ein Waggon
da jeder nur sitzen konnte auf sein Hab und Gut. Da
war auch unser ~~Ta~~ Toilet wer ein Nachttopf besass.
Waren uns einig, teilten das essen wer noch was hatte.
Das waren 4 Waggons mit Leute, ein Waggon war die
hälfte Küche und die andere Hälfte unsere Begleiter.
Bekammen etwas warmes Essen.

Einige Tage später wurden wir in kleine Viehwaggons geladen. Es waren so viele Menschen im Waggon, dass jeder nur auf einem kleinen Platz sitzen konnte. Da war auch unsere Toilette. Manche Leute hatten Nachttöpfe dabei, die benutzten wir dann. Oben in einer Wand gab es ein kleines Fenster, da wurde alles heraus gegossen, was wir in die Töpfe herein gemacht hatten. Wir konnten uns etliche Monate nicht waschen und waren alle verlaust. Es stand ein schrecklicher Gestank im Waggon.

Wir waren uns einig und teilten uns das Essen, wer noch was hatte. Der Zug bestand aus vier Waggons voll geprescht mit Menschen und einem Waggon mit der Küche und Zugbegleiter. Zeitweise bekamen wir etwas Warmes zu Essen.

So waren wir über einen Monat lang unterwegs. Am 15. Oktober 1945 kamen wir dann nach Sol-Ilezk, Gebiet Orenburg im Ural an. Es lag schon Schnee, der dann wieder taute. Überall wurde nur russisch, kasachisch und tatarisch gesprochen. Wir konnten kaum russisch sprechen und etwas besser sprachen wir ukrainisch. Alle waren verlumpt. Armut herrschte in der Gegend."

Im 17. Jahrhundert begann an der Stelle des heutigen Sol-Ilezk in der Nähe des Flusses Ilek die Entwicklung der Steinsalzgewinnung. Seit 1744 wird die industrielle Erschließung von Salzminen betrieben, und 1754 wurde die Schutzfestung Ilezkaya errichtet, um das Dorf vor Nomaden zu schützen. Im Jahr 1745 wurde in Orenburg eine Salzkammer gegründet, die 1828 nach Ilezkaya Zaschita verlegt wurde.

1869 wurde hier ein zentrales Sträflingsgefängnis eingerichtet (Häftlinge waren mit der Gewinnung von Steinsalz beschäftigt). Heute ist es das Straflager Nr. 6 des Gebiets Orenburg, inoffiziell als „Schwarzer Delfin" bezeichnet. Es ging direkt aus einem Straflager der Stalinzeit hervor. Das Gefängnis ist eines von gegenwärtig zehn in Russland für die Aufnahme von Häftlingen mit lebenslangen Strafen und ist mit 1.600 Insassen das größte seiner Art im Land. Es erhielt seinen in Russland landesweit bekannten Spitznamen von einer Skulptur eines Gefangenen, die am Eingang zur Anstalt nachgebildet wurde.

Die Haftanstalt ist bekannt für die dortige Inhaftierung prominenter Schwerkrimineller, etwa Serienmörder, Terroristen und Kannibalen. 20 Kilometer von der Stadt entfernt unterhält das Gefängnis ein Außenlager auf einer Farm zur Produktion landwirtschaftlicher Güter.

Die Insassen werden ganztägig videoüberwacht, Gefangene dürfen nur in Handschellen ihre Zellen verlassen und haben nur in einer speziellen Zelle mit Dachgitter Freigang. Ein Ausbruch aus der Anstalt ist bisher keinem der Häftlinge gelungen.

Am südlichen Stadtrand von Sol-Ilezk im Gebiet Orenburg in der Russischen Föderation befindet sich der Raswal, ein kleiner Salzsee. Im Volksmund wird der See auch „Soljonka“ genannt, wobei „sol“ russisch für „Salz“ steht. Das Wasser des Sees ist wegen des hohen Salzgehalts (saisonal 200–330 g/l) dichter als der menschliche Körper, sodass man beim Schwimmen nicht untergehen kann. Im See, der maximal 22 Meter tief ist, gibt es wegen des hohen Salzgehalts keinerlei organisches Leben oder Vegetation.

In den Aufzeichnungen von Emilia Epp heißt es weiter:

„Wir verdienten uns etwas Kartoffeln zum Essen, indem wir täglich Kartoffeln graben gingen. Durften auch in einem Gemeinschaftsbadehaus baden. Wir bekamen ein Zimmer 11m² groß in der Baracke und schliefen auf zweistöckigen Betten. Einen Herd hatten wir auch in diesem Zimmer. Es war sehr eng. Wir waren wieder mit den Beckers Wilhelma, Tante Katharina, ihren Töchtern Anna und Mina, Tante Christina mit vier Töchtern, Beckers Frieda, meiner Mutter zusammen. Luise Becker kam etwas später dazu.

Frieda und ich mussten unter Tage in der Salzgrube in drei Schichten arbeiten. Dafür bekamen wir ein kg Brot pro Tag. Meine Mutter bekam 300 g Brot pro Tag. Dieses Brot war sehr sauer und nass. Auf Karten gab es auch noch Getreide für eine Grütze, Öl und Nudeln. Eine Schicht dauerte acht Stunden. Manchmal sparten wir mit Brot, tauschten es dann in Mehl oder Kartoffeln ein. Ein halbes Liter-Glas Hafermehl kostete 15 Rubel. Auf der Arbeit sprachen wir nur über Essen, was gut schmeckt, was man kochen könnte und was wir gegessen hatten. Es war gut, dass wir arbeiten konnten.

Ich arbeitete mit Beckers Frieda und Anna in einer Schicht. Wir mussten die 1t-Karren mit Salz mit Hilfe von Schippen beladen. Die großen Salzsteine mussten wir zertrümmern und dann zu zweit oder zu dritt auf den Karren laden. Wenn man die Norm schaffte zu laden, bekam man zusätzlich ein kg Getreide oder Nudeln. Wie hoch die Norm damals war, weiß ich heute nicht mehr. Wir bekamen auch Arbeitskleidung: ein Kittel und Hosen aus einem sehr harten Stoff und ein Paar Schnürschuhe pro Jahr."

Die Anfänge der Salzgewinnung in Sol-Ilezk

In der Gegend von Sol-Ilezk wird seit dem 18. Jahrhundert Salz aus einer Tiefe von etwa 300 Metern gewonnen. In den 30er-Jahren, während des Zweiten Weltkrieges und danach bis zum Jahr 1956 befand sich in der Stadt einer der zahlreichen Gulags der Sowjetunion. „Vernichtung durch Arbeit" war das Ziel jedes Gulags.

In den Aufzeichnungen von Emilia Epp heißt es weiter:

„Viele von uns haben dann etwas Salz in kleinen Beutelchen am Leib versteckt, aus der Grube mitgenommen und an Fahrgäste auf dem Bahnhof verkauft. Dabei musste man aufpassen, damit man nicht von der Miliz erwischt wurde.

Wir hatten alle eine Arbeitsnummer, gingen vor der Arbeit durch Kontrollen, hingen unsere Nummer im Vorraum auf und beim

Verlassen der Grube wurden wir wieder kontrolliert und bekamen unsere Nummer zurück. Ein junges Mädchen, das mit uns aus Deutschland gereist war, wurde mit einem Säckchen Salz erwischt und zu zwei Jahren Gefängnisstrafe verurteilt.

Aufzeichnungen von Emilia Epp

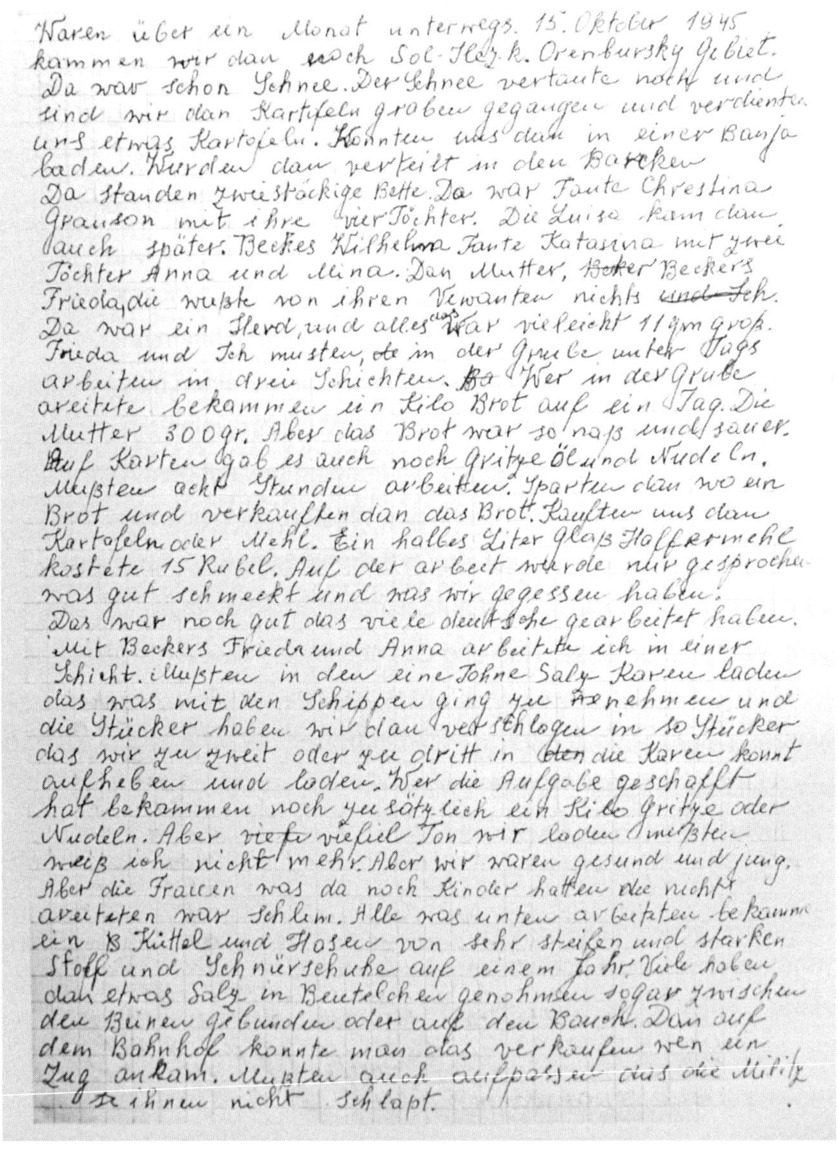

Waren über ein Monat unterwegs. 15. Oktober 1945
kammen wir dan noch Sol-Ilez-k. Orenbursky Gebiet.
Da war schon Schnee. Der Schnee vertaute noch und
sind wir dan Kartofeln graben gegangen und verdienten
uns etwas Kartofeln. Konnten uns dan in einer Banja
baden. Wurden dan verteilt in den Baracken
Da standen zweistöckige Bette. Da war Tante Chrestina
Granson mit ihre vier Töchter. Die Luisa kam dan
auch später. Beckes Wilhelmina Tante Katarina mit zwei
Töchter Anna und Mina. Dan Mutter, ~~Beker~~ Beckers
Frieda, die wußte von ihren Verwanten nichts ~~und Ich~~.
Da war ein Herd, und alles das war vieleicht 11 qm groß.
Frieda und Ich musten, ~~da~~ in der Grube unter Tags
arbeiten in drei Schichten. ~~Bo~~ Wer in der Grube
areitete bekammen ein Kilo Brot auf ein Tag. Die
Mutter 300 gr. Aber das Brot war so naß und sauer.
Auf Karten gab es auch noch Gritze Öl und Nudeln.
Mußten acht Stunden arbeiten. Sparten dan wo ein
Brot und verkauften dan das Brot. Kauften uns dan
Kartofeln oder Mehl. Ein halbes Liter Glaß Haffermehl
kostete 15 Rubel. Auf der arbeit würde nur gesprochen
was gut schmeckt und was wir gegessen haben.
Das war noch gut das viele deutsche gearbeitet haben.
Mit Beckers Frieda und Anna arbeitete ich in einer
Schicht. Mußten in den eine Tohne Salz Karen laden
das was mit den Schippen ging zu nehmen und
die Stücker haben wir dan verschlogen in so Stücker
das wir zu zweit oder zu dritt in ~~den~~ die Karen konnt
aufheben und laden. Wer die Aufgabe geschafft
hat bekammen noch zusätzlich ein Kilo Gritze oder
Nudeln. Aber ~~wie~~ wiefiel Ton wir laden mußten
weiß ich nicht mehr. Aber wir waren gesund und jung.
Aber die Frauen was da noch Kinder hatten die nicht
areiteten war schlim. Alle was unten arbeiteten bekammen
ein B Kittel und Hosen von sehr steifen und starken
Stoff und Schnürschuhe auf einem Jahr. Viele haben
dan etwas Salz in Beutelchen genohmen sogar zwischen
den Beinen gebunden oder auf den Bauch. Dan auf
dem Bahnhof konnte man das verkaufen wen ein
Zug ankam. Mußten auch aufpassen das die Militz
sie ihnen nicht schlapt.

Wir waren jung und gesund. Die Lage der Frauen, die noch Kleinkinder hatten und nicht arbeiten konnten, war schlimm. Der erste Winter war für uns der schwerste. Uns ging es so, wie den hiesigen Leuten, die da wohnten. Wir waren in der Zeit arm, verlumpt und verhungert.

Ständig hatten wir Probleme mit der Wasserversorgung. In einem nahe der Salzgrube gelegenem Dorf gab es einen Brunnen. Von da holten wir Kinder, Frauen und Männer alle zusammen unser Wasser. Dort bewarfen uns die einheimischen Jugendlichen oft mit Steinen und schrien: „Faschisten!"

Und zum Heizen hatten wir auch nichts, gingen oft auf die Felder und sammelten Sonnenblumensträmpel, um kochen und heizen zu können. Unsere Reste von Bohnenkaffee, den wir aus Ostdeutschland mitgebracht hatten, waren uns hier Gold wert.

Bis zum Jahr 1956 standen wir unter Meldepflicht und mussten uns monatlich bei dem Kommandanten melden. Wir durften auch nirgends wohin fahren.

Als der Winter 1945/1946 vorbei war, gingen Frieda und ich des Öfteren bei den Russen privat arbeiten. Wir verputzten die Häuser, pflanzten Kartoffeln. Dafür gaben die uns Kartoffeln und Möhren oder einen Kürbis. Im Herbst gingen wir auf ein Feld Kartoffeln nachlesen.

1947 haben wir auch etwas Land bekommen und durften es bepflanzen. Es befand sich weit weg von unserem Zuhause. Wir konnten da Kartoffeln, Wassermelonen, Honigmelonen ernten und auf unserem Buckel nach Hause schleppen.

Eines Tages im Juni 1947 waren Frieda und ich auf dem Feld. Da kam Anna Granson und sagte, dass die Familie von Frieda, ihre Mutter und ihre Geschwister am Bahnhof von Sol-Ilezk aus Deutschland in einem Zug auf der Durchreise sind. In diesem Zug waren auch noch viele anderen Russlanddeutsche, die sich bis zuletzt geweigert hatten, nach Russland zurückzugehen. Diese Familien brachte man dann in das Gebiet Duschanbe in Tadschikistan, Mittelasien. Anfang 1948 bekam auch Frieda die Erlaubnis, zu ihren Verwandten zu ziehen.

Aufzeichnungen von Emilia Epp

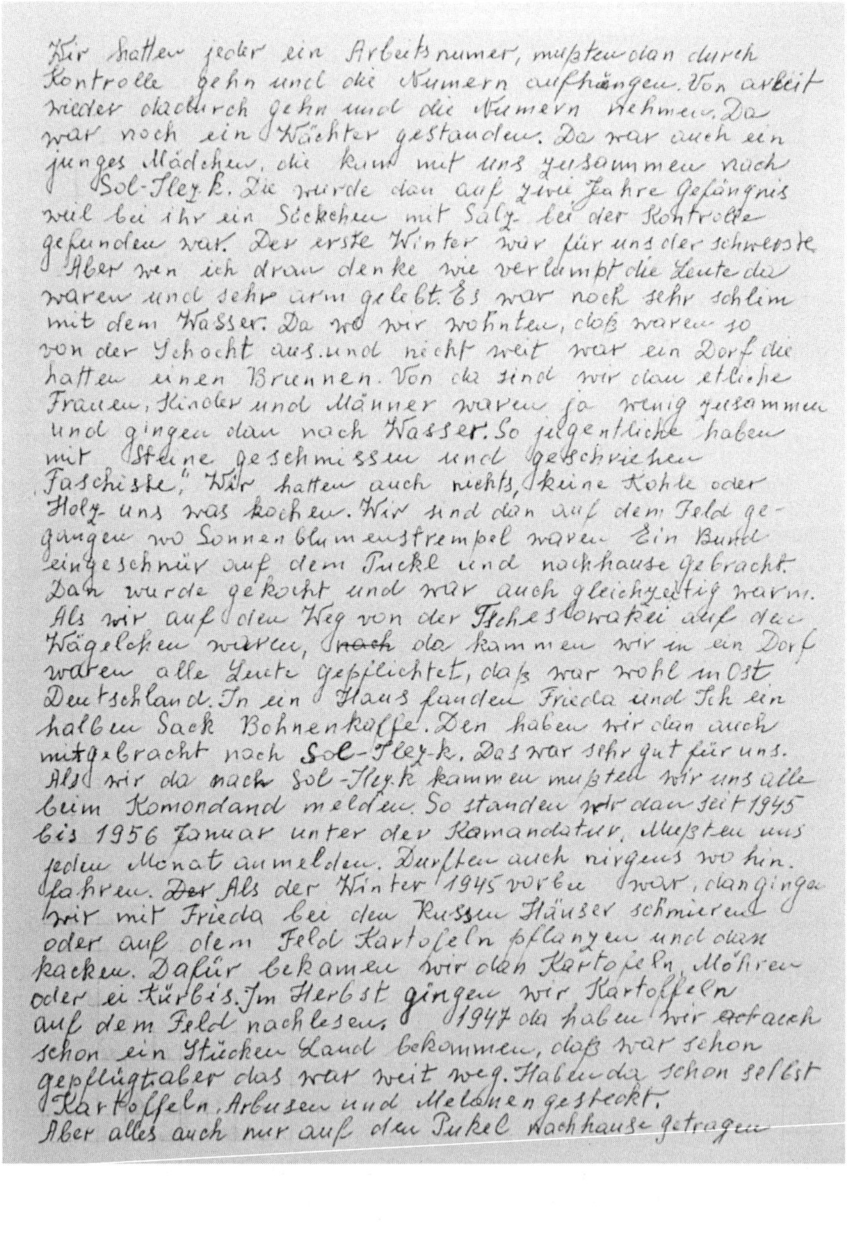
Wir hatten jeder ein Arbeitsnumer, mußten dan durch
Kontrolle gehn und die Numern aufhängen. Von arbeit
wieder dadurch gehn und die Numern nehmen. Da
war noch ein Wächter gestanden. Da war auch ein
junges Mädchen, die kam mit uns zusammen nach
Sol-Ilezk. Die wurde dan auf zwei Jahre Gefängnis
weil bei ihr ein Säckchen mit Salz bei der Kontrolle
gefunden war. Der erste Winter war für uns der schwerste
Aber wen ich dran denke wie verlumpt die Leute da
waren und sehr arm gelebt. Es war noch sehr schlim
mit dem Wasser. Da wo wir wohnten, daß waren so
von der Schacht aus. und nicht weit war ein Dorf die
hatten einen Brunnen. Von da sind wir dan etliche
Frauen, Kinder und Männer waren ja wenig zusammen
und gingen dan nach Wasser. So jugentliche haben
mit Steine geschmissen und geschrieben
„Faschiste“. Wir hatten auch nichts, keine Kohle oder
Holz uns was kochen. Wir sind dan auf dem Feld ge-
gangen wo Sonnenblumenstrempel waren. Ein Bund
eingeschnür auf dem Puckl und nachhause gebracht.
Dan wurde gekocht und war auch gleichzeitig warm.
Als wir auf den Weg von der Tschechoslowakei auf den
Wägelchen waren, ~~nach~~ da kammen wir in ein Dorf
waren alle Leute geflüchtet, daß war wohl in Ost
Deutschland. In ein Haus fanden Frieda und Ich ein
halben Sack Bohnenkaffe. Den haben wir dan auch
mitgebracht nach Sol-Ilezk. Das war sehr gut für uns.
Als wir da ~~nach~~ Sol-Ilezk kammen mußten wir uns alle
beim Komondand melden. So standen ~~wir~~ dan seit 1945
bis 1956 Januar unter der Kamandatur. Mußten uns
jeden Monat anmelden. Durften auch nirgens wo hin.
fahren. ~~Der~~ Als der Winter 1945 vorbei war, dan gingen
wir mit Frieda bei den Russen Häuser schmieren
oder auf dem Feld Kartofeln pflanzen und dan
hacken. Dafür bekamen wir dan Kartofeln, Möhren
oder ei Kürbis. Im Herbst gingen wir Kartoffeln
auf dem Feld nachlesen. 1947 da haben wir ~~ach~~ auch
schon ein Stücken Land bekommen, daß war schon
gepflügt. aber das war weit weg. Haben da schon selbst
Kartoffeln, Arbusen und Melonen gesteckt.
Aber alles auch nur auf den Pukel nachhause getragen

Wir hatten immer noch keine Nachricht von unseren Verwandten und wussten nichts über deren Aufenthaltsort. Nur meine Schwester Florentina mit ihrer Tochter Adina kam 1946 in einen Ort, der sich nur sechs Kilometer von uns entfernt befand. Sie arbeitete da in einer Ziegelfabrik. Mit ihr haben wir alles geteilt: Decken, Geschirr.

1953 bekam meine Schwester die Erlaubnis, zu ihren Schwiegereltern in das Gebiet Duschanbe in Tadschikistan zu ziehen.

Mein Bruder Johann, der im Juli 1941 in Josefstal verhaftet wurde, befand sich in einem Lager in der Stadt Iwdel, IvdelLag, im Gebiet Swerdlowsk. Dieses Lager wurde dort als ein Straflager des NKWD für Schwerkriminelle 1937 gegründet. Teile des ehemaligen NKWD-Lagers bestehen noch heute. Nach sechs Jahren Haft wurde mein Bruder Johann endlich entlassen.

Er bekam eine Bahnfahrkarte nach Südkasachstan, verkaufte die und besorgte sich eine Fahrkarte nach Sol-Ilezk. Bereits schon einige Monate vor seiner Entlassung hatten wir mit ihm Briefe gewechselt, er wusste von unserem Aufenthaltsort. Da es die Lebensmittel aber nur auf Karten zu kaufen gab, mussten wir ihn beim Kommandanten anmelden und der sorgte dann dafür, dass er bei uns bleiben durfte. Er ging dann auch gleich im Bergbau arbeiten.

Dann kam die Nachricht, dass Johann seine Frau Mathilde mit dem Sohn Alexander im Ural in der Komi SSR festgehalten wurde. Johann wollte nicht zurück in die Wälder, wo er doch sechs Jahre gefroren und gehungert hatte. Seine Tochter Ida war noch in Polen verstorben. Mathilda war dann aus Polen nicht mehr weitergekommen. Als die Russen nach Polen kamen, wurde sie vergewaltigt und hatte nach der Ankunft in die Komi SSR eine Tochter geboren, die war dann früh verstorben. Es war für Mathilde ein schweres Leben gewesen. Sie lebte dort später mit einem Mann, der sie schlug. Bereits schwanger von ihm trennte sie sich von ihm. Manchmal bekam ich Briefe von meiner Freundin, die

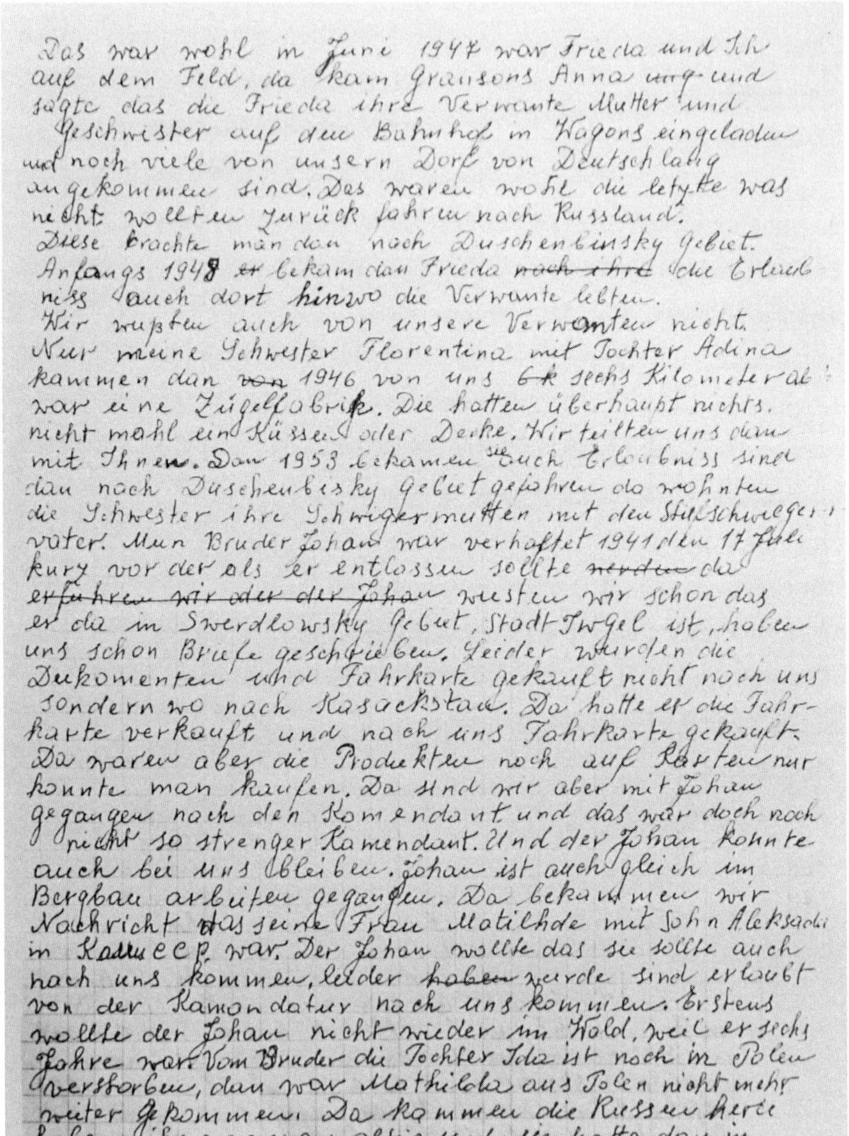
Das war wohl in Juni 1947 war Frieda und Ich
auf dem Feld, da kam Gransons Anna ~~weg~~ und
sagte das die Frieda ihre Verwante Mutter und
Geschwister auf den Bahnhof in Wagons eingeladen
und noch viele von unsern Dorf von Deutschlang
angekommen sind. Das waren wohl die letzte was
nicht wollten zurück fahren nach Russland.
Diese brachte man dan nach Duschenbinsky Gebiet.
Anfangs 1948 ~~er~~ bekam dan Frieda ~~nach ihre~~ die Erlaub
niss auch dort hinwo die Verwante lebten.
Wir wußten auch von unsere Verwanten nicht.
Nur meine Schwester Florentina mit Tochter Adina
kammen dan ~~von~~ 1946 von uns ~~6 k~~ sechs Kilometer ab
war eine Ziegelfabrik. Die hatten überhaupt nichts.
nicht mahl ein Küssen oder Decke. Wir teilten uns dan
mit Ihnen. Dan 1953 bekamen sie auch Erlaubniss sind
dan nach Duschenbisky Gebiet gefahren da wohnten
die Schwester ihre Schwigermutter mit den Stiefschwieger-
vater. Mein Bruder Johan war verhaftet 1941 den 17 Juli
kurz vor der als er entlassen sollte ~~werden~~ da
~~erfahren wir der der Johan~~ westen wir schon das
er da in Swerdlowsky Gebiet, Stadt Iwgel ist, haben
uns schon Briefe geschrieben. Leider wurden die
Dukomenten und Fahrkarte gekauft nicht nach uns
sondern wo nach Kasackstan. Da hatte er die Fahr-
karte verkauft und nach uns Fahrkarte gekauft.
Da waren aber die Produkten noch auf Karten nur
konnte man kaufen. Da sind wir aber mit Johan
gegangen nach den Komendant und das war doch noch
nicht so strenger Kamendant. Und der Johan konnte
auch bei uns bleiben. Johan ist auch gleich im
Bergbau arbeiten gegangen. Da bekammen wir
Nachricht das seine Frau Matilhde mit Sohn Aleksadi
in Kasakstan war. Der Johan wollte das sie sollte auch
nach uns kommen, leider ~~haben~~ werde sind erlaubt
von der Kamondatur nach uns kommen. Erstens
wollte der Johan nicht wieder im Wald, weil er sechs
Jahre war. Vom Bruder die Tochter Ida ist noch in Polen
verstorben, dan war Mathilda aus Polen nicht mehr
weiter gekommen. Da kammen die Russen herte
haben ihr vergewoltig und sie hatte dan in

Aufzeichnungen von Emilia Epp

Mathilda kannte. Sie schrieb mir über die Trennung von Mathilda und über die Schwangerschaft. Sie hatte dann eine Tochter Sweta geboren. Bei Gelegenheit schickte Johann ihr Geld, er hatte immer noch die Hoffnung auf ein Familienzusammenkommen. Als die Nachricht über die Schwangerschaft kam, war Schluss. Anfang Januar 1950 heiratete er Anna Granson.

Am 21. Mai 1948 heiratete ich Johann Epp. Wir arbeiteten noch in der Salzgrube in einer Schicht.

Johann war als Elektriker im Bergbau eingestellt. Nach der Hochzeit suchten wir uns eine Wohnung und wohnten zur Untermiete mit einer anderen Familie in einer Zweizimmerwohnung.

Als ich 1949 schwanger wurde und weiterhin schwere körperliche Arbeit unter Tage leistete, wurde uns ein Zimmer in einer Baracke zugeteilt. In diesem Zimmer wohnten wir dann nicht allein, wir teilten es mit einer Witwe und ihren drei Kindern, meinem Schwiegervater und meinem Schwager David. In diesem Zimmer hatten wir ein schmales Bett, in dem wir beide schliefen, und einen Kasten, in dem unsere Kleidung und unsere spärlichen Lebensmittel lagen. Diesen Kasten konnten wir nicht verschließen.

Am 22. Mai 1949 wurde unsere Tochter geboren. Wir hatten immer noch keine Nachricht von meiner Schwester Emma, wir wussten nicht, ob sie noch am Leben war. Mein Ehemann Johann kam in den Tagen mit dem Geburtsschein nach Hause. In dem Schein stand der Name unserer Tochter: Emma.

Am 7. Juni 1949 habe ich meine Arbeit unter Tage gekündigt. Es gab keinen Kindergarten. Als unsere Emma sechs Monate alt wurde, konnten wir da nicht mehr wohnen. Die Witwe war immer am Arbeiten. Ihre Kinder hatten keine Lebensmittelkarten und waren immer hungrig. Sie stielen uns die Lebensmittel, insbesondere das Brot.

Eines Tages konnten wir einen alten Kinderwagen auf dem Markt kaufen. Unser Schwiegervater gab uns ein Kissen für Emma und machte einen kleinen Strohsack als Matratze. Wir fanden eine Wohnung, eine Semljanka in der Uralskaja Straße 44 in Sol-Ilezk. Es war ein kleines Häuschen tief in der Erde mit einem kleinen

Fenster. Im einzigen Zimmer standen drei Betten nah beieinander, der kleine Wagen von Emma, ein Herd zum Kochen und ein kleiner Tisch mit zwei Höckern. Da wohnten wir drei zusammen mit meiner Mutter und mit Bruder Johann ein paar Monate.

Aufzeichnungen von Emilia Epp

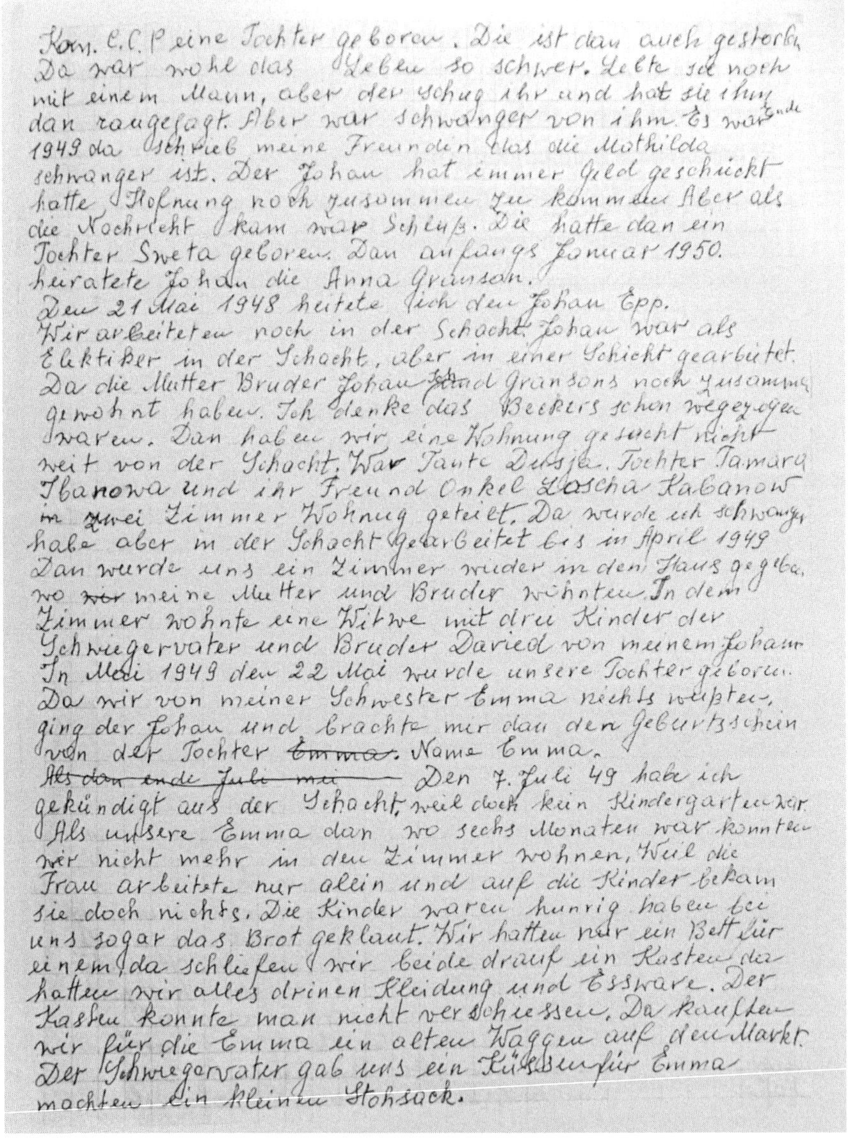

Kom. C.C.P eine Tochter geboren. Die ist dan auch gestorben
Da war wohl das Leben so schwer. Lebte sie noch
mit einem Mann, aber der schlug ihr und hat sie ihm
dan rausgesagt. Aber war schwanger von ihm. Es war Ende
1949 da schrieb meine Freundin das die Mathilda
schwanger ist. Der Johan hat immer Geld geschickt
hatte Hofnung noch zusammen zu kommen. Aber als
die Nachricht kam war Schluß. Die hatte dan ein
Tochter Sweta geboren. Dan anfangs Januar 1950.
heiratete Johan die Anna Granson.
Den 21 Mai 1948 heitete ich den Johan Epp.
Wir arbeiteten noch in der Schacht. Johan war als
Elektiker in der Schacht, aber in einer Schicht gearbeitet.
Da die Mutter Bruder Johan ~~Jo~~ und Gransons noch zusammen
gewohnt haben. Ich denke das Beckers schon weggezogen
waren. Dan haben wir eine Wohnung gesucht nicht
weit von der Schacht. War Tante Dussja. Tochter Tamara
Ibanowa und ihr Freund Onkel Lascha Kabanow
in zwei Zimmer Wohnug geteilt. Da wurde ich schwanger
habe aber in der Schacht gearbeitet bis in April 1949
Dan wurde uns ein Zimmer wider in den Haus gegeben,
wo ~~wir~~ meine Mutter und Bruder wohnten. In dem
Zimmer wohnte eine Witwe mit drei Kinder der
Schwiegervater und Bruder David von meinem Johan
In Mai 1949 den 22 Mai wurde unsere Tochter geboren.
Da wir von meiner Schwester Emma nichts wußten,
ging der Johan und brachte mir dan den Geburtsschein
von der Tochter ~~Emma~~. Name Emma.
~~Als dan ende Juli mir~~ Den 7. Juli 49 habe ich
gekündigt aus der Schacht, weil doch kein Kindergarten war.
Als unsere Emma dan wo sechs Monaten war konnten
wir nicht mehr in den Zimmer wohnen, Weil die
Frau arbeitete nur allein und auf die Kinder bekam
sie doch nichts. Die Kinder waren hunrig haben bei
uns sogar das Brot geklaut. Wir hatten nur ein Bett für
einem, da schliefen wir beide drauf ein Kasten da
hatten wir alles drinen Kleidung und Esswaren. Der
Kasten konnte man nicht verschiessen. Da kauften
wir für die Emma ein alten Waggen auf den Markt.
Der Schwiegervater gab uns ein Küssen für Emma
machten ein kleinen Stohsack.

1950 heiratete Johann und seine Frau kam noch dazu. Im Frühjahr fanden wir dann eine etwas größere Wohnung mit einem Vorraum und Wohnzimmer mit zwei Fenstern. Dieses Haus stand nicht so tief in der Erde. Es befand sich in der Ordschonikidzestrasse 49.

Wir hatten zwar dieselben Möbel, aber im Vorraum konnten wir unser Holz und Vorräte stauen. Mein Mann, mein Bruder und seine Frau arbeiteten unter Tage.

Am 17. Juli 1950 an einem Sonntag, da kam das Schrecklichste. Mein Bruder schlief auf dem Hof. Johann und ich im Vorraum. Da klopfte es an der Tür und wir hörten plötzlich ein Geschrei an der Tür: „Macht auf! Wir kommen von der Miliz eure Papiere kontrollieren." Als wir die Tür aufmachten, sahen wir zwei Milizionäre, ein Nachbarmädchen und ihren Freund. Mein Bruder kam auch herein. Wir mussten uns hinsetzen und durften nicht sprechen. Unsere Wohnung wurde durchsucht. Einer der Milizionäre laß meinem Johann den Haftbefehl vor und so wurde er abgeholt. Und auf einem Pferdegespann, das auf dem Hof stand, abtransportiert. Die jungen Leute gaben ihre Unterschrift als Zeugen, dass nichts Verbotenes in der Wohnung gefunden wurde. Wir hatten Glück. Meine Fotos von Willi Netzel in der SS-Uniform haben sie nicht gefunden. Später habe ich dann einen ganzen Briefumschlag mit Fotos verbrannt.

Als ich die Männer fragte, wohin sie meinen Mann bringen werden, sagten sie sogar, dass er erst zur Miliz muss und später dann nach Orenburg gebracht wird. Ich brachte so schnell ich nur konnte eine Wattejacke für ihn zur Miliz und lief wieder nach Hause. Wir nahmen unser ganzes Geld und gingen mit meinem Bruder zum Bahnhof. Es gab nur morgens einen Zug nach Orenburg. Da sah ich wieder meinen geliebten Mann und zwei Milizionäre.

Auf dem Bahnhof kaufte ich noch Zigaretten und Kekse und durfte sie meinem Mann mitgeben. Die Frau von meinem Bruder, Anna, kam auch noch nach der Nachtschicht zum Bahnhof. Wir durften sogar im selben Waggon uns mit Johann noch verabschieden. Da sagte mein Johann zu meinem Bruder: „Wenn ich nicht mehr zurückkomme, kümmere dich bitte um meine Frau und um meine Tochter.“

Unsere Emma war damals 13 Monate alt. Am Nachmittag nahmen wir Emma auf den Kinderwagen und gingen in den Park spazieren.

Am Abend davor konnte ich nicht einschlafen. Ich weckte Johann und sagte ihm, dass ich ein Gefühl habe, als ob im Hof Pferde trampeln und als ob die Miliz da ist. Ich sagte ihm, dass ich Angst um ihn habe, dass er abgeholt wird. Er sagte mir, ich soll schlafen, er habe ja niemanden etwas angetan, dass man ihn verhaften könnte. Gegen Morgen bin ich doch noch eingeschlafen. Mein Gefühl hatte mich nicht getäuscht. Es war eine merkwürdige Vorahnung gewesen, die habe ich niemals vergessen können. Die Milizionäre sind dann auch gekommen und haben ihn verhaftet.

In der Zeit gab es viele Verhaftungen. Ich wusste, dass auch Poprawka, Grekowa, Protzel, Benke und Fedja Reilig verhaftet wurden. Den Familienmitgliedern der Verhafteten wurde dann die Arbeit unter Tage gekündigt. Ein kleines Entgelt wurde ausgezahlt. Der Kommandant sagte mir, dass mein Johann wohl nach Hause kommen würde.

Im Oktober 1951 sind viele nach Orenburg zum Gericht gefahren, das war ein Militärgericht damals gewesen. Von den Leuten erfuhr ich, dass mein Johann auf 25 Jahre Strafarbeit und noch fünf Jahre ohne Bürgerrechte verurteilt wurde. Wofür?

Aus Johanns Erzählungen wusste ich, dass, als er noch in Polen gewesen war, war er und sein Bruder David ein paar Monate bei der Hitlerjugend gewesen. Als wir auf dem Weg aus Deutschland nach Russland in Sadovaja Wischnja angekommen waren, wurden wir über alles ausgefragt.

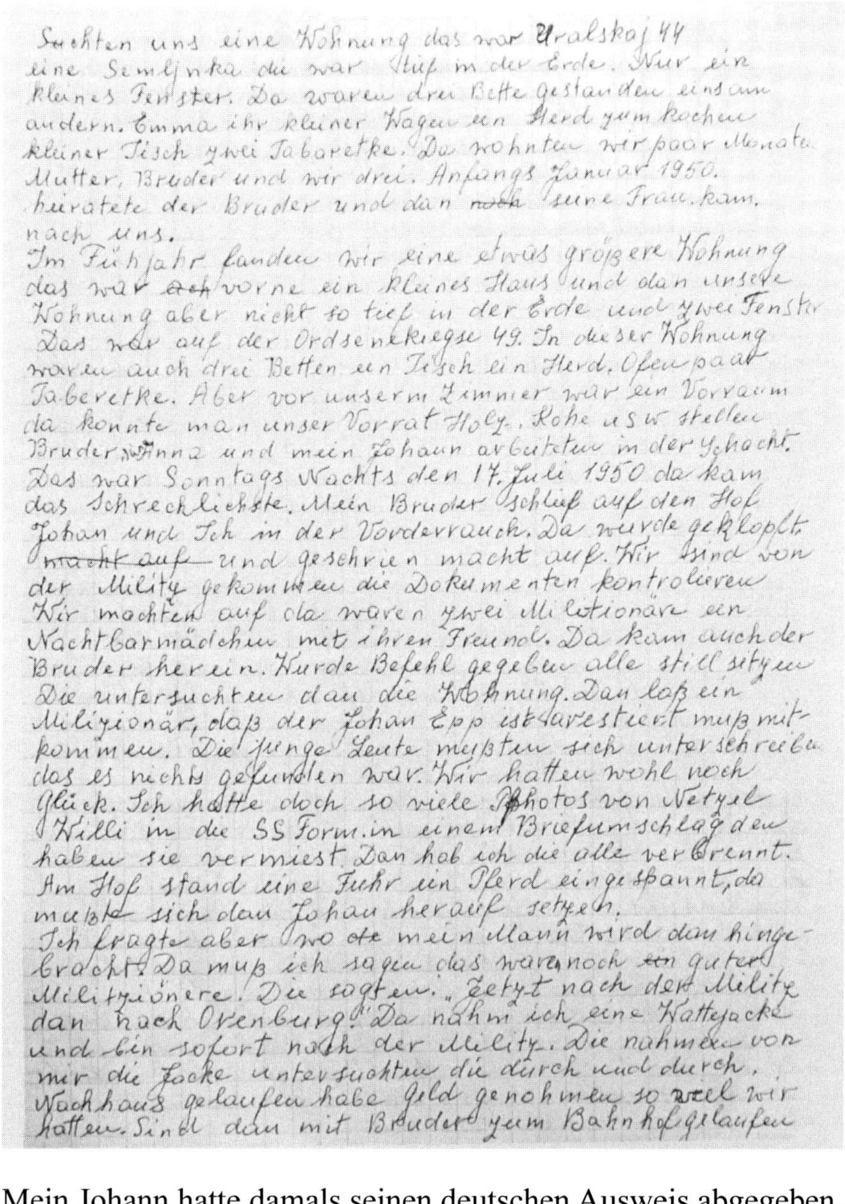

Suchten uns eine Wohnung das war Uralskaj 44
eine Semljnka die war tief in der Erde. Nur ein
kleines Fenster. Da waren drei Bette gestanden eins am
andern. Emma ihr kleiner Wagen ein Herd zum kochen
kleiner Tisch zwei Taburetke. Da wohnten wir paar Monate
Mutter, Bruder und wir drei. Anfangs Januar 1950.
heiratete der Bruder und dan ~~noch~~ seine Frau. kam.
nach uns.
Im Frühjahr fanden wir eine etwas größere Wohnung
das war ~~ach~~ vorne ein kleines Haus und dan unsere
Wohnung aber nicht so tief in der Erde und zwei Fenster
Das war auf der Ordsenekiegse 49. In dieser Wohnung
waren auch drei Betten ein Tisch ein Herd. Ofen paar
Taberetke. Aber vor unserm Zimmer war ein Vorraum
da konnte man unser Vorrat Holz. Kohe usw stellen
Bruder, Anna und mein Johann arbeiteten in der Schacht.
Das war Sonntags Nachts den 17. Juli 1950 da kam
das Schrecklichste. Mein Bruder schlief auf den Hof
Johan und Ich in der Vorderrauch. Da wurde geklopft.
~~macht auf~~ und geschrien macht auf. Wir sind von
der Militz gekommen die Dokumenten kontrolieren
Wir machten auf da waren zwei Militionäre ein
Nachtbarmädchen mit ihren Freund. Da kam auch der
Bruder herein. Wurde Befehl gegeben alle still sitzen
Die untersuchten dan die Wohnung. Dan laß ein
Milizionär, daß der Johan Epp ist arestiert muß mit-
kommen. Die junge Leute mußten sich unterschreiben
das es nichts gefunden war. Wir hatten wohl noch
Glück. Ich hatte doch so viele Photos von Netzel
Willi in die SS Form. in einem Briefumschlag den
haben sie vermiest. Dan hab ich die alle verbrennt.
Am Hof stand eine Fuhr ein Pferd eingespannt, da
mußte sich dan Johan herauf setzen.
Ich fragte aber wo ~~ist~~ mein Mann wird dan hinge-
bracht. Da muß ich sagen das waren noch ~~ein~~ guter
Militzionere. Die sagten. „Zetzt nach der Militz
dan nach Orenburg." Da nahm ich eine Wattejacke
und bin sofort nach der Militz. Die nahmen von
mir die Jacke untersuchten die durch und durch.
Nach haus gelaufen habe Geld genommen so viel wir
hatten. Sind dan mit Bruder zum Bahnhof gelaufen

Mein Johann hatte damals seinen deutschen Ausweis abgegeben. Möglicherweise war das ein Grund für die Verurteilung gewesen.

Ich habe sehr gelitten, sogar jetzt fällt es mir schwer darüber zu schreiben, konnte auch kaum noch etwas essen.

Meine Emma stillte ich noch, sie konnte noch keine andere Nahrung essen. Meine Milch bildete sich nicht mehr, ich musste abstillen und Emma musste von heute auf morgen feste Nahrung zu sich nehmen. Gott sei Dank ist sie nicht krank geworden.

Meine Mutter bekam einen Nervenzusammenbruch und musste im Krankenhaus von der Ärztin Turschowa behandelt werden. Ein paar Tage später wurde sie entlassen, konnte sich aber niemals mehr von der Aufregung erholen. Sie bekam bis zu ihrem Tod immer wieder Anfälle mit Zittern im ganzen Körper, mit kalten Händen und Füßen. Wir haben dann den Notruf getätigt und nach einer notfallmäßigen Behandlung ging es ihr dann für eine Weile besser.

In der Zeit arbeitete ich auf einer kleinen Baustelle und meine Mutter passte auf Emma auf.

Am 8. Februar 1951 wurde ich von dem Kommandanten auf die Baustelle UNP 15 überführt. Ich arbeitete manchmal bis 12 Stunden und mehr. Ich hatte doch noch zwei Personen zu ernähren. Es war eine sehr schwere Arbeit. Im Winter war die Erde gefroren, es lag Schnee und wir mussten Fundamente für den Bau von Häusern graben. Wenn es -30°C kalt war, mussten wir anwesend sein, konnten aber nicht arbeiten, dafür bekamen wir dann den halben Lohn. Unter Tage durfte ich niemals mehr arbeiten, weil ich die Frau eines Volksfeindes war. Für mich war es schwer, aber ich war frei. Meinem Johann ging es noch schlechter.

Wir wohnten immer noch bis August 1952 in der Wohnung. Mein Bruder mit seiner Frau und Sohn Willi zogen dann in das Stadtteil Sol-Rudnik. Ich bekam von der Baustelle ein kleines Zimmer. So ging das Leben weiter.

Wusten das ein Zug morgens nach Orenburg geht.
Waren die drei schon auf den Bahnhoff. Zwei Militz
und Johan. Bin gegangen beim Bahnhoff konnte man
kaufen Zigarette und Kabrischkki („Plätchen)
Die erlaubten auch den Johan das abgeben.
Als der Zug kam sagten die Milizionöre wir kennen
bis am Waggon mitkommen, aber ruhig sein. Das
keiner siehts das der Johan ein Arestant ist.
Konnten uns noch verabschieden da am Waggon.
Da kam noch dem Johan seine Frau Anna die ~~wir~~
hatte Nachtschicht. Da sagte mein Johan zu mein
Bruder: „Verlasse aber Emilie und meine Tochter
Emma nicht." Wen ich nicht mehr zurück komme.
Unsere Emma war dan ein Jahr und ein Monat alt.
Den Sontag Nachmitag haben wir Emma auf den Waggen
genohmen und sind im Park spaziert.
Abens konnte ich nicht einschlafen war schon spät
Hab ich Johan aufgewegt und erzählt ihm, daß
mir ist wen auf dem Hof ein Pferdegetrampel
ist, und die kommen heute Nacht hollen dich weg
von uns. Der Johan ~~war~~ hot sich noch geärgert
und sagte: „Für was sollen sie mir nehmen ich
hab doch niemanden nichts schlechtes getahn."
Schlaf ich muß morgens ~~früh~~ früh auf arbeit.
Die erste Schlicht war von sechs Uhr morgens
War doch eingeschlofen als sie die Militz kammen.
Das vergess ich nie, daß man so ein Gefühl kan
haben. Vor meinem Johan waren schon verhaftet
was in der Schacht gearbeitet haben. Denen ihre Familie
~~habes~~ wurde gleich die Kündigung gegeben und die
~~ausgezahlt~~ was ihnen noch ausgezahlt.
Wen ich dan zum Kamendand ging, der sagte dein
Mann kommt wohl noch nach hause.
Aber das war wohl im Oktober da waren ~~von die~~
etlich auf dem Gericht nach Orenburg mußten
kommen. Da war Pobrawka, Grekowa, Protzel.
Benke ~~u. m.~~ mit Johan zusammen wurde noch
Reilig Fedja, gerichtet. Das war so ein Gericht ~~als~~
~~ich dann 1954~~ In das es ungläubig ist wen man
das jetzt beschreibt. ~~Die wurden gerichtet~~
Die ~~wurden von den Военны трибунал~~

Eines Tages erfuhr ich von einer Bekannten Marusja Chovrina, die Beziehungen bei der Miliz spielen ließ, dass mein Johann sich wohl noch in Orenburg befand. Das bewegte mich, mich um eine Erlaubnis für den Besuch meines Mannes in Orenburg zu kümmern. Unserem Kommandanten musste ich alles erzählen und nach unzähligen Terminen stellte er mir dann einen Schein für einen Tag aus.

Morgens bin ich dann mit dem Zug zwei Stunden gefahren und durch die ganze Stadt gelaufen, bis ich das Gefängnis gefunden habe, wo er sich befand. Wurde kontrolliert und bekam die Erlaubnis für die Übergabe von etwas Lebensmitteln. Danach lief ich zum Bahnhof, um den Abendzug nehmen zu schaffen und spät abends nach Hause zu kommen, weil ich ja früh morgens meinen Schein dem Kommandanten zurückgeben musste.

Einen Monat später besorgte ich mir wieder einen Passierschein, ich sehnte mich sehr nach meinem Mann. Dieses Mal durfte ich nach einem langen Warten Essen übergeben und ihn unter strenger Bewachung sprechen. Wir durften nur russisch sprechen und durften auch nicht über das Thema Gericht und Urteil sprechen. Mein Johann stand nur so da und weinte. Ich sammelte meinen ganzen Mut und erzählte ihm, wie wir leben und dass ich alles über das Gerichtsurteil weiß.

Im Oktober 1950 wurde Johann nach Karaganda gebracht, dort arbeitete er in einer Kohlegrube.

Später bekam ich einen Brief mit der Adresse von ihm. Er durfte zwei Briefe im Jahr in russischer Sprache schreiben. Es war ein sehr trauriger Brief. Nur über das, wie es ihm geht, durfte er nicht schreiben. Ich durfte so viel schreiben und Fotos schicken, wie ich wollte, aber auch nur in russischer Sprache.

Im März 1953 starb Stalin. Für die politischen Gefangenen wurde vieles besser. Mein Johann befand sich in der Zeit im Lager Tschurbei-Nurie bei Karaganda. Mehr als 3000 politische Häftlinge wurden in diesem Lager gefangen gehalten.

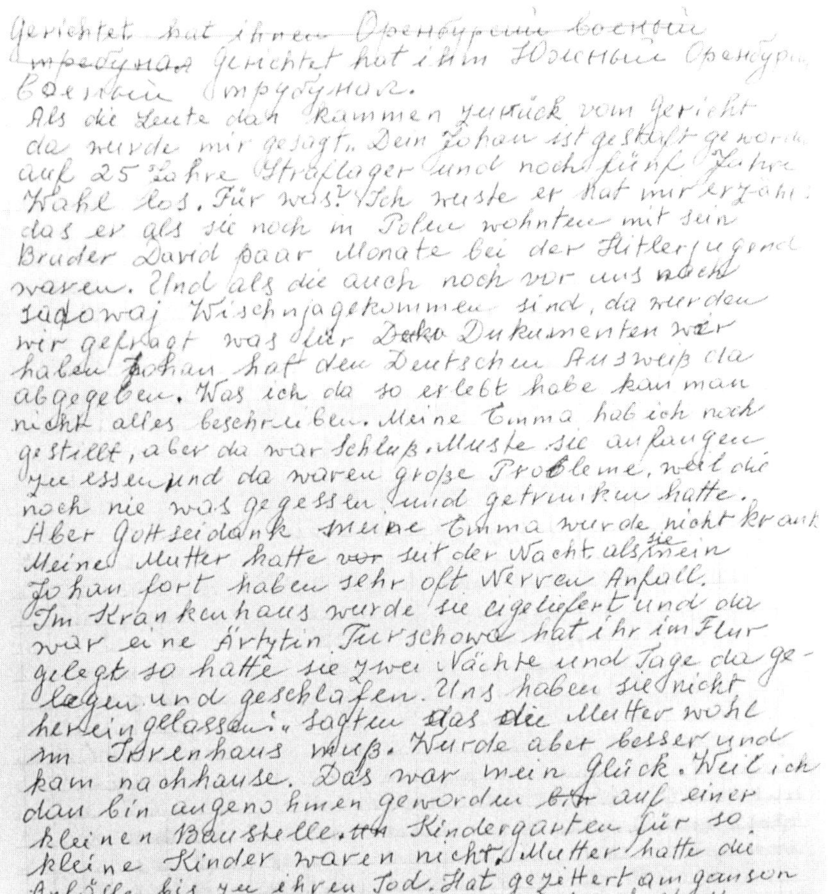

~~Gerichtet hat ihnen Оренбургский военный трибунал~~ Gerichtet hat ihm Южный Оренбургский военный трибунал.
Als die Leute dan kammen zurück vom Gericht
da wurde mir gesagt. Dein Johan ist gestraft geworden
auf 25 Jahre Straflager und noch fünf Jahre
Wahl los. Für was? Ich wuste er hat mir erzählt
das er als sie noch in Polen wohnten mit sein
Bruder David paar Monate bei der Hitlerjugend
waren. Und als die auch noch vor uns ~~nach~~
Sadowaj Wischnja gekommen sind, da wurden
wir gefragt was für ~~Deku~~ Dukumenten wir
haben Johan hat den Deutschen Ausweiß da
abgegeben. Was ich da so erlebt habe kan man
nicht alles beschreiben. Meine Emma hab ich noch
gestillt, aber da war Schluß. Muste sie anfangen
zu essen und da waren große Probleme, weil die
noch nie was gegessen und getrunken hatte.
Aber Gottseidank ~~meine~~ Emma wurde nicht krank
Meine Mutter hatte ~~vor~~ seit der Nacht als sie mein
Johan fort haben sehr oft Nerven Anfall.
Im Krankenhaus wurde sie eingeliefert und da
war eine Ärtztin Turschowa hat ihr im Flur
gelegt so hatte sie zwei Nächte und Tage da ge-
legen und geschlafen. Uns haben sie nicht
herein gelassen. Sagten ~~das die~~ Mutter wohl
im Irrenhaus muß. Wurde aber besser und
kam nachhause. Das war mein Glück. Weil ich
dan bin angenommen geworden ~~bin~~ auf einer
kleinen Baustelle. ~~im~~ Kindergarten für so
kleine Kinder waren nicht. Mutter hatte die
Anfälle bis zu ihren Tod. Hat gezittert am ganzen
Körper ~~Händ~~ Hände und Füße wurden kalt. ~~Ma~~
Dan riefen wir den Notruf heraus die machten
eine oder zwei Sprittze wurde dan alles besser.
Von der Baustelle wurde ich dan durch ~~die~~ der
Komadatur übergeführt auf der Baustelle
U.N.P. 15. Das war ~~1951. 8.~~ 8. 2. 1951.
So wohnten wir dan in der Semljka bis im Augus
1952. Da bekam ich von der Baustelle ein kleines
Zimmer. Bruder, Frau mit Sohn Willi zogen dan

Einmal im Jahr durfte mein Johann nach Stalins Tod von seiner Familie besucht werden. Meine Freude war groß. Am 15. Juni

1953 habe ich ihn wieder gesehen. Vom Kommandanten bekam ich Urlaub und die Erlaubnis für die Reise nach Karaganda. Machte mich zusammen mit unserer Tochter Emma, die ihren Vater doch nicht vergessen sollte, auf den Weg. Es war eine beschwerliche Reise für uns beide gewesen. Sie hatte drei Tage und drei Nächte gedauert.

Am nächsten Tag nach der Ankunft gingen wir mit Emma zum Lager-Tor. Die Kolonne der Häftlinge wurde geführt, eingehackt in einer Reihe zu zehn Mann, an den Seiten bewaffnete Soldaten mit Hunden. Alle Häftlinge hatten Nummern auf der Kleidung. Wir durften eine ganze Woche zusammen sein. Ein Jahr später, im Juni 1954, durften wir wieder nach Karaganda fahren und verbrachten diesmal elf Tage zusammen mit meinem Johann.

Inzwischen wurde es erlaubt, Widersprüche bei der Regierung einzureichen. Mit dem Schreiben von Briefen wurde es auch einfacher. Ich legte auch Widerspruch bei der Regierung in Moskau ein. Ein Bekannter half mir heimlich bei der Schriftform.

Diesen Brief brachte ich dann zum Bahnhof und warf ihn in den Briefkasten des Zuges nach Moskau ein. Es dauerte sehr lange bis ich eine Antwort darüber bekam, dass mein Brief angekommen war und dass alle Papiere nach Orenburg zum Militärgericht gegangen waren. Zwei Jahre später hatte ich immer noch keine Antwort bekommen. 1955 bin ich mit einer Erlaubnis unseres Kommandanten wieder zum Gericht nach Orenburg gefahren. Musste mein Anliegen schriftlich einreichen und bekam wieder keine Antwort, obwohl es mir versprochen wurde.

1956 wurden wir frei und standen nicht mehr unter der Kommandantur, wir durften sogar überall hinfahren. Am 26. Februar 1956 war mein Johann wieder bei uns. Er war am 17. Februar aus dem Gefängnis entlassen worden, musste noch warten, bis sein Ausweis fertig war, bekam eine Fahrkarte für den Zug und kam nach Hause.

schon 1951 nach dem Gorogok Sol-Rudnik.
So ging das Leben weiter.
Als Johan schon gerichtet war, bekam ich dan noch
etwas Geld was sie noch von arbeit Schuldig waren.
Da sagte mir eine Frau wo wir in der ersten Semljka
gewohnt haben das war Хобрина Маруся die hatte als
Freund den ältesten von der Miliz. ~~Mein~~ Das mein
Johan noch in Orenburg ist und sagte auch auf
welcher Straße. Aber dahin fahren mußte ich erst
Erlaubniss von der Kamadatur haben.
Beim Kamandand mußte alles beschrieben wo und
wozu da hin fahren. Bin so lange gegangen bis
ich Erlaubniss bekam, war aber noch nie wo gewesen
Das war zwei Stunden mit dem Zug fahren.
Hatte aber nur auf ein Tag Erlaubnis. Bin morges weg
aber da kam ich dort hin wo mir gesagt wurde wo
mein Johan so sein. Da wurde mir gesagt: „Epp Johann
~~ist~~ befindet sich im Gefängniss №1. Ja dan gefragt
wo das sich befindet zu fuß durch die ganze Stadt
bis am Fuß Ural. Da war ein Zimmer wo man konnte
konnt sich auschreiben und mußten schreiben was ~~wir~~
für Esswaren wir übergeben noch das Erlaubniss
bekomst mit ~~den~~ wen du möchtest 15 Minuten
sprechen. Wurde herausgerufen, aber nur Essware
übegeben. Das war wohl wo in Januar 1952
Dan ~~gig~~ gings wieder zufuß bis noch dem Bahnhof.
Mußte aber mit den Abendzug nachhause. Morgens
schon früh melden ~~ich ich~~ und die Erlaubniss
abgeben. War mein Glück hatte gute Mitarbeiter die
haben Mitleid gehabt. Da waren auch Russen
dabei, haben mich dan wo eine oder zwei Stunden
früher nachhause gelassen. Aber ich wollte doch auch
noch mein Johan sehn und spechen.
In März war es wohl da bin ich wieder gefahren
wußte nicht ob ~~der~~ Johan noch dort ist. Da weil
schon besser wuste ~~schon~~ schon wohin. Da hats geklopt
konnte Essen übergeben und auch spechen.
Da waren aber so viele, haben dan heraus
gerufen in dem Zimmer. Es war aber spät Nachmitag
mich rufen sie nicht heraus. Ich mußte doch
wieder mit den letzten Abendzug nachhause

Bin dan zu den Gefängnessführer gegangen
erklärte ihm die Sachen. Wieder zurück vor
dem Zimmer. Da wurde ich herausgerufen.
Da standt ich in dem Zimmer da hörte ich
wie die Schlößer aufgeschlossen wurden. Da
wo vor mir eine Wand unten war mit Bretter
zu nur ~~der Kopf war~~ so hoch wie bis zum Kopf
war zugemacht mit dichten Draht, dan ein
schmaler Gang nochmahl ein so Zaun. Zwischen
die beide in dem schmalen Gang stand ein Bewaf-
neter Wächter noch ein Wächter wo mein
Johan stand. Da sagten sie sofort nur russisch
spechen nichts vom Gericht fragen sonst müßt
ihr raus. Mein Johan fing an so sagen: Ich bin
gestraft auf viele Jahre, aber wurde auf ihn
geschrieen. Johan stand da und weinte nur
Ich hatte damahl so viel Mut und Geduld in
die 15 Minuten, daß ich ihm erzählte kurz wie
wir leben. Und sagte ich weiß alles von dir.
Dan bekam ich ein Brief und die Adresse.
Das war aber nur ein sehr traurigen und kurzer
Brief. Johan durfte nur zwei Briefe im Jahr
schreiben russisch und nicht wie es ihm geht.
Ich konnte schreiben auch Potos schäcken soviel
ich wollte aber auch nur russisch.
Das war bis 1953 der Stalin starb. Dan
wurde alles besser für den politisch gestafte.
Der Johan war bei Karaganda in Tschurbei-
Nurie im Lager. Von Mai 1951 bis den 17 Febuar
1956. Das waren da mehr als 3000 politische
Da waren viele was bei der deutsche Wehrmacht
waren wärend dem Kriege überhaup Ukrainer
Batlere wurden die genahnt. Da war auch erlaubt
Widerspruch nach Moskau schreiben. Durften Briefe
schreiben wieviel sie wollten. Ich bin dan auch nach
einen Deutschen gelernt Mann gegangen heimlich
hat der dan alles beschrieben und bin zum
Bahnhof und in den Zug was nach Moskau ging
im Postkasten herein. Der Brief kam auch da
nach Moskau. Es dauert so länge bis ich Antwort
bekam. Von Moskau ~~kriete~~ bekam ich dan doch

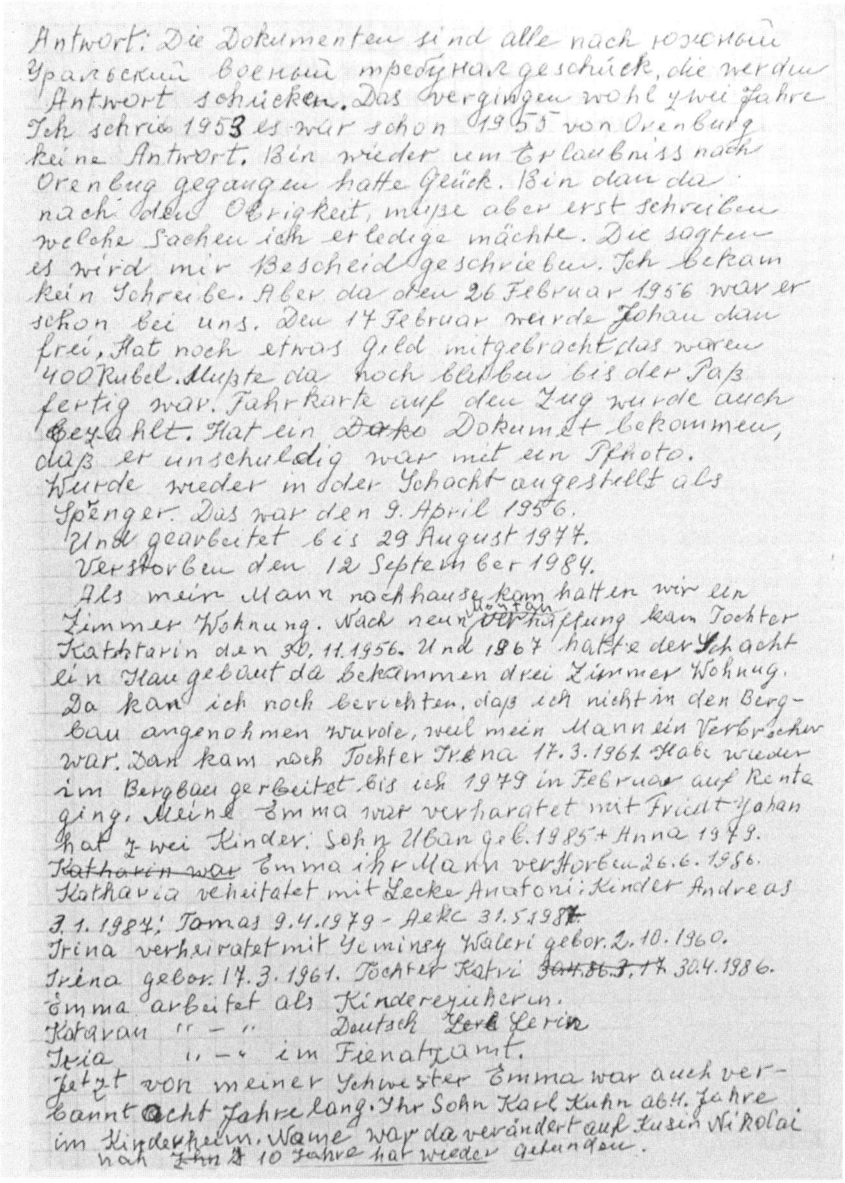
Antwort: Die Dokumenten sind alle nach южный
Уральский военый трибунал geschückt, die werden
Antwort schicken. Das vergingen wohl zwei Jahre
Ich schrieb 1953 es war schon 1955 von Orenburg
keine Antwort. Bin wieder um Erlaubniss nach
Orenburg gegangen hatte Glück. Bin dan da
nach den Obrigkeit, müsse aber erst schreiben
welche Sachen ich erledige möchte. Die sagten
es wird mir Bescheid geschrieben. Ich bekam
kein Schreibe. Aber da den 26 Februar 1956 war er
schon bei uns. Den 17 Februar wurde Johan dan
frei, Hat noch etwas Geld mitgebracht das waren
400 Rubel. Mußte da noch bleiben bis der Paß
fertig war. Fahrkarte auf den Zug wurde auch
bezahlt. Hat ein ~~Doko~~ Dokument bekommen,
daß er unschuldig war mit ein Photo.
Wurde wieder in der Schacht angestellt als
Spenger. Das war den 9. April 1956.
Und gearbeitet bis 29 August 1977.
Verstorben den 12 September 1984.
Als mein Mann nachhause kam hatten wir ein
Zimmer Wohnung. Nach neun Monaten ~~Ver~~haftung kam Tochter
Katharin den 30.11.1956. Und 1967 hatte der Schacht
ein Haus gebaut da bekammen drei Zimmer Wohnung.
Da kan ich noch berichten, daß ich nicht in den Berg-
bau angenohmen wurde, weil mein Mann ein Verbrecher
war. Dan kam noch Tochter Irina 17.3.1961. Habe wieder
im Bergbau gerbeitet bis ich 1979 in Februar auf Rente
ging. Meine Emma war verharatet mit Friedt Yohan
hat zwei Kinder: Sohn Urban geb. 1985 + Anna 1979.
~~Katharin war~~ Emma ihr Mann verstorben 26.6.1986.
Katharia veheitatet mit Lecke Anatoni; Kinder Andreas
3.1.1984; Tomas 9.4.1979 - Aeke 31.5.1987
Irina verheiratet mit Yeminey Waleri gebor. 2.10.1960.
Irina gebor. 17.3.1961. Tochter Katri ~~30.4.86.3.17~~ 30.4.1986.
Emma arbeitet als Kinderezieherin.
Katavan " - " Deutsch ~~Lerk~~ Lerin
Iria " - " im Fienatzamt.
Jetzt von meiner Schwester Emma war auch ver-
bannt acht Jahre lang. Ihr Sohn Karl Kuhn ab 4. Jahre
im Kinderheim. Name war da verändert auf Kusin Nikolai
nah ~~Ihn~~ 10 Jahre hat wieder gefunden.

Er brachte eine Bescheinigung mit seinem Foto darüber, dass er ohne Schuld verurteilt worden war und dass er rehabilitiert wurde.

Neun Monate später, am 30. November 1956, kam unsere Tochter Katharina auf die Welt. Am 17. März 1961 kam unsere Tochter Irina auf die Welt. Danach arbeitete ich bis zu meiner Rente 1979 wieder im Bergbau.

Nach Johanns Rückkehr arbeitete er vom 9. April 1956 bis zum 29. August 1977 als Fachmann für Sprengarbeiten unter Tage.

1967 wurde ein Haus vom Salzgrubenbetrieb in Sol-Ilezk gebaut. In diesem Haus bekamen wir eine Dreizimmerwohnung.

Am 12. September 1984 starb mein Johann.

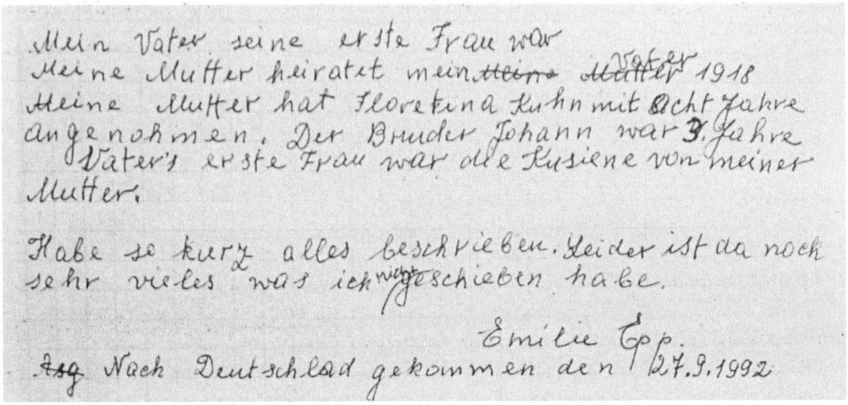

Mein Vater seine erste Frau war
Meine Mutter heiratet mein ~~Meine Mutter~~ Vater 1918
Meine Mutter hat Floretina Kuhn mit acht Jahre
angenohmen. Der Bruder Johann war 3. Jahre
Vater's erste Frau war die Kusiene von meiner
Mutter.

Habe so kurz alles beschrieben. Leider ist da noch
sehr vieles was ich nicht geschieben habe.

Emilie Epp.

~~Asg~~ Nach Deutschlad gekommen den 27.9.1992

Aufzeichnungen von Emilia Epp

… Das ist meine Geschichte. Ich habe so kurz alles geschrieben. Sehr vieles gibt es da noch, worüber ich nicht geschrieben habe.“

27.09.1992

Emilie Schillings Geschichte

2022 traf ich mich eines Tages mit Irene Pauls. Ihre Mutter, Emilie Schilling, geborene Littau, stammt ebenfalls aus Josefstal bei Dnepropetrowsk. Irene brachte mir die Aufzeichnungen ihrer Mutter, unter anderem auch über die Jahre 1943–1945.

Diese Geschichte beeinflusst zwar nicht unseren Alltag, verdeutlicht jedoch durch die Nähe zu den betroffenen Personen und dem Ort Josefstal auf eindrucksvolle Weise die Dramatik der gesamten Situation im Zweiten Weltkrieg und erfüllt somit eine warnende Funktion.

Hier sind die Aufzeichnungen von Emilie Schilling:

„Ich, Emilie Schilling, geborene Littau, wurde am 12. Februar 1916 in Josefstal in der Ukraine geboren. Mein Vater war Johann Littau, meine Mutter hieß Anna Görz. Ich hatte sechs weitere Geschwister.

Es war eine turbulente Zeit: der Tod des Bruders Friedrich im Februar 1916, die Oktoberrevolution 1917, die Hungersnot 1921, viele Menschen sind verhungert. Der Sommer 1921 war ganz ohne Regen, so, dass es nichts zu ernten gab. Im Februar 1924 starb mein Vater an einer Gehirnentzündung. 1931 war wieder Hochwasser, während dessen ganz Josefstal unter Wasser stand.

Als das Hochwasser weg war, wurden alle Großlandbesitzer verhaftet und ins Gefängnis gesteckt. Kurz darauf wurden die Frauen der Großlandbesitzer zusammen mit ihren Kindern zum Bahnhof gebracht. Die Männer aus dem Gefängnis wurden auch zum Bahnhof gebracht. Alle zusammen wurden sie in Güterwagen gesetzt und in das Gebiet Nord Ural in die Taiga (großes, von Sümpfen durchzogenes Waldgebiet) abtransportiert. Da war nur Sumpf. Nur wenige überlebten.

Im Juli 1931 fing die Kollektivierung an, bei der fast alle Bauern gezwungen wurden, ihre individuellen Höfe aufzugeben und sich sozialistischen Großbetrieben anzuschließen. Bis 1931 wurde etwa die Hälfte der Bauern in diese Betriebe eingegliedert, bis 1936 fast alle übrigen. Den Bauern wurde das Land, die Pferde, die landwirtschaftliche Geräte weggenommen, nur die Häuser und die Gärten blieben davon unberührt.

Meine Familie wurde nicht im Kollektiv aufgenommen, weil meine Brüder Großbauern waren. 1932 wurden auch wir auf die Liste zum Verbannen gesetzt. Mein Bruder Wilhelm arbeitete als Lehrer. Sein Freund Alexander Weiß, der als Schreiber im Dorfrat arbeitete, verriet ihm, dass seine Brüder Aleksander und Johann, die Großbauern, fliehen sollten, weil Verhaftungen geplant waren. Am nächsten Morgen verließen die beiden Brüder mit Familien das Dorf.

Meine Mutter und meine Schwester Elisabeth kamen nach Billersfeld zu meiner Schwester Lydia. Ich selbst kam in ein anderes Dorf. Nur mein Bruder Wilhelm, der Lehrer, blieb im Elternhaus.

Im Herbst kamen die zwei Brüder mit Familien zurück. Und Johann erkrankte an Typhus. Viele im Dorf erkrankten an Typhus.[39] Ich erkrankte auch und war drei Monate bettlägerig. Die Familien der Brüder, die in einer Fabrik arbeiteten, wurden mit Lebensmittelkarten versorgt, ich bekam nichts.

Mein Schwager holte mich zu sich und schlug mir vor, in der Kollektive zu arbeiten, worauf ich mich freute. Bis Juli 1933 arbeitete ich im „Bulgaren Garten". Im Juli erkrankte meine Schwester Lydia an Typhus. Sie wurde pflegebedürftig. Ich habe sie gepflegt und die zwei Kinder brachte ich in den Kindergarten. Ich rief auch den Arzt aus dem Dorf und bat ihn, mir zu zeigen, was ich tun sollte, damit Lydia schneller gesund sein würde. So führte ich den Haushalt, bis Lydia wieder gesund wurde.

Im August holte mich mein Bruder Wilhelm nach Hause ab und bestand darauf, dass ich wieder in die Schule in die 7. Klasse gehe. So kam es, dass ich mit 16 Jahren wieder in die Schule, in

---

39 Eine Infektion, die von Salmonella-Bakterien verursacht wird.

die 7. Klasse ging. Die 5. und die 6. Klasse hatte ich ausgelassen. Nach dem Bestehen der 7. Klasse mit guten Noten sollte ich zur Lehrerfortbildung gehen, war aber der russischen Sprache nicht mächtig und konnte daher die Fortbildung nicht beenden. Ich wurde dann 1934 als Lehrerin für die 32 Vorschüler und ein Jahr später für die 2. Klasse mit 54 Schülern angestellt.

Am 30. Dezember 1934 habe ich in Saporoschje/Melitopol Wilhelm Schilling geheiratet. Neun Monate später, am 3. September 1935, wurde mein Sohn, Ernst, geboren. Meine zweite Klasse führte ich ein halbes Jahr, dann erkrankte ich, hatte hohes Fieber und wurde immer schwächer. Der Schuldirektor beurlaubte mich 1937 für ein halbes Jahr.

Aus gesundheitlichen Gründen hörte ich auf, in der Schule zu arbeiten. Mein Mann, Wilhelm, bestand darauf. 1938 wurden alle Schulen in die russische Sprache umgestellt.

Zu Hause waren der Garten, die Kuh, das Schwein und die Hühner zu versorgen. Wir wurden im Kollektiv aufgenommen, da konnten wir arbeiten. Am 2. Januar 1938 wurde mein Sohn Wilhelm geboren. Am 1. März 1939 wurde mein dritter Sohn Johann geboren. Die Kinder kamen in den Kindergarten.

*1943, Emilie Schilling, geborene Littau (*12.02.1916 - †27.11.2017)*

Im nächsten Jahr erkrankten meine Kinder an Keuchhusten und im August erkrankte mein Mann an der „schwarzen Krankheit" (Pest), angeblich hatte er auch Epilepsie. Das erste Jahr hatte er sehr oft Anfälle und immer nachts. Im August 1940 hatte mein Mann eine Blutvergiftung wegen eines kranken Zahnes. Er lag sehr lange im Krankenhaus in Dnepropetrowsk, und wurde da operiert. Außerdem wurde sein Blut ausgetauscht, zwei junge Mädchen spendeten das Austauschblut.

1941 brach der Krieg mit Deutschland aus. Die Einwohner arbeiteten weiterhin im Kollektiv.

Im Juli 1942 war mein Mann in einen Unfall verwickelt gewesen: Während der Arbeit auf einem Feld in der Nähe vom Flugplatz war seine Mähmaschine auf eine Mine gefahren. Er bekam schwere Verletzungen im Gesicht, an den Armen und an den Beinen. Besonders lange dauerte es, bis die Wunden am Fuß mit den abgerissenen Zehen abheilten.

In diesem Jahr wurde mein Mann als Dolmetscher in Dnepropetrowsk von der Besatzungsmacht eingestellt, anschließend zogen wir in die Stadt um.

Im September 1943, als die Front immer näherkam, mussten die Einwohner wieder Brot backen, das Notwendigste packen und sich auf den Weg machen. Ich wurde zusammen mit meiner Familie und vielen anderen Familien in Güterwagen geladen. Es begann der Abtransport in das Warthegau.

Kurz vor Rumänien war eine Brücke gesprengt, der Zug blieb für eine ganze Nacht stehen. Morgens wurde mein Mann, Wilhelm, der Aufseher im Wagen war, zum Dolmetschen gerufen.

Im Wagen hatten alle, besonders die Kinder, Durst. Wasser hatten wir nicht. Die Mitreisenden begaben sich auf die Suche nach Trinkwasser. Ich wartete auf meinen Wilhelm, der sich bestimmt um Wasser für die Familie kümmern würde. Er kam aber lange nicht. Die Kinder fingen an zu weinen.

Ich nahm unseren Kaffeekessel und ging los, um Wasser zu holen. Bis zum Brunnen war es aber ein längerer Weg, als ich gedacht hatte. Am Brunnen angekommen, band ich den Kessel an und ließ ihn herunter in den Brunnen zum Wasser. In diesem Moment hörte ich das Piep Signal vom Zug, der gleich abfahren würde. Ich lief gleich los, hatte noch den Deckel in der Hand, schaute mich um und warf ihn zurück. Mit großer Mühe erreichte ich noch den letzten Wagen des Zuges und konnte auf die Treppe des Wagens klettern, wo noch zwei Männer waren. So hingen wir an einer Stange und der Zug fuhr und fuhr, von morgens bis abends.

Die Sonne ging herunter. Die Kinder waren immer noch in dem anderen Wagen allein. Die zwei Männer auf der Treppe des Wagens sprachen mir immer wieder Mut zu. Sie gaben mir, der Schwangeren, auch Halt, damit ich nicht herunterfallen konnte.

Am nächsten Halt des Zuges kam ich in den Wagen zu meinen Kindern. Ich konnte sie kaum erkennen, so verweint waren sie. Den ganzen Tag hatten sie nicht gegessen und nicht getrunken. So fuhren wir bis Litzmannstadt (Lodz).

In Litzmannstadt konnten wir endlich baden, hier wurden wir auch entlaust. Danach kamen wir nach Kirschberg in eine Notwohnung. Hier hatten wir ein Zimmer mit zwei zweistöckigen Betten.

Im Winter 1944 wurden wir nach Freihaus umgesiedelt. In einer großen Halle mit zweistöckigen Betten, die Bett an Bett standen, bekamen auch wir ein solches Bett. In Freihaus fand Wilhelm eine Arbeit auf dem Bau.

Kurz darauf war er auf der Arbeit auf einer Treppe ausgerutscht und verletzte sich dabei an der Hand. Ich lief mit ihm los, um medizinische Hilfe zu organisieren. Einen Arzt konnten wir nicht finden, weil es noch zu früh am Morgen passiert war. In dieser Notunterkunft fand sich eine Frau, die Wilhelm medizinische Hilfe leistete und seine verletzte Hand versorgte.

Noch im selben Jahr 1944, im März, kamen wir in den Kreis Kempen. Da trafen wir viele Josefstaler. Sie waren alle in einer großen Halle ohne Betten, aber mit einem Schlafplatz auf dem Boden untergebracht.

Kurz darauf wurde unsere Familie nach Heideberg gebracht. Hier wurden wir in einem kleinen Häuschen mit einem Zimmer und einer Küche im Hof bei einer Familie Gorel untergebracht. Wilhelm arbeitete hier im Büro in einer Kartenstelle.

Am 4. April 1944 wurde meine Tochter Grete geboren.

Im Januar 1945 kamen die Russen immer näher. Ich sollte mit den Kindern nach Sachsen/Deutschland überführt werden. Als Wilhelm eines Tages am Abend mit dem Rad nach Hause in Schweiß durchnässter Kleidung gerast kam und sagte, dass wir weggehen müssen, wurde kein Abendbrot mehr gegessen. Ich und die Kinder schrien vor Angst und konnten lange nicht einschlafen. Am frühen Morgen fuhr Wilhelm zu den Geschwistern und zu meiner Mutter, aber alle waren bereits fortgegangen.

Am 21. Januar 1945 nahmen die Russen den Ort ein. In dieser Zeit arbeitete Wilhelm beim Metzger. Am 25. Februar um 2 Uhr morgens wurde er von den Russen für „Aufräumarbeiten in Russland“ eingezogen.

Kurz darauf hatte ich nur wenige Stunden, um unsere Sachen einzupacken und die Kinder anzuziehen, bevor wir zusammen mit den anderen, nicht freiwillig Geflüchteten, uns an einem Sammelplatz in Kempen einfinden mussten. So fing für meine Familie die Repatriierung[40] an.

Zusammen mit Frau Fröhlich und ihren acht Kindern wurde ich mit meinen vier Kindern und Gepäck in der Nacht vom 1. auf den 2. März 1945 um 2 Uhr auf Fuhren nach Kempen befördert. Die größeren Kinder mussten die 18 Kilometer zu Fuß gehen. In Kempen angekommen, mussten die Fuhren vor ihrer Rückfahrt abgeladen werden.

Um 10 Uhr morgens fing es an zu schneien und zu stürmen. Am Bahnhof Kempen angekommen, mussten wir von den Fuhren draußen, in den Schnee, absteigen, die Frauen mit den Kindern durften in den Warteraum des Bahnhofs gehen.

---

40 Zurückführung von Kriegs- oder Zivilgefangenen in die Heimat.

Um vier Uhr kam ein Zug mit offenen Wagen, ohne Dach, Güterwaggons. Es schneite weiterhin. Mit diesem Zug ging die Reise weiter. Ich legte die Kinder hin, Grete konnte noch in ihrem Kinderwagen schlafen. Tagsüber fuhr der Zug und nachts stand er. Es schneite immer noch. Morgens befreite ich die Kinder von dem Schnee.

So fuhren wir sechs Tage und sechs Nächte standen wir. Meine Schuhe waren durchnässt und fielen auseinander. Ich zog die Schuhe von Wilhelm an, die ich noch im Gepäck hatte.

Am Morgen des siebten Tages war die Lokomotive samt Zugführung mit Dokumenten der Flüchtlinge weg. Der Zug war am Ende eines Gleises an einer Wand, weit vom Bahnhof, abgestellt. Die Bahnhofleitung teilte uns mit, dass in Kürze ein Schnellzug nach Krakau zu einem Sammelpunkt bereitgestellt sein würde. Alle mussten sich beeilen und nahmen nur das notwendigste Gepäck mit. Manche luden ihre Kinder in den Schnellzug und liefen, um ihr Gepäck zu holen. Die anderen hatten ihr Gepäck in den Schnellzug gebracht und liefen zum Güterwaggon, um ihre Kinder zu holen. Sie schafften es aber nicht rechtzeitig. So fuhr der Zug los und die Hälfte der Flüchtlinge kam nicht mit.

Statt nach Czestochowa ging die Reise jetzt nach Krakau. Zwei Stationen weiter mussten alle wieder absteigen, mitnehmen konnten wir nur das Notwendigste. In dieser Station konnten die Mütter mit den Kindern und die alten im Bahnhofsgebäude warten, alle anderen blieben draußen, wo viele Flüchtlinge Erfrierungen an den Füßen bekamen.

Der nächste Schnellzug brachte uns nach Krakau, wo wir alle in ein Gefängnis kamen. Hier blieben wir bis in den Frühling, bis wir wieder in Frachtwagen geladen und nach Mastischiki[41]

41 Der Kreis Masty ist eine Verwaltungseinheit im Südosten der Hrodsenskaja Woblasz in Belarus mit dem administrativen Zentrum in der Stadt Masty.

(Weißrussland) abtransportiert wurden. In diesem Ort blieben wir bis zum fünften Mai.

An diesem Tag mussten wir wieder in einen Güterwaggon steigen. Dieses Mal ging es in den Süden, nach Tadschikistan, in die Stadt Stalinobad (heute Duschanbe), wo wir am 7. Juni 1945 ankamen. Aus verschiedenen Kollektivwirtschaften kamen Vorgesetzte und suchten sich Arbeitskräfte aus. Bevorzugt wurden Familien mit Kindern, die schon arbeiten konnten. Übrig blieben die Mütter mit kleinen Kindern.

Eines Tages kam ein Mann, ein Tadschike, auf einem Kamel geritten. Er lud uns in einen Wagen und nahm mich mit den Kindern mit. Einen ganzen Tag fuhren wir über die Berge und kamen abends in eine Siedlung mit Zäunen aus Lehm und Stählen für Kühe und Esel an. Die Erwachsenen zogen gleich los, um Gras für „Bette" in einen Stahl zu holen. Einige Wochen später mussten wir heraus aus den Stählen, weil wir von dem Ungeziefer der Tiere sehr geplagt wurden. Bis in den Herbst schliefen wir draußen auf dem Gras.

In dem Kollektiv arbeiteten wir auf dem Land, rodeten Rohrholz- und Süßholzbüsche, anschließend begradigten wir das Land. Wenn die Frauen zu der Zeit noch Gegenstände besaßen, dann konnten sie sie für Lebensmittel eintauschen. Verpflegung für die Arbeit bekamen wir nicht.

Am 27. November 1946 starb meine Tochter Grete, sie war verhungert.

Die Wände von den Stählen hatten wir geradegehackt und mit verdünntem Kuhdung ausgepinselt. 1946 bekamen wir etwas Land und konnten es bewirtschaften. Es wurde etwas leichter.

Nur mein Sohn Johann erlebte es nicht mehr, er starb am 20. November 1947, er war auch verhungert.

1947 wurden wir, die Repatriierten, in ein anderes Kollektiv überführt. Da ging es mir noch schlechter als bei den Tadschicken. Vorgesetzte in diesem Kollektiv waren Männer aus der deutschen Wolgarepublik.[42] Diese Männer hatten es auf die schutzlosen Frauen abgesehen. Sie wollten sie alle haben. Wenn die Frauen sich nicht mit ihnen einließen, wurde ihre Arbeit nur teilweise registriert.

Aus diesem Grund bekam ich auch kein Land zum Bepflanzen. Zuletzt wurde ich bestraft und musste allein einen Hektar Land bearbeiten: hacken, gießen, Kunstdünger und Gift streuen bis in die Nacht. Zum Anziehen hatte ich nur noch ein einziges Kleid.

Mein siebenjähriger Sohn wurde in ein Kinderheim gebracht. Sechs Jahre hörte ich nichts mehr von ihm. Der älteste Sohn Ernst blieb bei mir, weil er schon arbeiten konnte. Ihm wurde aufgetragen, Wasser für die Pferde zu tragen.

Eines Tages Ende August stand ich auf dem Feld mit der Hacke und rief den lieben Gott an: „Der Winter kommt, ich habe nichts anzuziehen, nur ein Kleid, bekomme für meine Arbeit nichts. Wir haben nichts zum Essen und nichts, um uns zu versorgen. Ich gehe am hellsten Tag zu Grunde." Dann hörte ich eine Stimme hinter mir: „Nimm deine Kinder an die Hand und geh von hier weg."

Und das tat ich am nächsten Morgen auch. Ich beschloss, zu meinen Verwandten zu fahren.[43] So gingen wir mit Ernst zum Bahnhof, stiegen in den Zug ohne Personalausweis und ohne eine Erlaubnis für das Verlassen des Ortes und fuhren los. Während

---

42 1945 wurden auch die „ortsansässigen" Deutschen, zu denen auch die 1941 verbannten Deutschen aus der Wolgarepublik der Deutschen gehörten, dem Regime der Sondersiedlung des NKWD unterstellt, wobei sie in ihren Dörfern und Häusern verbleiben durften. In den landwirtschaftlichen Betrieben (Kolchosen und Sowchosen) beließ man bewährte Fachleute in leitenden Funktionen (Kolchosvorsitzende, Abteilungsleiter, Agronomen, Buchhalter usw.).

43 Von einem freiwilligen Verlassen des Verbannungsortes konnte zu dieser Zeit noch keine Rede sein. Der Erlass des Obersten Sowjets der Union der Sozialistischen Sowjetrepubliken (UdSSR) vom 26. November 1948 stellte das unerlaubte Entfernen aus den Sondersiedlungen unter Strafe und sah bis zu 25 Jahre Zwangsarbeit vor.

der Passkontrolle ging der Schaffner an uns, ohne ein Wort zu verlieren, vorbei. Es war eine göttliche Fügung.

Wir fuhren mit dem Zug bis Stalinobad zu unseren Bekannten, Geworsky, die sehr freundlich waren. Der Hausherr wollte uns bei den Behörden anmelden. Ernst kam die Geschichte aber etwas komisch vor, er meinte, der hat nichts Gutes im Sinn. Wir gingen wieder zum Zug und fuhren weiter bis zum Rayon Kaganowitschebad, dann gingen wir in die Kolchose Mikojan. Da waren ein paar Deutsche, aber wir erfuhren auch, dass es eine deutsche Kolchose „Karl Marx" gab, wo ganz viele Josefstaler waren. So gingen wir dahin.

Meine Kusine Anna Schmoldt hat uns sehr viel geholfen, sie gab uns einen Kochtopf, einen Teller und zwei Löffel und auch etwas Kleidung zum Anziehen. Die Vorgesetzten waren auch gnädig und meldeten uns nicht den Behörden, sondern trugen uns in die Listen ein, so kamen wir nicht ins Gefängnis. Wir waren noch immer unter der Kommandantur und mussten uns jeden Monat mit einer Unterschrift und einem Fingerabdruck bei der Kommandantur melden.

In einem benachbarten Kreis gab es einen Markt, da durften wir auch nicht ohne Genehmigung hin. Dann erfuhren wir, dass meine Kusine Bergmüller Luise auch in der Nähe wohnte, so gingen wir sie heimlich besuchen.

Das Leben war schwer, aber so hatten wir kleine Freuden, indem wir miteinander deutsch sprechen und singen konnten, manchmal hatten wir auch etwas zum Lachen, so haben wir überlebt.

Im Sommer 1952 hatte ich endlich meinen Sohn Willi gefunden. Als er mir weggenommen wurde, kam er in ein tadschikisches Kinderheim nach Leninobad, von da lief er mit noch ein paar Kindern weg und so waren sie in ein russisches Kinderheim gekommen, danach kam er noch in ein anderes Heim nach Duschanbe. Ich habe ihn gesucht, konnte ihn aber nicht finden, weil er nicht mehr da war, wo man ihn hingebracht hatte.

In der Kolchose „Karl Marx“ konnte mir aber der Kommandant, ein guter Mensch, helfen, er forschte nach und fand Willi in Duschanbe, danach brachten sie ihn in unseren Kreis, von wo ich ihn abholen konnte.

Er wurde im Kinderheim von den anderen Kindern geschlagen, weil er einen deutschen Namen hatte. In fünf Jahren hatte er vieles vergessen: den Namen seines Bruders und die deutsche Sprache. Ich konnte sehr schlecht russisch sprechen und er konnte kein Deutsch. Die Frauen in der Kolchose meinten, ich soll aber trotzdem mit ihm deutsch sprechen. Ich wollte aber, dass er mich versteht und habe ihm dann deutsche Märchen russisch erzählt so gut ich konnte, zum Beispiel, das Märchen über das Schlaraffenland.

Im Oktober 1954 kam mein Mann aus dem Gefängnis. Zuerst ist er nach Josefstal gegangen. Mit Entsetzen musste er feststellen: es gab kein Josefstal mehr, nur noch Schilf und Unkraut zwischen den Ruinen. In der Ukraine, bei den Behörden gab man ihm keine Auskunft, wo seine Familie sei. So beschloss er nach Moskau auf den Roten Platz zu gehen und da so lange auszuharren, bis man ihm den Aufenthalt seiner Familie bekannt gibt. Es kam ein Polizeioffizier und fragte ihn, wer er ist und was er hier macht. Nachdem mein Mann seine Fragen beantwortet hatte, erbarmte sich dieser, nahm ihn mit und suchte in den Unterlagen der Flüchtlinge. Er fand mich, dass ich in Mittelasien in einer Kolchose bin.

So kam mein Mann am 4. November 1954 nach Mittelasien zu uns. Er bekam einen Herzinfarkt wegen des Klimawechsels und der Nachricht, dass zwei unserer Kinder tot sind. Die Ärzte empfahlen uns in den Norden umzuziehen.

Mein Bruder Alexander Littau wohnte im Gebiet Novosibirsk in einer Sowchose, und ich bat ihn um eine offizielle Einladung. Die erste Zeit wohnten wir da bei meinem Bruder, danach in einem Wohnwagen, wo auch meine Tochter Irene am 7. Juni 1956 zur Welt kam.

In diesem Jahr wurden wir von der Meldepflicht, den monatlichen Unterschriften mit Fingerabdruck, befreit. Wir standen nicht mehr unter der Kommandantur. Wir bekamen unseren ersten sowjetischen Pass.

Das kalte raue Klima sagte mir gar nicht zu, und so zogen wir 1959 wieder in den Süden nach Tadschikistan, diesmal in die Hauptstadt Duschanbe. Ich arbeitete mit meinem Mann in einem Holzverarbeitungsbetrieb. Wir wohnten zusammen mit unserem Sohn Ernst und seiner Familie. Als seine Frau Lydia das zweite Kind bekam, blieb ich als Hausfrau zu Hause.

Ab dem 20. August 1964 arbeitete ich im Krankenhaus als Tellerwäscherin und Putzfrau. Durch die harte körperliche Arbeit und die Mangelernährung in den Kriegsjahren verschlechterte sich mein Gesundheitszustand. Ich hatte oft Krämpfe an den Armen und Beinen, besonders nachts.

Am vierzehnten August 1973 bin ich in Rente gegangen, bekam aber eine minimale Rente in Höhe von 24 Rubel und 56 Kopeken. Am fünfundzwanzigsten September 1975 wurde mir die Galle entfernt, ich hatte 36 Gallensteine, die mir sehr oft Gallenkoliken verursachten.

Am 12. Mai 1976 durften wir nach Deutschland zu meinem Sohn Wilhelm (er war 1972 nach Deutschland ausgewandert) auswandern. Mein Mann und ich waren sehr glücklich, leider zu kurz. Zwei Jahre später, am 8. September 1978, starb mein Mann an seinem zweiten Herzinfarkt. Ich musste weiterleben.

Als meine Tochter heiratete und nach Bielefeld zog, ging ich mit ihr. Es sind 40 Jahre, die ich ohne meinen Mann gelebt habe.

Das Leben in der Familie meiner Tochter war ereignisreich: zwei Kinder, drei Wohnungswechsel und ein Hausbau brachten jede Menge Arbeit und keine Langeweile."

An dieser Stelle enden die Aufzeichnungen von Emilie Schilling.

Der Lebensweg von Emilie Schilling ging am 27. November 2017 zu Ende.

*1952, Ernst Schilling (*1935) mit Emilie Schilling*

Deutsche Vertriebene, Repatriierung

Nach der Niederlage bei Stalingrad 1943/44 wurden beim Rückzug der deutschen Wehrmacht aus der Ukraine etwa 250.000 Deutsche in das Warthegau (heutiges Polen) umgesiedelt und dort ins Deutsche Reich eingegliedert.

Die Flucht und Vertreibung der Deutschen aus den deutschen Ostgebieten sowie aus Ostmittel-, Ost- und Südosteuropa während und nach dem Ende des Zweiten Weltkrieges von 1945 bis 1950 betraf große Teile der dort ansässigen deutschsprachigen Bevölkerungsgruppen. Sie umfasste rund 12 bis 14 Mio. Deutsche in den Ostgebieten des Deutschen Reiches sowie in Ostmittel-, Ost- und Südosteuropa. Diese Vertreibung war eine Folge der nationalsozialistischen Gewaltherrschaft, der Kriegsverbrechen während des Nationalsozialismus und der Gebietsverluste des Deutschen Reiches, die die Siegermächte (USA, Sowjetunion, Großbritannien) auf der Potsdamer Konferenz 1945 festlegten.

Die Zahl derjenigen Deutschen, die als „vertrieben" erfasst wurden, hing zunächst davon ab, was unter dem „Vertreibungsgebiet" verstanden wurde. So wurden die etwa 250.000 Deutschen, die in den ersten Jahren nach Kriegsende aus Dänemark nach Deutschland umgesiedelt wurden, ebenso wie etwa 225.000 Menschen, die 1946 aus Österreich, der Schweiz, Frankreich, Italien und den Benelux-Staaten stammend registriert wurden, später statistisch als Vertriebene gezählt. Etwa die Hälfte aller als Vertriebene bezeichneten Menschen hatte ihre Heimat zu Kriegsende bereits verlassen.

Wie viele Deutsche dabei aus eigenem Entschluss geflüchtet waren, war unklar. Die bundesdeutsche Statistik zählt heute auch diejenigen als Vertriebene, die in den Jahrzehnten nach Abschluss der Zwangsumsiedlungen freiwillig in die Bundesrepublik Deutschland ausgewandert waren. „Durch die historisch ungenaue Verwendung des Begriffs „Vertreibung", resümieren Eva und Hans Henning Hahn, „lassen sich aus den Zahlen der in der Bundesrepublik registrierten Vertriebenen kaum Informationen darüber ableiten, wie viele der Vertriebenen überhaupt eine Vertreibung erlebt hatten.“[44]

Am Ende des Zweiten Weltkrieges begann die sogenannte „Repatriierung“: Etwa 200.000 Russlanddeutsche aus dem Warthegau sowie allen Besatzungszonen wurden von der Roten Armee nach Sibirien und Mittelasien deportiert. Von nun an lebten die Repatriierten gefangen in fremden Gebieten und mussten Schwerstarbeit verrichten. Häufig wurden sie als Ersatz für die entlassenen deutschen Kriegsgefangenen eingesetzt. Viele starben an Hunger und Erschöpfung. Ein Verlassen der Siedlungen war nur mit einer besonderen Genehmigung möglich.

Viele Deutsche aus Russland flohen am Ende des Zweiten Weltkrieges vor der Roten Armee in den Westen. Sie wurden als „Displaced Persons“ (kurz DP) bezeichnet. Es waren Zivilpersonen, die sich kriegsbedingt außerhalb ihres Heimatstaates aufhielten und ohne Hilfe nicht zurückkehren oder sich in einem anderen Land neu ansiedeln konnten. Zu den DPs gehörten Zwangsarbeiter, die während des Krieges zur Arbeit in deutschen Betrieben verpflichtet worden waren, ferner Kriegsgefangene, ehemalige Konzentrationslagerhäftlinge und Osteuropäer, die nach Kriegsbeginn entweder freiwillig in Deutschland eine Arbeit aufgenommen hatten oder 1944 vor der sowjetischen Armee geflüchtet waren.[45] Laut vieler Zeitzeugen war es jedoch keine freiwillige Flucht, sondern eine Ausweisung, eine Deportation, aus dem Heimatort.

Die meisten Staatsbürger der Sowjetunion wurden bereits bis Ende September 1945 in die UdSSR zurückgebracht. Obwohl

---

44 Eva und Hans Henning Hahn: „Die Vertreibung im deutschen Erinnern. Legenden, Mythos, Geschichte“, Schöningh, Paderborn 2010.

45 Angelika Königseder, Juliane Wetzel: „Lebensmut im Wartesaal. Die jüdischen DPs (Displaced Persons) im Nachkriegsdeutschland“, Fischer Taschenbuch Verlag, Frankfurt am Main 1994.

dies mehrheitlich freiwillig geschah, gab es auch Fälle von Zwang. Viele Sowjetbürger wollten keinesfalls zurück in die Sowjetunion. Menschen, die zuvor von den Nationalsozialisten deportiert worden waren, wurden in der UdSSR wegen Kollaborationsverdachts bestraft. Rotarmisten, die in deutsche Kriegsgefangenschaft geraten und diese überlebt hatten, galten als Verräter. Noch während des Krieges waren in Russland über 150.000 kriegsgefangene Rotarmisten durch Schnellgerichte zum Tode verurteilt worden. Ein großer Teil der nun Heimkehrenden wurde in dafür errichtete Lager und Arbeitsbataillone gebracht.[46]

In der Sowjetunion waren zunächst die rückwärtigen Stellen der Roten Armee für die Rückführung sowjetischer Staatsbürger zuständig. Spätestens in der zweiten Jahreshälfte 1944 waren diese Strukturen jedoch weitgehend überfordert, angesichts der schnell anschwellenden Zahl von DPs, auf die die sowjetischen Truppen bei ihrem sich beschleunigenden Vormarsch trafen und die sie von den ebenfalls schnell vorankommenden Alliierten überstellt erhielten.

Aus diesem Grund ordnete Außenminister Wjatscheslaw Michailowitsch Molotow im Oktober 1944 die Einrichtung einer Repatriierungsbehörde unter der Leitung von General Filipp Iwanowitsch Golikow mit einer Planzahl von 1.710 Mitarbeitern an. Im Rahmen dieser Organisation sollten das Innenministerium der UdSSR und der Militärgeheimdienst SMERSch[47] die politische „Filtration" der Betroffenen sicherstellen.

Zudem verhandelte die Behörde mit den Alliierten und den Regierungen zuvor besetzter Länder über den Umgang mit Sowjet-

---

46 Jörg Echternkamp: „Im Schlagschatten des Krieges. Von den Folgen militärischer Gewalt und nationalsozialistischer Herrschaft in der frühen Nachkriegszeit", in: Das Deutsche Reich und der Zweite Weltkrieg, Bd. 10/2: Der Zusammenbruch des Deutschen Reiches 1945, München 2008.

47 Ein militärischer Nachrichtendienst der Sowjetunion zur Zeit des Zweiten Weltkriegs. Er diente vornehmlich der Spionageabwehr, um „Verräter, Deserteure, Spione und kriminelle Elemente" dingfest zu machen.

bürgern in deren Gewahrsam und organisierte die Ansiedlung der Repatriierten in der Sowjetunion. Allerdings waren diese Strukturen nahezu konstant überfordert. Die Überprüfung der zahlreichen DPs in Auffanglagern konnte in den meisten Fällen in den dafür vorgesehenen zehn Tagen nicht abgeschlossen werden. Spätestens im Sommer 1945, aufgrund dieser Überlastung und der nicht mehr bestehenden unmittelbaren Gefahr der Untergrundtätigkeit für die Achsenmächte, fand grundsätzlich zunächst die Rückführung in die jeweilige Heimat und dann eine dort nachgeholte Filtration statt.

Von 1944 bis Juli 1945 waren rund 1,5 Mio. Menschen in sowjetisch kontrollierte Gebiete zurückgekehrt. Ab diesem Zeitpunkt setzte eine gewaltige, kaum organisierte Rückkehrerwelle ein. Für die Zeit von August bis November 1945 wird von etwa 3 Mio. Rückkehrern ausgegangen.

In diesem Zeitraum wurden viele Menschen nicht erfasst und auch nicht nach den staatlichen Vorgaben zur Repatriierung behandelt. Insbesondere ehemalige Zwangsarbeiter wurden häufig ohne Rechtsgrundlage von einzelnen Einheiten der Roten Armee, teils erneut zwangsweise, als Zivilarbeiter verpflichtet. Diese Praxis wurde im August 1946 durch einen Befehl des Verteidigungsministeriums untersagt. Irregulär beschäftigte DPs mussten danach entweder einen Arbeitsvertrag erhalten oder in die Sowjetunion entlassen werden. Weibliche DPs wurden häufig Opfer sexueller Gewalt durch Soldaten der Roten Armee.

Obwohl es bei den Westalliierten Vorbehalte gegen die Rückführung von Sowjetbürgern gab, kamen sie in den meisten Fällen den diesbezüglichen Forderungen nach, da die militärische Unterstützung durch die Sowjetunion weiterhin benötigt wurde und die Sowjetunion anfangs den Zugriff auf zahlreiche ehemalige westalliierte Kriegsgefangene hatte, die die Rote Armee aus der Hand der Achsenmächte befreit hatte. Zudem hatten die Westalliierten und die europäischen Staaten kein Interesse an der dauerhaften Versorgung und Verwaltung Hunderttausender DPs aus der Sowjetunion.

Insgesamt kehrten rund 4,2 Mio. Staatsbürger von 1944 bis 1946 in die Sowjetunion zurück. 6,5 % von ihnen wurden während der Filtration im engeren Sinne mit dem Ziel der Strafverfolgung verhaftet. Dies betraf vor allem Kriegsgefangene auf beiden Seiten, bei denen die Verhaftungsquote in der Filtration bei 14,7 % lag. Unter den Zivilisten wurden 1,8 % verhaftet.

Die deutsche Gesellschaft nach dem Zweiten Weltkrieg war eine „Zusammenbruchsgesellschaft". Sie war vereint in der gemeinsamen Erfahrung einer totalen Niederlage. Die meisten Menschen waren vorrangig mit der Organisation ihres eigenen Daseins beschäftigt. Die Bereitschaft, jenen, denen es noch schlechter ging, die Tür zu öffnen, war daher eher gering. Doch auch zwölf Jahre nationalsozialistische Propaganda hatten Spuren hinterlassen. Die Menschen waren in der NS-Zeit immer wieder mit dem Negativbild des „slawischen Untermenschen" aus dem Osten Europas als minderwertig konfrontiert worden. Diese Vorstellungen verschwanden nach dem Kriegsende nicht einfach.

Die Situation in den DP-Lagern (Einrichtungen zur vorübergehenden Unterbringung von Displaced Persons nach dem Ende des Zweiten Weltkriegs) war anfangs kritisch, was im Harrison-Report zum Ausdruck kam. Teilweise handelte es sich bei den Unterkünften um ehemalige Zwangsarbeiter- oder Konzentrationslager, in denen die Befreiten nun leben sollten. So wurden sie von der deutschen Bevölkerung und auch von der Verwaltung diskriminiert. Aufgrund der ungeklärten Perspektive wurden in einigen größeren Lagern Bildungseinrichtungen wie Kindergärten und Lehrerseminare eingerichtet.

Wir müssen für diese unmittelbare Nachkriegszeit von handfestem Rassismus sprechen.[48] Es ist nicht so, dass die Aufnahme der

---

48 Uwe Klußmann, „Verlaust, zerlumpt - damit entsprachen sie dem Klischee", 2018, Spiegel.

Flüchtlinge problemlos gelang, weil Deutsche zu Deutschen kamen – so fühlte es sich für die Menschen damals jedenfalls nicht an. Die Flüchtlinge und Vertriebenen kamen oft aus Lagern, viele hatten Gewalt erlebt und waren in einem erbärmlichen Zustand, als sie ankamen: verlaust, zerlumpt und damit entsprachen sie in vielerlei Hinsicht den Klischees, die die einheimische Bevölkerung von Menschen „aus dem Osten“ hatte. Sie waren eindeutig Fremdenfeindlichkeit ausgesetzt.

Die Flüchtlinge veränderten die Zusammensetzung der Bevölkerung in vielen Gegenden stark. Schleswig-Holstein, wo sehr viele Menschen aus den Ostgebieten ankamen, verzeichnete zum Beispiel im Jahr 1946 einen Bevölkerungszuwachs von 67 %. Niemand war auf diese Menschenmassen vorbereitet, es musste überall improvisiert werden. Privatunterkünfte wurden beschlagnahmt, Lager eingerichtet, und fast jede einheimische Familie, die noch über eine intakte Wohnung verfügte, musste eine, teilweise auch mehrere Flüchtlingsfamilien aufnehmen.

Die Flüchtlinge wurden auch als billige Arbeitskräfte eingesetzt, vor allem auf dem Land. Da musste die Buchhalterin schon mal zur Hilfsmelkerin umschulen – und das war gar nicht so selten. Einheimische Bauernfamilien waren oft sehr daran interessiert, potenzielle Knechte unterzubringen, also Menschen, die gut arbeiten konnten. Viele Vertriebene empfanden dies als „Sklavenmarkt“.

Sogar bei der Zuteilung von Grabstätten auf Friedhöfen wurden die Flüchtlinge mancherorts diskriminiert. Viele Einheimische wollten nicht einmal neben Flüchtlingen begraben werden. Die Vertriebenen kamen vorwiegend im ländlichen Raum an, da es dort kaum Zerstörungen gab. Durch ihre bloße Anwesenheit brachten sie das gesamte soziale Gefüge in den Dörfern durcheinander, hinterfragten Hierarchien, die sich auch auf den Friedhöfen manifestierten.

Was bedeutet es für ein norddeutsches Dorf, in dem im Alltag Plattdeutsch gesprochen wird, wenn plötzlich die Hälfte der

Menschen Ostpreußisch oder Schlesisch spricht? Die Menschen waren gezwungen, sogar ihre Umgangssprache umzustellen. Der ostpreußische Dialekt verschwand mittelfristig völlig, ebenso das Plattdeutsche. Die Ankunft der Vertriebenen erschütterte die einheimischen Gesellschaften schwer.

Nicht zuletzt haben die Vertriebenen auch die konfessionellen Verhältnisse in Deutschland, die seit dem Dreißigjährigen Krieg weitgehend unverändert geblieben waren, komplett verändert. Einen Zusammenprall der Kulturen, wenn Katholiken auf Protestanten trafen und umgekehrt, darf man rückblickend nicht unterschätzen. In bis dahin fest eingefahrene konfessionelle Milieus, etwa in Oberbayern, kamen plötzlich evangelische Schlesier oder Ostpreußen an. Und umgekehrt traf man in Ostfriesland erstmals seit der Reformation Katholiken. Das führte zu handfesten Konflikten, bis hin zu Wirtshausschlägereien.

In einem Buch mit dem Titel „Kalte Heimat“ hat der Berliner Historiker Andreas Kossert beschrieben, wie feindselig Flüchtlinge nach 1945 aufgenommen wurden. In Schleswig-Holstein hätten Politiker beispielsweise nahtlos an nationalsozialistisches Gedankengut angeknüpft.

„Wo einheimische Parteien zum Teil wirklich gesagt haben: Die ostpreußischen Flüchtlinge sind eine „Mulattenzucht“, sie gehören nicht zu unserer germanischen blonden Rasse und gefährden unsere schleswig-holsteinische Eigenart. Und es gibt auch ähnliche Beispiele in Süddeutschland, deutschlandweit von Bayern bis nach Schleswig-Holstein, aber auch in der sowjetischen Besatzungszone, eine Ausgrenzung, eine Diskriminierung in einem Ausmaß, die ich nie erwartet hätte von einem Volk, was ja gemeinsam den Krieg begonnen hat und auch gemeinsam verloren hat.“[49]

In der Charta der Heimatvertriebenen von 1950 steht: „Wir verzichten auf Rache und Vergeltung.“ Dann wird „das unendliche

49 Andreas Kossert, „Kalte Heimat. Die Geschichte der deutschen Vertriebenen nach 1945“.

Leid" erwähnt, das „das letzte Jahrzehnt über die Menschheit gebracht hat". Da wird das „Jahrzehnt" zum handelnden Subjekt, während die Charta weder Hitler noch den Nationalsozialismus überhaupt nur erwähnt – war das nur ein Versehen?

20 von 30 Unterzeichnern waren Mitglieder der NSDAP und der SS[50]– und nicht wenige von ihnen in höheren Funktionen. Das ist ein Beispiel für den Geist dieser frühen Bundesrepublik und keineswegs das einzige Dokument dieser Art. Die Kriegserfahrung der Deutschen wurde in dieser Zeit komplett aus dem Zusammenhang gerissen. Man blendete völlig aus, in welchem Kontext die Vertreibung der Deutschen stattfand.

Nach der Gründung der Bundesrepublik Deutschland wurde die Gleichstellung der verbliebenen Displaced Persons (DPs) mit der deutschen Bevölkerung 1951 in einem eigenen „Gesetz zur Rechtsstellung heimatloser Ausländer" geregelt, außerhalb eines allgemeinen Flüchtlingsgesetzes.[51] Einige von ihnen blieben jedoch staatenlos.

Ab Anfang 1947 wurde versucht, die bisher nicht repatriierten DPs in anderen Ländern anzusiedeln. Zu den Aufnahmeländern gehörten unter anderem Großbritannien, Kanada, Belgien, die USA, Frankreich und Australien. Die Ansiedlung erfolgte unter dem humanitären Begriff „Resettlement",[52] glich aber durch die Auswahl arbeitsfähiger Personen und die Bevorzugung alleinstehender Personen der damals üblichen Anwerbung dringend benö-

---

50 Uwe Klußmann, „Verlaust, zerlumpt - damit entsprachen sie dem Klischee", 2018, Spiegel.

51 Karin Böke: „Flüchtlinge und Vertriebene zwischen dem Recht auf die alte Heimat und der Eingliederung in die neue Heimat", in: Armin Burkhardt u. a. (Hrsg.): Politische Leitvokabeln in der Adenauer-Ära, de Gruyter, 1996.

52 Der Begriff Resettlement bezeichnet die dauerhafte Umsiedlung von besonders gefährdeten und schutzbedürftigen Flüchtlingen von einem Erstaufnahmeland, in dem sie Schutz gesucht haben, in einen aufnahmebereiten Drittstaat (Resettlement-Staat).

tigter ausländischer Arbeitskräfte.[53] Da Länder wie die Vereinigten Staaten keine Tuberkulosekranken aufnahmen, blieb vielen DPs eine Neuansiedlung verwehrt.

Unter den als Flüchtlinge angekommenen Bürgern der Bundesrepublik Deutschland lebte der starke Wunsch nach Rückkehr in die Landwirtschaft. Es fehlte nur das Land! In Ostdeutschland gab es allerdings „Junkerland“, das in kleineren Parzellen an Umsiedler vergeben wurde. Im Westen gründeten verantwortliche Institutionen Siedlungsprojekte, z.B. im Emsland und in Südfrankreich. Truppenübungsplätze wurden umgewidmet usw. Doch all dies genügte für die große Zahl der Anwärter kaum.

Dann wurden Möglichkeiten zur Einzelauswanderung angeboten: Mit einer durch den Lutherischen Weltbund vermittelten Bürgschaft konnte eine Farm in den USA oder Kanada erworben werden. Ein weiteres Modell war die Beschäftigung im Bergbau in Deutschland, die einen guten Lohn und gute Ernährung versprach.

Oder man konnte nach Kanada auswandern, wo ertragreiche Waldwirtschaft lockte. Ein Großprojekt wurde nach 1946 entwickelt: die Auswanderung nach Paraguay in Südamerika. Doch dieses Projekt scheiterte an mangelndem Kapital und wurde 1953 aufgegeben.[54]

---

53 Caestecker u. Vanhaute: „Zuwanderung von Arbeitskräften in die Industriestaaten Westeuropas“, in: „Das „Gastarbeiter“-System“. Hrsg.: Oltmer, Kreienbrink, Diaz, Vierteljahrshefte für Zeitgeschichte, B and 104, Oldenburg 2012, ISBN 978-3-486-70946-9, S. 42.

54 Pastor Baumann über „Wandlungen der Gesellschaftsformen“.

Vertreibung aus dem Wolgagebiet

Die Geschichte der Wolgadeutschen ist auch eine Geschichte der deutsch-russischen Beziehungen, für deren Zustand sie noch heute so etwas wie ein Seismograf darstellt.

Es war eine deutsche Zarin, Katharina II., die Auswanderungswillige mit der Verheißung eines freieren, unabhängigeren Lebens aus dem kleinstaatlich zerstückelten Deutschland nach Russland lockte. Am 1. September 1745 heiratete Prinzessin Sophia von Anhalt-Zerbst den Großfürsten Peter Fjodorowitsch, späteren Zaren Peter III. Nach seinem Tod bestieg sie, die bereits zu seinen Lebzeiten die russische Politik mitbestimmt hatte, 1762 als Katharina II. den Thron.

Nachdem die russische Armee die Tataren von der Wolga vertrieben hatte, warb sie in den deutschen Fürstentümern Auswanderungswillige an, um das Land dort zu besiedeln und den Boden landwirtschaftlich nutzbar zu machen.

1763 verabschiedete sie ein Einladungsmanifest, das vor allem in den Kirchen der deutschen Fürstentümer sowie über Zeitungen verbreitet wurde. Zudem wurden Anwerber ausgesandt, die den Interessenten verlockende Versprechungen machten: Besitz von Grund und Boden, finanzielle Starthilfe, Steuer- und Religionsfreiheit, Befreiung vom Militärdienst sowie das Recht, eigene Verwaltungen zu gründen. Russische Bauern kamen für die Besiedlung nicht in Frage, da sie zu dieser Zeit noch als Leibeigene im Eigentum ihrer adeligen Besitzer standen.

Die erste Auswanderungswelle betraf vor allem Dörfer in Rheinhessen und der Pfalz. In der darauffolgenden Welle schlossen sich bayerische, badische, elsässische, Mecklenburger, Schwaben, Sachsen, West- und Ostpreußen sowie schließlich deutsche Siedler aus Polen, die sogenannten Wolhynien-Deutschen, an.

Trotz der Schwierigkeiten, mit denen die ersten Siedler zu kämpfen hatten – das Klima war rau, der Boden mühsam urbar zu machen, und die Tataren überfielen viele Dörfer – rollte 140 Jahre lang eine Einwanderungswelle nach der anderen aus Deutschland nach Russland.

Bis zum Beginn des 19. Jahrhunderts entstanden 104 deutsche Kolonien an der Wolga. 600.000 Deutsche lebten in den Kreisen, den Gebieten zwischen Simbirsk, dem heutigen Uljanowsk im Norden, und dem 900 Kilometer südlich gelegenen Wolgograd. 800.000 weitere ließen sich in später erschlossenen Siedlungsgebieten im Kaukasus und am Schwarzen Meer nieder. Sie besaßen Bauernhöfe und Banken, Fabriken und Geschäfte. Sogar im Offizierscorps waren sie überproportional vertreten, obwohl sie bis 1874 von der Wehrpflicht befreit waren. Sie genossen einen Ruf als fleißige Arbeiter und gut ausgebildete Fachleute, die erheblich zum wirtschaftlichen Aufschwung ihrer neuen Heimat beitrugen. Und sie galten als loyale Untertanen des Zaren. Sie waren Privilegierte, die im zaristischen Russland zu einer einflussreichen Gruppe aufstiegen.[55]

1922 wurde die Sowjetunion gegründet. Zwei Jahre später fügte der neue Machthaber Josef Stalin ihren 22 Republiken eine weitere hinzu: die „Autonome Sozialistische Sowjetrepublik der Wolgadeutschen“, ein Gebiet, das von Saratow im Norden, bis Stalingrad im Süden reichte.

Der Autonomiestatus bot den dort lebenden Bauern keinen Schutz vor der Zwangskollektivierung, die Stalin in der Wolgarepublik mit besonderer Brutalität vorantrieb. Bauern, die sich der Enteignung widersetzten, wurden als Kulaken, Großbauern, beschimpft, verhaftet und in den hohen Norden verbannt.

So lagen in vielen Orten an der Wolga die Felder brach. Zu Beginn der 1930er-Jahre brach eine Hungersnot aus, die besonders an der Wolga und in der Ukraine wütete und mehrere Mio.

---

55 „Die andere Heimat“, Merle Hilbk.

Menschen das Leben kostete. Dies war das erste große kollektive Trauma in der Geschichte der Wolgadeutschen.

Wegen ihrer wirtschaftlichen Erfolge und der Hartnäckigkeit, mit der sie sich der Kollektivierung nach sowjetischem Vorbild widersetzten, wurden sie als Systemfeinde identifiziert. Die Tatsache, dass 1941 die Deportation so schnell und umfassend durchgeführt werden konnte, sehen Historiker als Beleg dafür, dass bereits 1935 die Listen und Pläne für eine brutale Umsiedlung ausgearbeitet worden waren.

Ein weiteres Trauma folgte 1941, nach dem von Adolf Hitler befohlenen Überfall auf die Sowjetunion im Zweiten Weltkrieg. Am 28. August 1941 erklärte Stalin die in der Sowjetunion lebenden Deutschen pauschal zu Spionen und Kollaborateuren. Er ließ sie in die entlegensten Gebiete der Sowjetunion deportieren: nach Sibirien und Kasachstan, wo sie Zwangsarbeit verrichten mussten. Sie machten den Steppenboden urbar, bauten Straßen und Siedlungen und schufteten in Bergwerksstollen und Chemiefabriken, nicht selten Seite an Seite mit deutschen Kriegsgefangenen. Dabei wurden Familien auseinandergerissen, Kinder sich selbst überlassen. „Rabota raba" hieß es: Sklavenarbeit.

Die „Sklaven" durften weder ihre Muttersprache sprechen noch ihre Traditionen pflegen, weder ihre Wohnorte verlassen noch auswandern. Regelmäßig mussten sie sich bei den Behörden melden. An vielen Deportationsorten gab es anfangs nicht einmal notdürftige Behausungen, sodass die Menschen, die mit Viehwaggons hierher transportiert wurden, Erdhöhlen zum Schlafen in die Erde graben mussten. Es gab keine medizinische Versorgung und die Lebensmittelrationen, wenn es sie überhaupt gab, beschränkten sich auf ein paar Hundert Kalorien am Tag. Bis zu 700.000 der verbannten Russlanddeutschen starben, genaue Zahlen gibt es jedoch nicht.

Die Überlebenden wurden von der einheimischen Bevölkerung als „Fritzen" und „Faschist" beschimpft, viele Berufe und Studiengänge blieben ihnen verwehrt.

Jakob Döring, der Großvater meines Mannes, geboren am 29. Dezember 1895, wohnte in Neugalka in der Wolgarepublik der Deutschen und arbeitete in den 30er-Jahren, während des Großen Terrors in der Sowjetunion, als Postbote. Er kannte viele Menschen in seiner Gegend. 1938 wurde ihm zugetragen, dass er in den nächsten Tagen von der Miliz abgeholt werden würde.

Er ließ es nicht darauf ankommen, packte nachts seine Familie und das Notwendigste und floh nach Schanibek/Kasachstan (etwa 50 km südlich von Neugalka).

Schanibek ist ein kasachisches Dorf in der Provinz Westkasachstans. Es liegt etwa zwei Kilometer von der Grenze zu Russland entfernt und ist Verwaltungssitz des nach ihm benannten Landkreises Schanibek. Die Bahnstrecke Saratow – Astrachan der russischen Eisenbahn, die von der Wolga-Eisenbahn betrieben wurde und teilweise über kasachisches Gebiet führte, hatte einen Bahnhof in Schanibek (1150 Streckenkilometer ab Moskau).

Hier fing die sechsköpfige Familie an, sich neu einzuleben. Hier, in Schanibek, wurden noch zwei weitere Töchter geboren: Irma und Frieda. Die Familie lebte sich schnell in das Leben der Kasachen ein. Unser Großvater gewann durch seinen Fleiß und durch seinen Gerechtigkeitssinn den Respekt der Dorfgemeinschaft. Nicht selten musste er auf seine Stärke, seinen Mut und sein überlegtes Handeln zurückgreifen.

Eines späten Abends klopfte jemand an der Tür. Großvater öffnete sie und sah ein junges Kasachenpärchen, das ihn um Asyl bat. Dazu muss gesagt werden, dass es unter den Kasachen einen Brauch gab: Wenn junge Leute ineinander verliebt waren und heiraten wollten, die Eltern aber nicht zustimmten, wurde die Braut vom Bräutigam entführt. Wenn das Paar Glück hatte und es an einem anderen Ort gelang, die Ehe zu vollziehen, wurde diese offiziell anerkannt. Sonst kam es gewöhnlich zu blutigen Auseinandersetzungen bis zum Totschlag.

In unserem Fall ereignete es sich an einem stürmischen Winterabend, an ein Fortkommen an einen anderen Ort war nicht zu denken. Großvater entschied sich, die beiden bei sich aufzunehmen und sie zu verstecken. Ein paar Stunden später kamen die Verfolger und fragten Großvater nach den Geflohenen. Er erklärte den angetrunkenen Männern, dass er hier niemanden gesehen habe. Die Männer respektierten seine Antwort und verließen das Haus, ohne es zu durchsuchen. Solche Ereignisse hatten sich mehrere Male wiederholt. Unser Großvater hatte damals auf diese Art so manchem jungen Pärchen das Leben gerettet.

Nach dem deutschen Überfall auf die Sowjetunion stellte das Präsidium des Obersten Sowjets die deutsche Minderheit der UdSSR unter Generalverdacht der Kollaboration mit der vorrückenden deutschen Wehrmacht. Am 28. August 1941 erging der Erlass, die seit 1924 bestehende autonome Republik der Wolgadeutschen aufzulösen und die Bevölkerung nach Sibirien und Zentralasien zu deportieren.

Am 28. August erließ Moskau den Ukas „Über die Umsiedlung der Deutschen, die in den Wolga-Gebieten leben." Darin hieß es:

„Entsprechend glaubwürdigen Nachrichten, die die Militärbehörden erhalten haben, befinden sich unter der in den Wolga-Gebieten lebenden deutschen Bevölkerung Tausende und Zehntausende von Diversanten und Spionen, die nach einem aus Deutschland gegebenen Signal in den von den Wolgadeutschen besiedelten Gebiete Sprenganschläge verüben sollen."

Die seit fast zwei Jahrhunderten in Russland ansässige deutsche Minderheit wurde beschuldigt, Feinde des Sowjetvolkes in ihrer Mitte zu dulden. Um Diversionsakte und Blutvergießen zu verhindern, habe das Präsidium des Obersten Sowjets der UdSSR es für notwendig befunden

„die gesamte deutsche Bevölkerung, die in den Wolga-Gebieten ansässig ist, in andere Gebiete umzusiedeln [...]. Für die Ansiedlung sind die [...] Gebiete von Novosibirsk und Omsk, der Region

Altai, Kasachstan und weitere benachbarte Gegenden zugewiesen worden."

Das betraf auch die mittlerweile achtköpfige Familie unseres Großvaters. Mitnehmen durften sie Lebensmittel für zwei Wochen und Kleidung. Obwohl sie zur Zeit des Kriegsbeginns bereits in Kasachstan wohnten, wurden sie weiter in den Süden nach Zhymbity/Kasachstan verschleppt. Das geschah im September 1941, als es schon herbstlich kalt war – besonders in den Nächten. Die im heißen August vertrockneten Gräser waren morgens mit Raureif bedeckt.

Einige Familien wurden bei den hiesigen Kasachen untergebracht. Die anderen waren gezwungen, schnellstens Erdhütten für ihre Familien zu bauen, da es im Oktober schon schneite.

1942 wurde unser Großvater in die Arbeitsarmee eingezogen.

Im Zeitraum zwischen Anfang 1942 und 1946 wurden sowohl die bereits vor dem Krieg in Kasachstan ansässigen Deutschen als auch die dorthin Deportierten in Arbeitskolonnen zusammengezogen, die in verschiedenen kriegsbedeutenden Industriezweigen eingesetzt wurden. Die meisten der auf diese Weise Mobilisierten wurden außerhalb Kasachstans eingesetzt (im Ural, in Sibirien usw.), wo sie in der Rüstungsindustrie, im Kohlebergbau, in der Waldwirtschaft sowie in den Objekten und Lagern des Gulags arbeiteten.

Robert Leinonen, der auch in der Arbeitsarmee gewesen war, erinnerte sich: „Dann registrierte man uns und bildete Einheiten. Am nächsten Morgen lud man uns in Viehwagen ein und der Zug raste in Richtung Norden. Dem Gerücht nach handelt es sich um Minen, in die uns das Einberufungsamt schicken wird. Keiner von uns ahnte, dass die Arbeitsarmee im Grunde das gleiche wie ein Gulag war, ein Konzentrationslager auf sowjetische Art. Später stellte sich heraus, dass man uns schon in den Minen erwartete und bereits Baracken hinter dem Stacheldraht gebaut hatte, die man als „Zone" bezeichnete und in denen viele von uns lange wohnen sollten, sogar noch nach Kriegsende..."

Die deportierten Deutschen mussten sich nun in Kasachstan und in Sibirien nicht nur an völlig neue natürliche und klimatische Bedingungen gewöhnen, sondern sahen sich auch mit massiven sozial-ökonomischen Schwierigkeiten konfrontiert, die in einem katastrophalen Mangel an Lebensmitteln und Hunger sowie in einer durch die Auszehrung bedingten hohen Sterberate, insbesondere unter den Kindern, Ausdruck fanden.

Da auch den Behörden klar war, dass die Kompensation des an den Aussiedlungsorten zurückgelassenen Besitzes, Getreides und Viehs unter den Kriegsbedingungen nicht realisiert werden konnte, beschuldigten sie die deutschen Übersiedler, „falsche" Dokumente vorzulegen, verweigerten ihnen jede Hilfe und zwangen sie auf diese Weise, unter extremen Bedingungen selbst für ihr Überleben zu sorgen.

Im kasachischen Verbannungsort litt die siebenköpfige Familie Döring erbärmlich an Hunger. Die älteste Tochter, Lydia, meine Schwiegermutter, musste im Alter von 16 Jahren Kühe hüten. In dieser Zeit lebte die Familie von der kleinen Menge Milch, die Lydia einmal am Tag heimlich von der Weide nach Hause schmuggelte. Danach lief sie wieder zu der Herde. Wäre sie dabei erwischt worden, hätte ihr eine jahrelange Gefängnisstrafe gedroht.

Alle in der Familie waren geschwächt und konnten sich nur noch mit Mühe bewegen. Die kleine zweijährige Frieda starb und wurde neben der Erdhütte beerdigt.

Eines Tages merkten Irma, die zweitjüngste Tochter, und ihre Geschwister, dass die kasachischen Kinder auf dem Grabhügel gespielt hatten. Die Großmutter, geschwächt und mit Hungerödem/Schwellung, hatte sich auf allen Vieren aus der Hütte bewegt und legte sich auf das Grab, um es zu beschützen. Mit bloßen Händen versuchte sie, die Erde für das Grab zu harken. So lag sie da, in tiefer Trauer, bis zum späten Abend.

Ende 1943/Anfang 1944 wurde unser Großvater aus der Arbeitsarmee entlassen. Ausgemergelt, abgemagert und schwerkrank kam er nach Hause. Die Familie kümmerte sich um ihn und etwa ein halbes Jahr später konnte er wieder arbeiten. Kurz darauf bemühte er sich um eine Erlaubnis für einen Umzug nach Konesavod 117, Gebiet Uralsk, Kasachstan, wo er mehr Möglichkeiten für sich und seine älteren Kinder sah, eine Arbeit zu finden. Noch vor Kriegsende zog die Familie um.

Das Ende des deutschen Erbes von Ostpreußen

Die Flucht und Vertreibung der deutschen Bevölkerung aus den Gebieten östlich der Flüsse Oder und Neiße verliefen deutlich anders als in den meisten anderen ost- und südosteuropäischen Ländern. Die Ereignisse begannen im Herbst 1944 mit einer enormen, durch die Kriegsgeschehnisse ausgelösten Welle von Flüchtlingen, die unter schwierigsten Bedingungen versuchten, sich in Sicherheit zu bringen. Nach der Kapitulation folgten schließlich erst sogenannte „wilde Vertreibungen“ und schließlich die staatlich-bürokratischen Zwangsaussiedlungen dieses Teils der deutschen Bevölkerung.

Zumindest einige der betroffenen Gebiete waren vor dem Krieg Teil des Deutschen Reiches gewesen. Die Zwangsaussiedlungen gingen somit einher mit der Festlegung neuer Grenzverläufe und der Wiedergründung eines polnischen Staates, dessen Bevölkerungsstruktur und Territorium sich nach den Jahren des nationalsozialistischen Terrors und den Grenzveränderungen erheblich verändert hatten.

Nach 1943 verwandelte sich der deutsche Angriff auf die Sowjetunion, der im Sommer 1941 begonnen hatte, in einen stetigen Rückzug. Mit dem Näherrücken der Roten Armee begannen die deutschen Behörden ab 1944 in einigen Gebieten (wie Jugoslawien und der Slowakei) mit umfangreichen Evakuierungen der dortigen deutschen Bevölkerung.

Anders sah es dagegen in Ostpreußen und den besetzten Gebieten Polens aus: Als sich die Front im Herbst 1944 in raschem Tempo näherte, begann dort die Flucht vieler Deutscher. Sowohl die NS-Gräuelpropaganda gegen die Rote Armee, mit der man den Widerstandswillen der Bevölkerung stärken wollte, als auch tatsächlich verübte Gewalttaten sowjetischer Soldaten schürten

Furcht und Panik. Da die nationalsozialistischen Befehlshaber bis zuletzt Durchhalteparolen verbreiteten und Evakuierungen verboten, ereigneten sich diese Fluchtbewegungen in der Regel spontan, viel zu spät und unter chaotischen Bedingungen. Insbesondere in Ostpreußen wurde die Zivilbevölkerung Spielball der NS-Machthaber und der Wehrmachtsführung, die trotz der aussichtslosen Lage militärischen Belangen den Vorrang gaben.

Die Flucht vollzog sich dadurch unter schwierigsten Umständen und forderte viele Opfer. Sie ereignete sich in einem kalten Winter mit Temperaturen von -20°C und darunter. Die meisten Flüchtlinge waren zu Fuß oder per Pferdewagen unterwegs; mancherorts durften sie nur verschneite Nebenstrecken benutzen, um die Hauptstraßen für die Armee freizuhalten. Eisenbahnen wurden fast ausschließlich für militärische Zwecke verwendet. Flüchtlingstrecks wurden angegriffen, überfallen und gerieten zwischen die Fronten.

Allein bei der Versenkung des mit Evakuierten besetzten Schiffs „Wilhelm Gustloff“ im Januar 1945 starben über 9.000 Menschen. Auch in den von Hitler zu „Festungen“ erklärten Städten wie Königsberg und Breslau wurde die Kapitulation hinausgezögert und der Tod tausender Zivilisten in Kauf genommen. Mit dem Angriff der Roten Armee auf den Kessel von Danzig, in dem sich Mio. Flüchtlinge befanden, erreichte die Katastrophe im März 1945 ihren Höhepunkt.

Die Kapitulation Deutschlands erfolgte schließlich am 8. Mai 1945. In den folgenden Wochen und Monaten versuchten viele der Geflohenen, wieder in ihre Heimat zurückzukehren. Die polnischen Milizen und die Armee begannen jedoch bald an den Flüssen Oder und Neiße den Übertritt für Deutsche zu sperren, um die Rückkehr der Flüchtlinge zu verhindern.

Nach der Eroberung der deutschen Ostgebiete und des besetzten Polens kam es an vielen Orten zu Ausschreitungen und Gewaltexzessen, bei denen sowjetische Soldaten und die polnische

Zivilbevölkerung gegen die Deutschen vorgingen. Es kam zu Plünderungen, Vergewaltigungen, Morden und Vertreibungen. Deutsche wurden sowohl nach Polen als auch in die Sowjetunion deportiert, wo sie Lagerhaft und Zwangsarbeit erlitten. Dabei entluden sich bei den Polen und den sowjetischen Soldaten nicht zuletzt auch der Hass und der Wunsch nach Vergeltung für die brutale deutsche Besatzungsherrschaft in ihren Ländern.

Andererseits wurden viele Vertreibungs- und Gewaltaktionen auch gesteuert und systematisch durchgeführt, um für die Gestaltung der Nachkriegsordnung eine günstige Ausgangsposition zu schaffen. Da der Anspruch der Siegermacht Sowjetunion auf die polnischen Ostgebiete feststand, galt es, die so bezeichneten „wiedergewonnenen Gebiete" bis zu den Flüssen Oder und Neiße möglichst von der deutschen Bevölkerung zu räumen. Dorthin sollten Polen aus dem Osten umgesiedelt werden, die bereits im Sommer 1945 eintrafen. Mit der Sperrung der Grenze für Rückkehrer und den Vertreibungen wurden Fakten für die endgültige Festlegung der deutsch-polnischen Grenze geschaffen.

Auf eine rechtliche Grundlage gestellt wurden die Vertreibungen schließlich mit der Konferenz der Siegermächte in Potsdam im Juli/August 1945. Damit begannen die großen Aussiedlungen, über die sich die Alliierten im Grundsatz schon seit den Konferenzen von Teheran (1943) und Jalta (Februar 1945) verständigt hatten. Auch die Exilregierungen Polens, der Tschechoslowakei und anderer Staaten hatten sich angesichts der deutschen Besatzung und des sich immer weiter radikalisierenden Krieges für die Austreibung der nationalen Minderheiten entschieden.

Mehrere Jahrzehnte mussten die Menschen, die nach dem Ende des Zweiten Weltkrieges aus den ostdeutschen Gebieten vertrieben wurden, warten, bis die Medien, Geschichtsschreiber und Publizisten begannen, über die große Flucht zu berichten.

Das Verschweigen war bisher ein Verbrechen an der ostdeutschen Bevölkerung. Sowohl in der Bundesrepublik Deutschland als auch in der ehemaligen Deutschen Demokratischen Republik musste man über Jahrzehnte seine Heimat verleugnen. Oft wurde versucht, den Menschen aus diesen Regionen eine andere Identität aufzuzwingen, indem man in ihre Pässe den Geburtsort „Kaliningrad“ statt „Königsberg“ eintragen wollte.

In der Sowjetpropaganda wurden Königsberg und das gesamte Ostpreußen als Festung des deutschen Militarismus dargestellt. Ihn galt es zu vernichten, um sich dadurch am Feind für dessen begangene Verbrechen zu rächen.

Die bekannt gewordenen Grausamkeiten sowjetischer Soldaten an deutschen Zivilisten lösten parallel zum sowjetischen Vormarsch ab Oktober 1944 gewaltige Flüchtlingstrecks seitens der deutschen Bevölkerung aus. Zunächst aus Ostpreußen, später aus Schlesien und Pommern, zogen Mio. in den Wintermonaten 1944/45 bei Schnee und Kälte meist zu Fuß, mit Handwagen oder mit Pferdefuhrwerken in das westliche Reichsgebiet. Viele Fluchtwillige wurden von politischen Führungspersonen zu lange daran gehindert, ihre Orte zu verlassen.

Zahlreiche Flüchtlingstrecks gerieten zwischen die Fronten und wurden aufgerieben. Zehntausende starben zudem an Hunger, Erfrierungen oder durch gezielte Tieffliegerangriffe der Alliierten. Nahezu 800 Kriegs- und Handelsschiffe zog die deutsche Kriegsmarine Ende Januar 1945 in der Ostsee zusammen, nachdem durch die sowjetische Winteroffensive 1945 Ostpreußen eingeschlossen und der Landweg nach Westen versperrt war. In einer großen Rettungsaktion konnten bis Mai 1945 etwa 1,5 Mio. Zivilisten und rund 500.000 Wehrmachtssoldaten aus Ostpreußen, Pommern und Kurland nach Dänemark und Schleswig-Holstein evakuiert werden.

Als die Sowjets in Königsberg einzogen, wo sich zu dem Zeitpunkt um die 110.000 Zivilbürger befanden (die Stadt wurde am 9. April 1945 eingenommen), begann man die Bewohner im großen Stil zu evakuieren. Ein Teil von ihnen versuchte, über den

Hafen von Pillau mit Schiffen zu fliehen, wurde jedoch von der sowjetischen Luftwaffe und U-Booten unerbittlich attackiert.

Alle Bewohner, die es nicht geschafft hatten zu fliehen, wurden in Königsberg, Insterburg, Preußisch Eylau, Heinrichswalde und Tolmingkehmen in Lagern zusammengepfercht. Deutschen Angaben zufolge waren mindestens 10.000 Zivilbürger im von den Sowjets besetzten Teil Ostpreußens in Lagern interniert. Das größte Lager befand sich in Preußisch Eylau, welches wiederum mehrere Unterabteilungen hatte. In der wissenschaftlichen Literatur der UdSSR heißt es, man habe sich in diesen Lagern um die deutschen Zivilisten gekümmert: die Internierten haben nicht nur gearbeitet, sondern auch Verpflegung und medizinische Versorgung erhalten. Tatsächlich aber wurden sie vernichtet: Sie litten unter Hunger, Kälte und Krankheiten und mussten Spott und Hohn über sich ergehen lassen. Zum Teil starben sie den Hungertod.

Am 11. Oktober 1947 verabschiedete der Ministerrat der UdSSR den Beschluss „Zur Umsiedlung von Deutschen aus dem Gebiet Kaliningrad in der Sowjetunion in die sowjetische Besatzungszone in Deutschland." Man erstellte Pläne und Graphiken für die Deportationen. Zunächst wählte die Obrigkeit nicht arbeitende, „nicht dem Gemeinwohl dienende" Familien sowie Waisen und Bewohner von Altersheimen aus. Jede Familie durfte 300 kg persönliches Hab und Gut mitnehmen, ausgenommen verbotene Sachen und Wertgegenstände. Dabei handelte es sich jedoch um eine reine Formsache, denn die Menschen besaßen selten mehr als das, was sie am Leibe trugen.

Angeleitet wurden die Deportationen von dem stellvertretenden Innenminister der UdSSR, Iwan Serow, der sich bereits vorher bei der Verbannung von Kalmücken, Tschetschenen und Inguschen hervorgetan hatte. Im Oktober 1947 wurden aus dem Gebiet Kaliningrad 11.352 Personen ausgesiedelt. Im Winter musste man die Ausfuhr von Menschen aus Ostpreußen aufgrund der schlechten

Witterungsverhältnisse bis zum Beginn 1948 unterbrechen. Zwischen dem 24. August und dem 26. Oktober 1948 trafen in der sowjetischen Besatzungszone in Deutschland 21 Züge mit 42.092 Deutschen aus dem Gebiet Kaliningrad ein. Sowjetischen Statistiken zufolge wurden in den Jahren 1947-1948 aus dem Kaliningrader Gebiet 102.125 Menschen ausgesiedelt. Am 30. November 1948 wurde offiziell bekannt gegeben, dass alle Deutschen das Kaliningrader Gebiet verlassen hatten.

Nach diesen Vertreibungen wandte man sich den sowjetisch besetzten Gebieten zu. Vom 10. bis zum 12. Mai 1951 wurden die sogenannten Kaliningrader Deutschen aus Litauen, Lettland, Weißrussland, der Ukraine und dem Kaliningrader Gebiet selbst deportiert. Dabei wurden 3.695 in Ostpreußen geborene Personen gesammelt, registriert und in die Deutsche Demokratische Republik umgesiedelt.

Unter dem Stillschweigen der Weltöffentlichkeit vollzog die UdSSR den Ethnozid der Deutschen in Ostpreußen: Sie vertrieben die ursprünglichen Landbewohner, eigneten sich ihr Land und ihren Besitz an, änderten die geografischen Namen und kolonisierten das Land mit russischsprachigen Bewohnern.

Man kann behaupten, dass das deutsche Erbe Ostpreußens bis zum Ende des Jahres 1948 komplett vernichtet war. Aus zugezogenen Bewohnern der Sowjetunion, demobilisierten Soldaten der Roten Armee und anderen Personen bildete sich allmählich ein neues Kontingent russischsprachiger Einwohner.

Edith aus Sandlauken

„In musterhafter Ordnung war der Treck in der dunklen Winternacht aufgefahren. Die Wagenlaternen gaben ein kümmerliches Licht. Die mit dem Abmarsch verbundene Aufregung verdeckte zunächst die Gefühle, die wir beim Verlassen unserer schönen Heimat hatten. Nicht nur bei mir war es so, sondern bei den meisten meiner Leute, dass wir einen Boden verlassen mussten, auf dem schon Generationen unserer Familien geboren waren, gelebt hatten und gestorben waren, den sie geliebt und bearbeitet, ja auch gegen manchen Feind verteidigt hatten. Diese schöne Heimat war auf unsere Generation übergegangen, die Verpflichtung, sie zu pflegen, sie weiter zu verbessern, saß tief im Herzen. War's das liebe Haus der Väter, war's das fruchtbare Land, war's der schöne Wald, war's der See, war's die mehr als 700-jährige Kirche – ja, die Liebe zu all diesem brach zusammen in einer Nacht!“[56]

Anfang der 90er-Jahre schrieb Lotte S. Coutch in ihrem Buch „Sandlauken, Todesmarsch in Ostpreußen, Geschichte einer Überlebenden“ über die Geschichte meiner Tante Edith Görtz, geborene Kurschat, geboren 1932. Die Autorin wollte der Person, die sie im Buch darstellte, in der letzten Stunde ein Denkmal setzen, bevor die unmittelbare Verbindung zu diesen Zeugen abbricht.

Damit schuf sie gleichzeitig – ungewollt – auch sich selbst ein Denkmal, denn im Juli 1995 fand sie bei einem tragischen Unfall in Cottbus, während einer ihrer Reisen durch Ostdeutschland, zusammen mit ihrer Mutter den Tod.

In diesem Kapitel erzähle ich die Geschichte der Flucht und Vertreibung meiner Tante Edith aus Ostpreußen.

---

56 Thomas Urban, „Der Verlust: die Vertreibung der Deutschen und Polen im 20. Jahrhundert“, 2004.

Sandlauken war ein Dorf in Ostpreußen mit 149 Seelen. Wenn im Ort eine Zeitung ankam, so war sie drei Monate alt. Viele Einwohner hatten ihr Dorf bis dahin noch nie verlassen. Für sie war schon die Obrigkeit in Königsberg ein verschwommener Begriff. Als der verbitterte Feind plötzlich vor der Tür stand, bot diese ländliche Abgeschiedenheit keinen Schutz. Alle wehrfähigen Männer waren längst fort. Die gebrechlichen älteren Männer wurden bei der ersten Begegnung mit den russischen Truppen abgesondert und kehrten nie wieder zurück.

Die Ausweglosigkeit der Situation, die Ratlosigkeit und die Sorge um den Zusammenhalt der Familie – die, obwohl noch Zeit war, trotz mahnender Stimmen den Gedanken an eine mögliche Ausreise lähmte – mussten die Frauen in dieser Gegend allein tragen. Dank ihrer bisherigen Beschäftigung auf dem Gutshof hatte die Familie meiner Tante Edith Kurschat immerhin ein Dach über dem Kopf gehabt und eine Geborgenheit genossen, die ihr im Rückblick als ein verlorenes Paradies erschien.

Es war ein kalter, klarer Tag, als der Flüchtlingstreck sich aus Sandlauken zu spät, aber immer noch in der Hoffnung, den Russen zu entkommen, in Bewegung setzte. Die Familie fuhr auf einem einfachen Pferdewagen mit einem Dachgestell, über das sie eine Persenning (wasserdichte Überdeckung) gezogen hatten. Dann hatten sie Matratzen daraufgelegt, Kleidung, Hausrat und so viel zu essen, wie sie darauf bekommen konnten. Außerdem mussten darauf elf Personen Platz finden: Sieben Kinder, die Mutter, Oma und Tante Liese und Mutters Stiefschwester mit Kurt.

Der Treck bewegte sich langsam vorwärts, stand zweimal sogar über eine Stunde auf der Stelle, weil irgendwo ein Gefährt zusammengebrochen war und erst repariert oder zur Seite geräumt werden musste. Die 13-jährige Edith, die von ihrem Vorrecht als Älteste Gebrauch gemacht hatte, saß vorne, direkt hinter Mutter, und sah auf einer Schneewehe seitlich der Straße ein Pferd liegen, dessen linkes Vorderbein gebrochen schien. Aus einer Wunde, dem Todesschuss, tröpfelte Blut auf den Schnee. Ein eiskalter Schauer des Grauens überkam das Mädchen.

Der Kanonendonner schien erschreckend nah, und es waren nicht mehr nur einzelne Explosionen, sondern ein ununterbrochenes Getöse. Mit schreckensstarren Augen sah Edith am Horizont über dem blauweißen Schnee den riesigen roten Feuerball der untergehenden Sonne.

Für die Nacht wurden sie von den begleitenden Truppen in einer riesigen Halle in einem Schloss in Fuchsberg untergebracht. Für die Nacht zog sich niemand aus, um warm zu bleiben und am nächsten Morgen schnell weiter zu können. Die Kleinsten, Siegfried, Jutta und Christl, waren nach dem Essen ziemlich bald eingeschlafen. Klaus, das Baby, wühlte sich unruhig in den Armen seiner Großmutter hin und her.

„Er hat sich nass gemacht", sagte Oma und sah Mutter an, „hast du noch eine trockene Windel?"

Lene, die Mutter, hatte vorher, nach langem Anstehen an einer der Pumpen in den Hofgebäuden, die drei beschmutzten Windeln ausgewaschen. Jetzt lagen sie in einem nassen Klumpen in ihrer Nähe auf dem Boden, denn sie wagte es nicht, sie irgendwo aufzuhängen, aus Sorge, dass sie, sobald sie trocken waren, verschwinden könnten. Unter den etwa 400 Menschen, die dort die Nacht verbrachten, mussten wohl an die 30 Babys sein. Lene hatte nur zehn Windeln, denn sie hatte sie immer täglich ausgewaschen. Während sie in der Babytasche nach einer frischen Windel für Klaus kramte, dachte sie mit Sorge an die Zukunft. Wie würde sie auf dem Treck, in dieser Eiseskälte, täglich drei bis vier Windeln trocknen können?

Edith konnte nicht schlafen und fragte immer wieder: „Wie spät ist es?" Mutter schaute auf die Uhr, wieder mit diesem Blick, der zugleich konzentriert und abwesend war. Ediths Frage nach der Zeit schien auch für sie von einer besonderen Bedeutung zu sein, die über die gegenwärtige Situation weit hinausging.

„Es ist drei Minuten nach neun“, antwortete Mutter leise, um die Schlafenden nicht zu stören. In der riesigen Halle war es inzwischen recht still geworden. Für die überwiegende Zahl der Menschen, die hier lagerten, war dies die erste, vielleicht die zweite Nacht auf dem Treck. Es waren Frauen mit ihren Kindern sowie eine kleine Anzahl älterer oder alter Männer, die zu alt waren, als dass sie zum Volkssturm einberufen worden wären. Der Schock, das vertraute Haus und das heimatliche Dorf so Hals über Kopf verlassen zu haben, ließ die Menschen in der überfüllten, fremden Schlosshalle nach dem kalten, langen Treck dieses Tages in stummer Erschöpfung eindösen.

Plötzlich fielen draußen Schüsse. Man hörte die Pferde wiehern. Dann wurde die große Flügeltür der Schlosshalle aufgetreten, und ein Trupp russischer Soldaten stand im Türrahmen. Ein Offizier trat einen Schritt in den Saal hinein, schaute sich kurz um und gab einen Schuss ab, der in die Decke ging und die erschreckten Menschen aufschreien ließ. Dann marschierten die russischen Soldaten unter die Lagernden, schrien die Menschen an und rissen sie hoch. Sobald sie einen Mann entdeckten, trieben sie ihn mit Kolbenstößen vor sich hinaus aus der Halle. Die Angehörigen fingen an zu weinen und zu bitten, wurden dann aber brutal mit der Faust zurückgestoßen, sodass sie hinfielen und nur noch leise vor sich hin wimmerten. Die Männer wurden nie mehr gesehen.

„Der Herr bewahre uns“, flüsterte Oma, „jetzt sind die Russen da. Warum haben wir`s bloß so spät werden lassen! Liese, Lene, ihr wisst, was gesagt wird über die einmarschierenden Truppen. Macht euch hässlich. Auch Edithchen!“, fügte sie hinzu, „wir müssen ihr die Haare schneiden.“

„Meine Zöpfe!“, protestierte Edith. „Nein!“

„Doch, komm her“, erwiderte Oma energisch, wenn auch so leise, dass die im Saal postierten Russen nichts hörten. „Oder willst du, dass die Soldaten dir was tun?“

„Was tun?“, wiederholte Edith kleinlaut, denn auch sie hatte gesehen, wie die Kolbenstöße und Fußtritte nur so flogen.

Oma konnte sich bei der benachbarten Gruppe eine Schere ausleihen und schnitt Edith heimlich, im Liegen, die Haare: sehr kurz, sehr ungleichmäßig und das Ergebnis war sehr hässlich. Aber die Frauen waren zufrieden, obwohl sie beim Anblick des Mädchens tief seufzten.

Die russischen Wachposten hatten inzwischen begonnen, den Deutschen ihren Schmuck und die Uhren abzunehmen. Auch Mutter verlor im Laufe der Nacht ihren Ehering und die Armbanduhr. Den größten Schrecken aber verbreiteten die in Abständen hereintorkelnden Soldaten, die „Frau, komm!“ grölten, sich jedes Mal ein junges Mädchen griffen und dann mit dem weinenden Geschöpf aus der Halle zogen. Wehrte sich die Deutsche, so bekam sie einen Faustschlag ins Gesicht und wurde trotzdem mitgezerrt.

Die Angst unter den Flüchtlingen war so lähmend, dass niemand einen Mucks machte. Nur die kleinsten Kinder weinten. Edith lag unter ihrer Wolldecke, die sie sich über den Kopf mit den kurzgeschorenen Haaren gezogen hatte. Sie konnte es nicht fassen, was dieser Tag ihnen allen angetan hatte: der Aufbruch von zu Hause heute Morgen in aller Frühe, das schwierige Einreihen in den Treck. Über eine Stunde hatte Mutter an der Kreuzung mit der Treckstraße nach Fuchsberg gestanden, auf eine Lücke gewartet und vielleicht gehofft, dass ein Gefährt halten und sie hineinlassen würde. Mutter war keine Kämpferin, sie konnte nicht fordern, sie konnte auch nicht bitten. So hatte schließlich Tante Liese die Zügel übernommen und innerhalb von zehn Minuten hatte sie ihren Wagen in den Treck unter Fluchen und Schimpfen von allen Seiten hineinbugsiert.

Das tote Pferd im Schnee, die Angst vor Tieffliegern hatten das Kind nichts Gutes erahnen lassen. Aber dass die Ankunft des russischen Militärs so viel Schrecken verbreiten würde – darauf war sie nicht vorbereitet. Warum nur hatten Mutter, Oma und Tante Liese es für richtig gehalten, aus Sandlauken wegzugehen? Da war es doch so schön und warm, und sie hatten alles. Und so schob sie sich vorsichtig an ihre Mutter heran, um ihr das zu sagen. Mutter war ebenfalls noch wach, wie Edith an den angespannten Atemstößen feststellen konnte.

„Mama, lass uns doch zurückfahren nach Sandlauken“, flüsterte sie.

„Ja“, antwortete Mutter tonlos.

Am nächsten Morgen, noch vor Anbruch der Dämmerung, erschien der russische Kommandant und ließ durch einen dolmetschenden Ostarbeiter bekanntgeben, dass jeder in seinen Heimatort zurückzukehren hätte. Auf Zuwiderhandlung stünde die Todesstrafe durch Erschießen.

Durch die Gruppe der deutschen Flüchtlinge ging ein erleichtertes Aufatmen, denn nichts taten sie lieber, als wieder nach Hause zu gehen.

„Vielleicht sind die Russen gar nicht so schlimm“, hörte man hier und da in einzelnen Gruppen sagen.

So ging man dann mit neuer Hoffnung nach draußen zu den Fuhrwerken – und da war für viele der Jammer groß, weil die Pferde in den Wirren der Nacht zum Teil weggelaufen, zum Teil auch vom russischen Militär requiriert worden waren. Die Sandlaukener Braunen aber standen noch da. Mutter war so erleichtert, dass sie die Hand vor die Augen schlug und einen Moment lang aufschluchzte. Sie luden die Kinder und das wenige, gestern Abend abgeladene Hab und Gut auf den Wagen. Liese, Mutter und Kurt führten das Gespann durch das Gewirr der Menschen und Tiere aus dem Schlosshof hinaus und durch die Straßen von Fuchsberg.

Sobald sie im Wagen unter der schützenden Plane saßen, wühlte Oma in dem Kleiderhaufen herum und zog schließlich eine alte Hose und Jacke von Kurt heraus.

„So, Edithchen“, sagte sie, „das ziehst du jetzt an. Keine Röcke und keine Kleider mehr. Verstanden?!“

„Nein, das verstehe ich nicht. Warum nicht meine Kleider? Die sind viel schöner!“

„Schwatz nicht. Sonst tun dir die Russen was!“

So zog Edith dann die Jungenhose an.

Auf den Straßen von Fuchsberg wimmelte es von russischem Militär, und mehr und mehr Truppen strömten herein. Die Front lag nur wenige Kilometer südlich der Stadt, denn die deutsche Wehrmacht hatte die Verteidigung des Königsberger Kessels beschlossen. Fuchsberg lag seit gestern Nacht in dem von den Russen eroberten Teil. Das Sandlaukener Gespann war noch nicht aus der Stadt heraus, als es zu schneien begann, sodass Kurt und die beiden Frauen jetzt auch in den Wagen kletterten. Auf der Straße, die sie nach Sandlauken führen würde, kamen ihnen immer wieder russische Panzer entgegen, die praktisch die ganze Straßenbreite einnahmen. Flüchtlingswagen, die nicht rechtzeitig auswichen, wurden einfach überrollt. Das Ausweichen auf der Landstraße war jedoch keineswegs einfach, wenn man nicht in den mit Schnee gefüllten und daher schlecht zu erkennenden Chausseegraben sinken wollte. Mehrfach kamen die Sandlaukener an so einer bedauernswerten Gruppe vorbei: Der Wagen war umgestürzt, hatte möglicherweise einen Achsenbruch, die Pferde waren wild vor Angst oder lagen mit gebrochenen Gliedmaßen auf dem Boden, wieherten und röchelten vor Schmerzen. Der Hofhund der unglücklichen Familie lief bellend um die Gruppe herum, die Menschen schrien und flehten um Hilfe. Und irgendwann hielt tatsächlich ein Wagen, auf dem es noch einen Mann gab, der half, wenn noch Hilfe möglich war.

Einmal geriet auch eines der Kurschatschen Pferde bedenklich nahe an den unter dem Schnee versteckten Graben, als ein schnell fahrender Panzer die Pferde erschreckte. Lene, die wieder auf dem Kutschbock saß, fuhr der Schrecken derartig in die Glieder, dass ihr die Zügel aus den zitternden Händen glitten.

„So geht es nicht", sagte sie schließlich, „ich muss die Pferde an der Hand führen." Dann zog sie sich die hohen Stiefel und den Ledermantel ihres Mannes an, die sie in weiser Voraussicht auf den Wagen gepackt hatte, stieg dann in das dichte Schneegestöber hinaus und führte die Pferde so dicht wie möglich am Grabenrand, aber dennoch in sicherem Abstand.

Der dichte Schnee wurde von einem scharfen Nordwind getrieben. Es war beißend kalt, selbst unter der Plane auf dem Wagen. Die Kleinen weinten ständig, weil sie froren und übermüdet waren. Seit gestern Abend hatten sie nichts Warmes gegessen oder getrunken, nur gefrorenes Brot, gefrorenen Käse, gefrorene Mettwurst. Oma, Tante Liese und Edith versuchten die Weinenden mit Liedern, Geschichten und der Aussicht darauf, bald wieder nach Hause zu gelangen, zu trösten.

„Und was werden wir zu Hause machen?", lockte die Oma sie. „Da machen wir ein großes, schönes Feuer im Ofen in der Küche, und dann kochen wir einen großen Topf voll Suppe, eine Kartoffelsuppe mit Schinkenstücken. Na, wer wird denn jetzt noch weinen?!"

Die zwölf Kilometer Fahrt von Fuchsberg zurück nach Sandlauken hatte wegen des Schnees, der Panzer und häufiger Verkehrsstaus den ganzen Tag gedauert. In der Dämmerung bogen sie endlich auf den großen Hofplatz ein, der voller Fahrzeuge stand – militärische und zivile, darunter auch Pferdewagen.

Russische Soldaten schwärmten überall herum. Ein kleiner Trupp, bestehend aus einem Offizier, drei Gemeinen und einem Ostarbeiter, kam sogleich forsch auf die Ankömmlinge zu. „Runter vom Wagen", hieß es. Die Frauen und Kinder blickten eingeschüchtert auf die Gewehrläufe, die ihren Befehlen Nachdruck verliehen.

„Da wohnen wir", sagte Mutter zaghaft und deutete auf die Instwohnung.

„Nix wohnen. Hier Militär. Du andere Haus."

„Wo denn? Welches andere Haus?“

„Im Dorf.“

Durch die erleuchteten Fenster sahen sie, dass in den vier Insthäusern mehrere Soldaten die Möbel und andere Gegenstände beäugten, Schubladen öffneten und sich kleinere Sachen in die Taschen steckten.

„Die plündern hier“, flüsterte Liese Oma ganz leise ins Ohr.

Mutter wandte sich den Pferden zu, um den Wagen wieder umzukehren, wurde aber mit einem Gewehrlauf davon abgehalten.

„Njet! Wagen hier und du laufen!“

„O Gott!“ hörte man Mutter leise stöhnen. „Aber wir brauchen unsere Sachen“, erwiderte sie schüchtern und wollte auf den Wagen steigen.

„Nix Sachen!“

„Wir brauchen aber ...“

Sie kam nicht weiter, da ergriff der Offizier sie am Mantelkragen und bedeutete ihr, den großen Ledermantel von Ernst auszuziehen. Als Mutter dann ohne Mantel dastand, sah der Russe die langen Lederstiefel, deutete mit dem Fuß darauf und wollte auch diese haben. Mutter bückte sich schweigend und zog die Stiefel aus, sodass sie jetzt in Socken im Schnee stand.

Das war zu viel für Edith.

Die schrecklichen Erlebnisse des gestrigen Tages und der Nacht hatten sie davon überzeugt, dass hier nichts mehr stimmte. Sie hatte auch gesehen, dass Mutter, die ihr immer so stark erschienen war, sich nicht behaupten konnte, nicht gegen Liese, die den ganzen Tag auf dem Wagen gesessen hatte, während Mutter neben den Pferden im Schnee ging; nicht gegen die Treckwagen, die ihr das Einreihen unmöglich machten; und nicht gegen die Russen, die ihr in dieser Eiseskälte den Mantel und die Stiefel abnahmen. Das widersprach allem, was recht war. Das durfte man nicht hinnehmen. Als die Älteste von sieben Geschwistern hatte sie schon früh eine Art Respektsposition genossen. Seit Jahren war sie daran gewöhnt, jede dumme Tat der Kleinen zu rügen, ja, sogar zu bestrafen. Dabei hatte sie sich immer bemüht, gerecht zu sein. Dieser Sinn für Richtigkeit und Gerechtigkeit ließ sie jetzt aus der Familiengruppe vor den Offizier heraustreten und zu schreien: „Nein! Das dürfen Sie nicht!“

Der Russe stockte einen Moment, dann verzog sich sein Gesicht vor Verachtung und Hass. Mit dem Gewehrkolben schlug er Edith mit voller Wucht in die Seite, sodass sie taumelnd in den Schnee fiel. Einer der Soldaten sagte etwas auf Russisch, und die anderen lachten daraufhin. Ediths Arm schmerzte stark von dem Schlag, doch sie biss die Zähne zusammen, um Mutter das Herz nicht noch schwerer zu machen. Während sie noch im Schnee lag und zu den Soldaten hinaufblickte, wurde ihr zum ersten Mal das ganze Ausmaß der Grausamkeit bewusst, zu der diese Menschen fähig waren. Erst jetzt verstand sie auch die Angst, die sie in Mutters Augen gesehen hatte.

Mit einem Fußtritt wurde das Kind aufgefordert, aufzustehen. Mit „Dawai, dawai“- Rufen trieben dann zwei der Soldaten die Deutschen vor sich her ins Dorf. Mutter, in ihren Socken, zog Edith zu sich heran und sagte: „So etwas machst du mir nicht noch einmal, Edith. Ich hoffe, du hast jetzt gesehen, wohin das führt. Wir können von Glück sagen, dass der dich nicht erschlagen oder erschossen hat. Versprich mir, dass du dich nicht noch einmal gegen einen Russen auflehnst!“

Edith nickte.

„Versprich mir das“, sagte Mutter noch einmal fordernd.

„Ja, ich verspreche es, aber deine Füße! Du kannst doch nicht auf Strumpfsocken gehen! Was machen wir denn jetzt nur?“

„Wir sind ja gleich im Dorf, da findet sich schon was.“

„Und einen Mantel hast du auch nicht!“

„Aber ich habe drei Kleider an.“

Das hatten sie alle. Um Platz auf dem Wagen zu sparen, trug jeder den größten Teil seiner Kleidung am Körper. Außerdem half es gegen die Kälte.

An einem Haus an der Hauptstraße, dem Haus der Familie Liedemann, machten die Soldaten halt und bedeuteten ihnen, dort reinzugehen. Andere Soldaten nahmen sie in Empfang und pressten sie in das völlig ausgeräumte ehemalige Schlafzimmer, in dem bereits so viele Menschen waren, dass man nur noch stehen konnte. Als jetzt auch noch die elfköpfige Kurschatfamilie dazukam, atmete jeder einzelne notgedrungen in den Nacken des Vordermanns. Mutter hatte Angst, dass Klaus und die Kleinen zerdrückt werden könnten.

„Wenigstens die Kinder müssten sie doch in eine andere Stube tun", sagte eine Frau.

„Lieber nicht", antwortete Lene Kurschat, „womöglich finde ich sie morgen nicht wieder."

„Gottchen, ja", seufzte Oma und wischte sich eine Träne aus den Augen. So versuchten die drei Frauen, ein schützendes Loch für die drei Kleinen zu schaffen. Doch immer wieder fiel einer der umstehenden Erwachsenen im Halbschlaf in das Vakuum, das über Klaus, Siegfried und Jutta lag. Zu essen und zu trinken gab es nichts, auch nicht für die Kinder.

Am nächsten Morgen wurden sie auf die Straße, in die Kälte, hinausgetrieben. Begleitet von russischen Soldaten mussten sie über die Landstraßen stapfen. Lene immer noch ohne richtiges Schuhwerk, doch Kurt und Horst fanden auf einem liegengebliebenen Fuhrwerk, an dem sie vorbeikamen, ein Paar viel zu großer Holzschlappen. Das war immerhin besser als gar nichts.

Frühstück hatte es nicht gegeben, jeder war hungrig. Die Kinder ganz besonders. Sie weinten und wollten nicht weitergehen, konnten auch nicht mehr. Aber die Soldaten trieben jeden, der stehenblieb und sich in den Schnee setzte, mit Kolbenstößen oder Kolbenschlägen zum Weitergehen an.

„Wohin gehen wir eigentlich?", fragten die Deutschen.

„Dawai", hieß es nur: weiter.

In jedem Dorf, durch das sie kamen, wurde der Treck länger. Mehr und mehr verängstigte, hungrige, frierende Menschen wurden von bewaffneten Soldaten herangetrieben, vorangetrieben. Nur wohin, das wussten sie nicht.

Ziemlich bald mussten dann die Kleinen getragen werden, sonst wären sie im Schnee liegengeblieben und erfroren. Klaus war am leichtesten, aber er schrie die ganze Zeit. Dann war da Jutta, sie war drei und wollte einfach nicht mehr laufen. Edith hatte sie oft aufgehoben, konnte sie aber nicht lange tragen, dann wurden ihre Arme lahm. Christl war noch ein bisschen schwerer, sie war vier Jahre alt. Sie stampfte mit dem Fuß auf und wurde trotzig. Es war schwierig mit ihr.

Siegfried, der Sechsjährige, hatte wenig Aussicht, getragen zu werden, und Lothar, der Achtjährige, gar keine. In der zweiten Tageshälfte begannen auch diese beiden zu wimmern. Sie schleppten sich hoffnungslos, wie kleine Automaten, durch den Schnee und vermieden die Nähe der russischen Soldaten, denn sie hatten gesehen, wie eine alte Frau, eine Oma wie ihre, sich an den Straßenrand in den Schnee gesetzt hatte und von den Russen blutig geschlagen worden war. Tante Liese hatte die Gesichter von Christl und Lothar daraufhin mit dem Mantel verhüllt, aber den Schuss hatten sie dennoch gehört. Am meisten erschreckte die Kleinen jedoch das unterdrückte Stöhnen und Würgen in Tante Lieses Bauch.

Mutter trug ständig eines der Kinder. Wenn sie sich „ausruhen“ wollte, übernahm sie Klaus. Der war immer noch in der nassen vollgemachten Windel, die Oma ihm gestern auf der Wagenfahrt von Fuchsberg nach Sandlauken umgelegt hatte. Zwar hatte Lene das verschmutzte Stück Stoff mit der Hand so gut es ging saubergekratzt, aber stinken tat der Kleine mächtig, und wund war er inzwischen auch. Und hungrig.

Lene dankte Gott, dass Oma gestern auf dem Wagen dem Kleinen eine volle Garnitur Kleidung angezogen und ihn in eine Decke gewickelt hatte, bevor sie ihn in Sandlauken vom Wagen hob. Zum Wechseln aber hatte Lene nichts. Was sollte bloß werden? Warum hatte sie nicht auf ihre Cousine und Namensschwester Helene Naujoks gehört, als diese im vergangenen Herbst nach Sandlauken gekommen war, um die Frauen zum Aufbruch nach Westen zu drängen? Helene hatte früher im nicht weit entfernten Seebad Cranz in einem der dortigen Hotels gearbeitet und zum Saisonende gekündigt, um sich im heimatlichen Glinde in Schleswig-Holstein in Sicherheit zu bringen.

„Es wird jetzt Zeit, die Russen kommen immer näher. Ich rate euch, kommt mit mir. Lieber von den Engländern oder Amerikanern überrannt werden als von den Sowjets“, mahnte sie.

Aber in Sandlauken schien die Welt so friedlich. Durch den Volksempfänger kamen auch keine Warnungen über eine mögliche russische Invasion. Die öffentliche Parteileitung verbot sogar offene Fluchtvorbereitungen. Und trotzdem! Wie hatte sie glauben können, dass die offizielle Linie stimmte, nachdem im November selbst der Gutsbesitzer mit seiner Familie heimlich verschwunden war? Wenn sie doch nur zu dem Zeitpunkt die Flucht begonnen hätten.

Die Dunkelheit war längst angebrochen, als die Soldaten den Treck auf einen großen Hof trieben und die Menschen erneut, wie in der letzten Nacht, in einen großen Kuhstall einpferchten, in dem es keine Tiere mehr gab. Saubergemacht worden war er jedoch nicht. Allerdings war der Kuhdung gefroren, weil alle Fenster rausgeschlagen und die Türen demoliert waren. Es war also bitterkalt. Zu essen gab es wieder nichts. Ja, es war den Deutschen verboten, den Stall zu verlassen, um auch nur nach etwas Essbarem zu suchen. Wachsame Soldaten achteten darauf.

Am Ende dieser Nacht hatte fast jeder Schnupfen und Husten.

In der Morgendämmerung wurden sie von Pistolenschüssen aus der Ruhe gerissen, die ohnehin kein richtiger Schlaf gewesen war. Sie mussten sich draußen auf dem freien Hof anstellen, um nach langem Warten in der Kälte wieder auf die Landstraße getrieben zu werden. Zu essen und zu trinken hatte es wiederum nichts gegeben. So, wie manche es schon gestern getan hatten, begann heute jeder, Schnee zu essen.

Wochenlang wurde die Familie gezwungen, im tiefen Winter, verhungernd, an einem Massentreck teilzunehmen, dessen Zweck anscheinend darin bestand, die Fortgetriebenen ziellos in Bewegung zu halten. Die Leute glaubten, dass so viele Deutsche wie möglich sterben sollten.

Entsprechend lichteten sich allmählich die Zahlen der Flüchtlinge, vor allem die der kleinen Kinder und der älteren Menschen. Im Weiteren überlebten nur diejenigen, die neben den extremen Entbehrungen, den täglichen Übergriffen und dem grausamen Tod ihrer Nächsten auch die charaktermäßige Verelendung, den Hass und die Gewalt verkraften konnten.

Schon vor Kriegsende setzte man die Überlebenden bei landwirtschaftlichen Zwangsarbeiten ein. Im eigenen Heimatgebiet waren sie obdachlos, einen Unterschlupf fanden sie in Scheunen oder in verwüsteten Häusern, wo sie streunenden Soldaten ausgeliefert waren.

Die Arbeitsfähigen teilten ihre dürftigen Rationen mit den Schwächeren, doch auch sie mussten hauptsächlich von Kartoffelschalen, vom Küchenabfall leben, den man ihnen abgerungen hatte, von dem, was in verlassenen Häusern aufzutreiben war, oder von dem, was die Russen als nicht essbar verschmäht hatten.

Das sinnlose Kreisen des Trecks durch das gesamte Pregel-Gebiet, von Fuchsberg im Westen bis Insterburg und Schlossberg im Osten, wurde nur durch die zaghafte Rückkehr der Familie nach Sandlauken unterbrochen. Dort, ständig dem Hungertod nahe, verbrachte sie die kältesten Wochen eines zweiten Winters in ihrer eigenen, stark heruntergekommenen Wohnung.

Der erneute Aufenthalt in Sandlauken bedeutete jedoch keine Rückkehr zu den vertrauten Vorkriegsverhältnissen. Vielmehr war er eine weitere Stufe der Enteignung, da inzwischen russische Bauernfamilien angesiedelt worden waren, während die ursprünglichen Dorfbewohner auf den „Stand tierischer Daseinserhaltung“ herabgedrückt worden waren.

Nach langem hin und her entschieden sich Mutter und Tante Liese, nach Litauen zu gehen. Tante Liese sagte: „Hier verhungern wir alle. Jetzt essen wir schon Schnecken.“

Nach einem unendlich langen Marsch kamen sie nach Tilsit. Der Gedanke an Tilsiter Käse war während des Wanderns keinem von ihnen aus dem Kopf gegangen. Mutter und Liese hatten gehofft, in der Fabrik vielleicht Arbeit zu finden. Doch die Fabrik war zerstört. Sie stolperten durch die Ruinen und fanden tatsächlich noch zwei große rote Barren Tilsiter Käse. Zwar hatten die Mäuse schon daran genagt, aber dennoch: Welch ein Genuss! Und Salz fanden sie auch. Auf dem Fabrikgelände fanden sie ein Gebäude, das gar nicht so schlecht war, sodass man darin wohnen konnte. Doch Mutter und Liese hatten nie in einer Stadt gewohnt und fühlten sich in dieser Umgebung aus Häusern und Ruinen zu fremd. So gingen sie immer wieder an die Memelbrücke, um zu sehen, wie man nach Litauen hinüberkommen könnte. Die Brücke wurde streng überwacht. Den Deutschen war es nicht gestattet, die Grenze zu überqueren.

Als sie in Tilsit nichts mehr zu essen finden konnten, verließen sie die Stadt und begaben sich auf eine neue Irrfahrt durch das Land. Es dauerte nicht lange, und sie wurden vom russischen Militär aufgegriffen und von neuem einem Treck einverleibt.

Abends wurden sie alle in eine Art Lager getrieben. Zu essen gab es nichts. Eines Tages fanden sie eine allein gelegene Kate. Das Haus war willkürlich verwüstet worden. Platz war aber genug vorhanden. Edith und Tante Liese schliefen unten im ehemaligen Wohnzimmer. Die Wohnzimmerfenster hatten unter den marodierenden russischen Soldaten am meisten gelitten.

Tante Liese hatte sich für ihren, von der schweren Tagesarbeit ständig schmerzenden, Rücken vor kurzem einen Strohsack besorgt, den sie vor dem Zubettgehen liebevoll aufschüttelte. Ediths kindlicher Körper hatte sich längst damit abgefunden, direkt auf dem harten Fußboden zu liegen. Sie hatte sich, um ein Kopfkissen zu haben, ein Kleidungsstück, das sie nun im Sommer entbehren konnte, mit Heu gefüllt.

In dieser lauen Septembernacht hatte der Duft des Heus sie beim Einschlafen umfächelt und ihr Träume von Sandlauken gebracht. Plötzlich erwachte sie von einer schweren Last, die ihr das Herz abschnürte, und nahm einen scharfen, übelriechenden Geruch wahr. Er war direkt vor ihrer Nase. War es ein Tier, das da auf ihr lag, sie anfauchte, sie angriff?

„Tante Lie ...“, schrie sie entsetzt.

„Nicht schreien, Edith“, flüsterte Liese beschwörend, „nicht wehren. Bitte, Kind, nicht wehren! Dann wird es nicht so schlimm!“

Da erkannte sie, dass das Tier auf ihr ein Soldat war. Er presste ihre Knie auseinander, dann fühlte sie eine Hand an ihrer Scheide. In dem Abscheu, der sie überflutete, riss sie all ihre schwachen Kräfte zusammen und stieß den Russen von sich. Der gab ihr in seinem Ärger eine gewaltige Ohrfeige und war sogleich wieder auf ihr. Wie ein schweres Bleistück lastete er auf ihrem schmächtigen Körper, riss mit beiden Händen ihre Knie auseinander und stieß ihr sein Glied mit ungeheurer Wucht in den Körper. Der Schmerz war so unerträglich, dass sie laut aufschrie. Erneut schlug der Mann sie mit einem gewaltigen Schlag an die Schläfe, sodass sie in Ohnmacht fiel.

Liese wurde dabei durch einen zweiten Soldaten der gleichen Tortur ausgesetzt. Jetzt war das Furchtbare also geschehen, sie schändeten auch Edith, die Zwölfjährige. Die Ungeheuerlichkeit dieses Verbrechens zerriss Liese das Herz, zugleich aber wusste sie, dass sie keine Hilfe erwarten konnten.

Als die beiden Männer endlich mit Liese und Edith fertig waren, wieder aus dem Fenster geklettert und unter Grunzen und Lachen auf ihren Pferden davongeritten waren, kroch Liese zu der wie tot auf dem Boden liegenden Edith hinüber. Nach einer Ewigkeit, und erst nachdem sie ihre Angst einigermaßen hatte zügeln können, war sie sicher, dass Edith zwar ohnmächtig, aber noch am Leben war.

Was sollten sie nur tun? Das gleiche konnte jede Nacht wieder passieren. Sich beim Kommandanten der Kaserne zu beschweren, würde nur ein Achselzucken hervorrufen. Das hatten sie von anderen deutschen Frauen gehört. Hier in der Einöde konnte ihnen keiner helfen. Sie müssten schleunigst wieder von hier weg.

Die älteren Kinder gingen täglich ins Dorf, trieben sich auf den Straßen und Feldern herum, bettelten bei den Deutschen, bei den russischen Familien und bei durchkommendem russischem Militär. Sie sagten schon nicht mehr Zündhölzer, sondern nur noch Spitschki, weil die Soldaten ihnen dann welche gaben. Wenn die Russenfrauen ihre Kühe melkten, lungerten Lenes Kinder um sie herum, um einen Strahl der warmen Kuhmilch in den Mund gespritzt zu bekommen. Und es waren ja nicht nur ihre Kinder, die auf diese würdelose Stufe gesunken waren, sondern alle noch lebenden Deutschen.

Als Siegfried seinen letzten Atemzug getan hatte, war es ihnen allen nicht einmal mehr möglich, zu weinen. Der Frost war vorbei und so gelang es ihnen, mit einer vom Rost angenagten Schaufel im Garten ein Loch zu graben, das sich jedoch schon bei einer Tiefe von zwei Spatenstichen mit Wasser füllte. So mussten sie das immer kleiner gewordene Gerippe des Jungen in das Wasserloch legen. In diesem Moment brach Mutter aus ihrer stummen Versteinerung aus und schluchzte herzzerreißend.

Mutter ging es immer schlechter. Auch Lothar wurde krank und kurz darauf auch Edith. Sie hatten schon tagelang nichts mehr gegessen. Jeden Tag tranken sie eine Tasse Salzwasser. Das Salz hätte aber auch nicht mehr lange gereicht. Das Schlimmste aber waren die Läuse. Sie saßen so zahlreich, dass sie sie meistens mit einem Stöckchen von ihrem Körper abschabten.

Helene konnte das würdelose Betteldasein und den Tod ihres vierten Kindes inzwischen nicht mehr ertragen. Sie starb am 13. April 1947 im Alter von 28 Jahren in Pregelau unter elenden Umständen.

Wenige Tage nach Mutters Tod starb Lothar im russischen Waisenhaus in Aulowönen.

Klaus starb im Winter 1945, im Treck bei Hermannhagen. Auf einer hartgefrorenen Schneewehe hatte Mutter ihn liegenlassen müssen.

Jutta starb am 18. April 1945 in Neusiedel. Kurz darauf starb auch Oma.

Christl war am 6. September 1945 in Hermannhagen gestorben und in einem Vorgarten begraben, weil der Treck sie wieder eingefangen hatte und sie alle von den Soldaten weitergetrieben wurden.

Das Vorgehen der Roten Armee, das die panische Massenflucht der deutschen Ostbevölkerung bewirkte, war eine Austreibung mit anderen Mitteln. Die zahllosen Übergriffe, Erniedrigungen und Gewalttaten, die die ostdeutsche Bevölkerung unter der Herrschaft von Russen und Polen erleiden musste, hatten auf grausame Weise den Boden für die spätere Vertreibung bereitet. Während dieser Zeit gingen zahllose Deutsche zugrunde, während die Mehrheit der Überlebenden auf eine Stufe bloßen Vegetierens herabgedrückt wurde. Die innere Entfremdung von der Heimat durch den Verlust des Eigentums, den Entzug des Rechtsschutzes und der Existenzmöglichkeiten bei der großen Mehrheit der ostdeutschen Bevölkerung war bereits vollzogen, ehe mit der Ausweisung der letzte Schritt getan wurde.[57]

Edith, die einzige überlebende Tochter, führte ihr Weg nun zunächst über russisch verwaltete Waisenhäuser zu Verwandten in

57 Dokumentation der Vertreibung der Deutschen aus Ostmitteleuropa, bearbeitet von Theodor Schieder, Bänder I, I-V, vom Bundesministerium für Vertriebene, 1954.

einem ländlichen Teil Schleswig-Holsteins. In vielerlei Hinsicht stellte sich jedoch das einst ersehnte neue Leben als Enttäuschung heraus. Die objektiven Gegebenheiten Westdeutschlands ließen sich selbstverständlich mit den kriegsbedingten Schreckenszuständen in Nordostpreußen nicht vergleichen. Es ging hier in erster Linie um die bittere Selbstgerechtigkeit und die Engherzigkeit von Helene Naujoks, ihrer Tante in Glinde, die keineswegs versuchte, den Verlust ihrer Familie seelisch zu ersetzen

In der Schule, ganz anders als im Waisenhaus, wo unter den Kindern ein unsichtbares Band des Wissens um das gemeinsame Leiden bestand, wurde das Mädchen als Eindringling behandelt und wegen ihrer russischen Kleidung sowie ihrer ostpreußischen Aussprache verspottet. In Sandlauken hatte der Mangel an russischen Sprachkenntnissen jeden Versuch, gegen den Hass der Fremden anzukämpfen, unendlich erschwert. Ironischerweise wurde dieses Missverständnis in Sandlauken durch die unangemessen hohe Selbstbeurteilung der Kinder in der neuen westdeutschen Heimat ersetzt, die genauso ein gegenseitiges Verständnis ausschloss.

Erst Wochen später fand Edith heraus, dass es in Holstein keine Russen gegeben hatte, keinen Treck, keine verwüstete Landschaft, keine Menschen, die zu Tieren degradiert worden waren. Hier wusste niemand von solchem Grauen und schien auch nichts davon hören zu wollen.

Doppelt enttäuschend für Edith war sogar die unerwartete Rückkehr ihres Vaters, bis zur Unkenntlichkeit verändert, aus russischer Gefangenschaft. Der ersehnte, tröstliche Austausch über den beidseitigen Leidensweg fand nicht statt, da der Vater es für besser hielt, das Schreckliche jener Jahre in Vergessenheit geraten zu lassen.

Inzwischen erwachsen und mit meinem Onkel, Daniel Görtz, verheiratet, musste Edith erleben, dass ihre eigene Tochter, 1962 geboren, aufgewühlt war von dem, was sie im Gymnasium über die Naziverbrechen, die Konzentrationslager und den Holocaust gelernt hatte. Von der Kindheit ihrer Mutter wollte sie jedoch verletzenderweise nichts hören. Erst bei der Erstellung des Familienbuches von Edith gab ihre Tochter ihren Widerstand auf und begann, sich für die Familienereignisse zu interessieren.

Ihr Leben lang lastete auf Edith die schwere Bürde des Schweigens über das, was ihr und ihrer Familie in Ostpreußen unter den Russen widerfahren war.

Siegfried Schmold über sich

Aus dem Englischen von mir übersetzt

Siegfried Schmold aus Kanada

Ich wurde im Dezember 1947 in Herbern, in Deutschland, geboren. Meine Eltern, Ben und Lydia Schmold, waren 1943 als Flüchtlinge aus dem vom Krieg zerrissenen Süden Russlands nach Deutschland gekommen. Unsere Familie hatte schon seit Generationen in Josefstal gelebt, einem Dorf, das von der Wehrmacht niedergebrannt wurde. Zusammen mit tausenden anderen Flüchtlingen aus dem heutigen Südrussland (heute Ukraine) zogen sie mit der sich zurückziehenden deutschen Armee nach Deutschland. 1949 wanderten wir nach Coaldale, Alberta, Kanada, aus, wo wir uns niederließen und gediehen. Meine Eltern lebten dort, bis Gott sie schließlich zu sich rief.

Während meine fünf Brüder sich für Berufe in den Bereichen Handwerk, Wirtschaft und Technik entschieden, entschied ich mich dazu, zu studieren und besuchte sechs Jahre lang die Universität, wobei ich mich auf die Geisteswissenschaften und auf Lehramt spezialisierte. Nach dem Abschluss führte meine Lehrerkarriere mich mit meiner Frau Linda in den Norden von Edmonton, Alberta, wo meine Karriere sich über 40 Jahre als Lehrer, Schulverwalter, Schulleiter (23 Jahre) und Bildungsberater fortsetzte.

Derzeit bin ich im Ruhestand und wohne mit meiner Frau, mit der ich seit 54 Jahren verheiratet bin, an einem See (Calling Lake).

An diesem See genießen wir alle Vorzüge und Schönheiten, die die Natur zu bieten hat.

Geschichte hat mich schon immer fasziniert und das verdanke ich Adina Darscht, meiner Cousine zweiten Grades, obwohl ich sie für meine Schwester halte, die ich nie hatte. So konnte ich zusammen mit ihr unsere Familiengeschichte, die Geschichte meiner Eltern und die Geschichte unserer gemeinsamen Vorfahren erforschen.

Wir ehren die Schritte unserer Vorfahren und ehren sie auch für die schwierige Reise, die sie auf sich genommen haben, uns dorthin zu bringen, wo wir heute sind: einen Ort des Wohlstands und der Freiheit. Wir ehren unsere Eltern, das ist das fünfte Gebot.

Siegfried Schmold, Februar 2024

Vorwort und historischer Kontext

Text von Siegfried Schmold, von mir aus dem Englischen übersetzt.

Unsere Familienforscherin, Adina Darscht, verfasste die erste umfassende Geschichte unserer Familie Schmold, in der sie die Spuren unserer Wurzeln in der Danziger Gegend im damaligen Preußen dokumentierte. Ihre fließenden Russisch-, Ukrainisch- und Deutschkenntnisse, kombiniert mit ihrem guten Gedächtnis, halfen ihr einzelne Steine der Familiengeschichte Schmold aus einer Reihe verfügbarer Quellen zu einer Familiengeschichte voller Mitgefühl, Tragödie und letztendlich Sieg und Hoffnung zusammenzuführen.

Drei Ereignisse in der Welt haben die Geschichte unserer Familie geprägt: Erstens war es die Abwanderung Tausender deutschsprachiger Menschen aus ihrer Heimat in Preußen (Deutschland) in das damals sogenannte Neurussland (heute Ukraine), die im späten 17. Jahrhundert begann und etwa 100 Jahre dauerte. Das zweite Ereignis war der Erste Weltkrieg (1914), die daraus resultierende Russische Revolution, der Bürgerkrieg und die qualvolle Einführung des Sozialismus durch Lenin im Jahr 1917. Drittens war es der Zweite Weltkrieg (1. September 1939 – 8. Mai 1945) und die daraus resultierende Vertreibung und „Säuberung" von über einer Million deutschsprachiger russischer Bürger aus ihren Siedlungen in der Ukraine und aus anderen Ländern in das Deutsche Reich. Viele dieser Bürger wurden nach dem Kriegsende zwangsweise in die Exilorte der Sowjetunion „repatriiert".

Adinas Familiengeschichte verleiht jedem dieser bahnbrechenden Ereignisse der Weltgeschichte ein ergreifendes menschliches Gesicht. Um diese Geschichten in einen Zusammenhang zu bringen, ist für diejenigen von uns, die diese turbulenten Ereignisse nicht miterlebt haben, eine kurze Erläuterung erforderlich.

Der Zustrom deutscher Einwanderer in die Südukraine und auf die Halbinsel Krim begann im späten 18. Jahrhundert. Dieses

Rinnsal verwandelte sich während der napoleonischen Zeit ab 1800 in eine Überschwemmung, mit einer Konzentration in den Jahren 1803 bis 1805. Diese als Neurussland bezeichneten Gebiete wurden während der Herrschaft von Katharina der Großen nach erfolgreichen Kriegen gegen das Türkische (Osmanische) Reich (1768-1774) vom Russischen Reich annektiert.

Die Katholiken, Lutheraner und Mennoniten waren im Deutschen Reich als fähige Bauern bekannt; die Kaiserin Katharina, selbst eine ethnische Deutsche, lud sie persönlich zur Einwanderung in das Russische Reich ein, da sie der Meinung war, dass sie erfolgreiche Landwirtschaft und Geschäftspraktiken vorleben und dadurch ihr Land bereichern würden. Die Einwanderer waren Siedler, keine Leibeigenen, wie die umliegenden russischen Bauern. Als solche erhielten sie gewisse Privilegien innerhalb ihrer weitgehend geschlossenen Gemeinschaften, wie eigene Selbstverwaltung, Befreiung vom Militärdienst und Religions- und Sprachenfreiheit.

Zu Beginn des Ersten Weltkriegs lebten mehr als eine Million Deutsche und ihre Nachkommen in Russland. Unsere Vorfahren gehörten zu den ersten Siedlern, die sich in der Schwarzmeerregion, in der Nähe der heutigen Stadt Dnepropetrowsk (zu der Zeit Jekaterinoslaw genannt), niederließen.

Nach der bolschewistischen Revolution und der Gründung der Sowjetunion waren die Schwarzmeerdeutschen der Hungersnot und dem Hungertod, die durch die kommunistische Ideologie der Kollektivwirtschaften verursacht wurden, ausgesetzt.

Außerdem unterlagen sie dem „Social Engineering", im Zuge dessen deutschsprachige Kirchen, Schulen und Gemeinschaftsorganisationen geschlossen wurden und von allen erwartet wurde, Russisch oder Ukrainisch zu sprechen.

Privates Land wurde beschlagnahmt und in „Kollektivwirtschaften" umgewandelt. Gottesdienste wurden verboten, da der Atheismus zur neuen Staatsreligion wurde. Darüber hinaus wurden viele deutsche Bauern vom kommunistischen Regime als Kulaken (reiche Bauern) bezeichnet, und diejenigen, die sich nicht freiwillig bereit erklärten, ihr Land an die sowjetischen Bauernkollektive abzugeben, wurden nach Sibirien und Zentralasien vertrieben. Die Zahl der ethnischen Deutschen, die zur damaligen Zeit als Kulaken in Zwangsarbeitslager geschickt wurden, betrug etwa 50.000. Insgesamt lebten in der Sowjetunion damals 1,239 Mio. ethnische Deutsche.

Die Deutschen stellten die größte Minderheit der Bürger mit Migrationshintergrund dar, die in der Sowjetunion ins interne Exil geschickt wurde. Es scheint ein tiefes Misstrauen gegenüber deutschen Gemeinden bestanden zu haben, da viele sowjetische Beamte die meisten deutschen Bauern als Kulaken betrachteten – vermutlich, weil es ihnen besser ging und sie unternehmungslustiger sowie erfolgreicher in ihren Unternehmungen waren, was sie als „konterrevolutionär" erscheinen ließ im Vergleich zu gewöhnlichen ethnischen russischen oder ukrainischen Bauern.

Nach Hitlers überraschendem Einmarsch in die Sowjetunion am 22. Juni 1941 beschloss die sowjetische Führung, alle Volksdeutsche aus den westlichen Gebieten der Sowjetunion zu evakuieren. Es handelte sich um Vertreibungen, da die Bewohner nie wieder in ihre Heimatregionen zurückkehren durften. Das Packen des Notwendigen durfte nur drei bis vier Stunden dauern. Den Leuten wurde nicht gesagt, wohin sie gehen würden, wie lange sie dortbleiben würden oder wie viele Lebensmittel sie mitnehmen sollten. In der Folge kam es auf dem Weg zu den Verbannungsorten zu Hungersnöten, und aufgrund der Tumulte wurden viele Familienmitglieder voneinander getrennt.

Obwohl die meisten Schwarzmeerdeutschen aufgrund des schnellen Vormarsches der deutschen Wehrmacht einer Deportation entgingen, hatte Stalin dennoch genügend Zeit, die Bewohner östlich des Dnepr zu verhaften und zu verbannen. Zwischen dem 25. September 1941 und dem 10. Oktober 1941 wurden etwa

105.000 Volksdeutsche aus dieser Region festgenommen und in sicherere sowjetische Gebiete weit östlich, jenseits des Uralgebirges, vertrieben. Insgesamt wurden von den sowjetischen Behörden in der Zeit zwischen dem 15. August und dem 25. Dezember 1941 856.000 Russlanddeutsche nach Sibirien und Zentralasien deportiert.

Das Sowjetregime war nicht in der Lage, die Mehrheit der ethnischen Deutschen aus dem westlichen Teil der Sowjetunion, also dem Gebiet westlich des Dnepr, zu vertreiben, da die Nazis im ersten Monat ihrer Invasion schnell sowjetisches Territorium eroberten. Die deutschen Städte und Dörfer in der Westukraine, in Wolhynien und in der Schwarzmeerregion gerieten unter die Herrschaft der Nazis, zunächst unter eine Militärregierung und später unter die Kontrolle der NSDAP oder der SS.

Mit der Niederlage der deutschen Armee bei Stalingrad im Winter 1942/43 begann die Rote Armee ihre Offensive und eroberte immer mehr Gebiete zurück, die unter deutscher Besatzung waren. SS-Chef Heinrich Himmler beschloss daraufhin, alle Volksdeutschen zu evakuieren und nach Deutschland zu bringen. Im Februar 1944 wurden die letzten deutschen Siedler evakuiert. Sie flohen (einschließlich unserer Familie) zusammen mit der sich zurückziehenden deutschen Armee in den Westen.

Die sich zurückziehende deutsche Armee zerstörte Dörfer und Ernten im Rahmen einer „verbrannten Erde“-Politik, um die Versorgung und Unterkunftsmöglichkeiten für die vorrückende russische Armee zu verhindern. Durch dieses Vorgehen war das Ende von Josefstal und der Verlust vieler historischer Aufzeichnungen über unsere Familie vorbestimmt.

Die Vereinigten Staaten und die Sowjetunion einigten sich darauf, nach dem Kriegsende gegenseitig ihre Staatsangehörigen zurückzugeben. Von den fast 300.000 ethnischen Deutschen, die von der Wehrmacht aus der Sowjetunion evakuiert wurden, wurden etwa 200.000 von der Roten Armee gefangen genommen und in den Gulag gebracht. So wurden sie aus dem besetzten Deutschland und Westeuropa nach Russland gebracht bzw. repatriiert. Die Glücklicheren konnten sich dem Einfluss der Sowjets entziehen und blieben in Deutschland oder wanderten, wie auch unsere Familie, als Flüchtlinge (Displaced Persons) nach Kanada und anderswohin aus.

Siegfried Schmold, 2017

Eine Liebestragödie

Meine Großmutter, Karolina Görz, kam alle drei Jahre aus Kemerowo und besuchte uns im Orenburger Gebiet, in Kuterlja. An zwei ihrer Besuche kann ich mich erinnern.

Sie hatte immer ein kleines schwarzes Notizbuch bei sich, das ihr sehr wichtig war. Manchmal blätterte ich darin und fand Adressen von Verwandten, die ich niemals gesehen hatte.

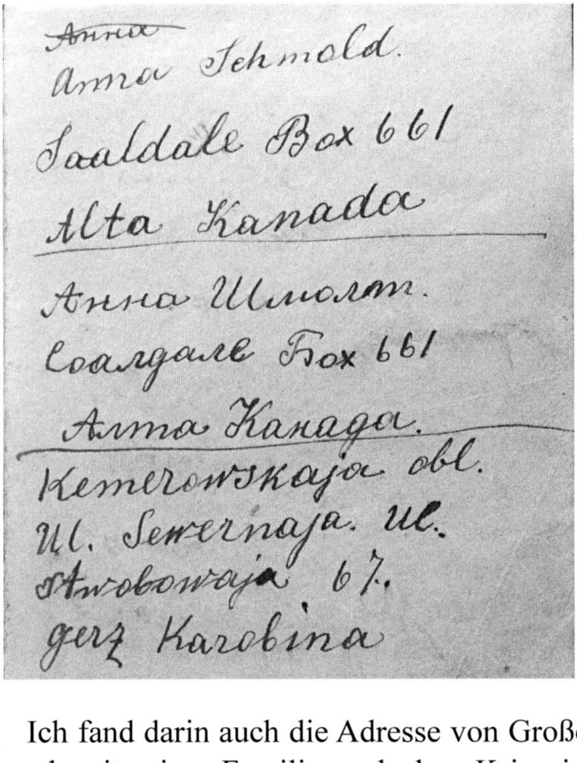
~~Анна~~
Anna Schmold.
Saaldale Box 661
Alta Kanada
Анна Шмолт.
Соалдале Бох 661
Анна Канада.
Kemerowskaja obl.
Ul. Sewernaja. ul.
Stwobowaja 67.
gerz Karolina

Eine Seite aus dem Notizbuch von Karolina Görz, oben in russischer Sprache.

So fand ich darin die Adresse meiner Cousinen Olga und Martha Görz in Deutschland. Sie waren 1944 zusammen mit ihrer Mutter aus dem Warthegau nach Westdeutschland geflohen und blieben in Deutschland.

Ich fand darin auch die Adresse von Großonkel Paul Görz, der auch mit seiner Familie nach dem Krieg in Deutschland blieb. Auch die Adresse meiner Großtante, Albiene Görz, in Moskau sah ich darin. Albiene Görz war mit einem bekannten Musiker, Aleksandr Itkis, aus dem Ensemble der Brüder Pokrass verheiratet. Sie hatten eine kleine Wohnung im Stadtzentrum, die sie noch in den 30er-Jahren bezogen hatten.

Noch viele weitere Adressen von Josefstalern fand ich in diesem Notizbuch. Bei den kanadischen Adressen handelte es sich um meinen Großonkel Wilhelm, den Bruder von Karolina Görz.

Mit den Verwandten in Kemerowo hatten wir weiterhin Kontakt, überwiegend in Form von Briefwechseln. Manchmal bekamen wir Fotos aus Kemerowo. Wenn es Gruppenfotos waren, war da oft auch ein älterer Herr dabei. Meine Eltern erklärten mir, dass es Großonkel Wilhelm, ein Bruder meiner Großmutter, war und dass seine Familie nach dem Krieg aus Deutschland nach Kanada ausgewandert war. Es war für mich immer eine sehr traurige Geschichte gewesen.

Von meiner Großmutter, Karolina Görz, wusste ich, dass Großonkel Wilhelm während des Zweiten Weltkrieges in die deutsche Wehrmacht eingezogen gewesen war. Seine Familie, Ehefrau und sechs Kinder waren aus dem Warthegau in den Westen geflohen.

Am Ende des Krieges wandte er sich an die russische Besatzungsmacht, um nach seiner Familie zu suchen, die während der Flucht nach Westdeutschland sich im von den Sowjets nicht kontrollierten Gebiet befand.

Er wurde ausgefragt und ihm wurde mitgeteilt, dass seine Familie am nächsten Tag aus dieser Stadt mit dem Zug nach Hause reisen würde. Er solle nur kommen und könne dann mitfahren. Er tat es auch. In der Menschenmenge konnte er seine Familie nicht finden. Mit dem Gedanken, dass seine Frau und seine sechs Kinder bereits im Zug sind, stieg er in den Zug ein. Gleich darauf ging es los nach Russland, und zwar nicht in die Ukraine, sondern nach Sibirien.

Seine Familie blieb in Westdeutschland, bis zu ihrer Auswanderung nach Kanada in den Jahren 1949 und 1952: Sein ältester Sohn Benjamin wanderte mit seiner Familie 1949 aus, seine Frau, Anna Schmold, geborene Kuhn, wanderte mit ihren fünf Kindern 1952 nach Kanada aus.

1968 erfuhren wir, dass es Großonkel Wilhelm gelungen war, eine Genehmigung für eine Ausreise nach Kanada zu seiner Familie zu bekommen und dass er nach Kanada ausgewandert war.

Danach haben wir eine lange Zeit nichts mehr von meinem Großonkel gehört.

Eines Tages bekamen wir mit einem Brief aus Kemerowo auch ein Foto, auf dem Großonkel Wilhelm neben einem roten Auto abgebildet war. Er sah sehr jung aus.

2009 fragte ich einmal meinen guten Freund aus Kanada, Leonard Kuhn, ob wir nicht gemeinsame Verwandte in Kanada haben. Einige Wochen später bekam ich einen Brief von Siegfried Schmold, meinem Cousin zweiten Grades. So begann das Kennenlernen. Siegfried erzählte mir über seinen Großvater, darüber, in welchem Zustand er mit einer Krebserkrankung nach Kanada gekommen war und dass er in Kanada noch ein erfülltes Leben gehabt hatte.

2017 schrieb Siegfried über seine Familie in Kanada. So konnten wir uns in Deutschland ein Bild darüber machen, wie es unseren Verwandten in Kanada in der ganzen Zeit ergangen war und wie es war, als sich mein Großonkel Wilhelm nach mehr als 24 Jahren wieder mit seiner Frau und mit seiner Familie traf. So schrieb Siegfried in seinem Buch:

Wilhelm Schmold aus Kanada.

„Ich erinnere mich, dass mein Großvater etwa 1968 aus Sibirien nach Coaldale, Alberta, kam. Dank der Bemühungen meines Vaters und seiner Geschwister sowie der Bemühungen des Roten Kreuzes konnte er aus Sibirien freigelassen werden. Als er in Coaldale ankam, war er schwer krank, da er an Unterernährung und an Krebs litt. Zu diesem Zeitpunkt wog er etwa 100 Pfund. Sein Körper sprach gut auf die Behandlung an, er wurde wieder gesund und lebte mit seiner Frau Anna, meiner Großmutter, und seiner Familie bis zu seinem Tod im Jahr 1985 in Coaldale.

Unsere Wege kreuzten sich nur kurz, als ich kurz nach seiner Ankunft in Coaldale, Alberta, auf dem Weg zur Universität in British Columbia war, sodass ich ihn nur gelegentlich sah, wenn wir unsere Familie in Coaldale besuchten.

Ich erinnere mich gern an ihn. Er war ein Mensch, der sich seiner Familie verpflichtet fühlte. Er liebte es, Geschichten zu erzählen, Verwandte zu besuchen und zu tanzen. Er war der beste männliche Tänzer, den ich je gesehen habe.

Ich habe nie gehört, dass er sich über sein hartes Leben beschwert hat, aber ich habe oft gehört, wie er sich bei seinen Freunden und bei seiner Familie bedankt hat. Ich fand es bemerkenswert, dass er sich so gut an sein neues Leben im englischen Kanada gewöhnen konnte.

Während er sich in einem „Aufenthaltslager" für deutsche Flüchtlinge in Polen befand, wurde er am 12. Dezember 1944 in die deutsche Wehrmacht eingezogen. Acht Tage nach seiner Einberufung floh seine Frau Anna in den Westen, weil die Rote Armee sich ihrem Lager im Kreis Kempen näherte. Sie floh mit ihren sechs Kindern, ihrer Mutter und zwei Taschen voller Kleidung im letzten Zug."

Bis vor 2009 haben wir keinen Kontakt zu unserer Verwandtschaft im Ausland gehabt. Zwar fand ich nach dem Tod meiner Großmutter in ihrem Notizbuch die Adresse von Großtante Anna Schmold in Kanada, wusste aber nicht, ob sie nach Kanada Briefe geschrieben hatte. Die große Angst vor Kontakten zu Verwandten im Ausland aus den 30er-Jahren, während des großen Terrors, saß noch lange tief in den Seelen der Menschen.

So haben Waldemar, mein Mann, und ich es nur einmal geschafft, unseren Vater dazu zu bringen, über seine schwersten Zeiten im Lager der Arbeitsarmee zu sprechen. Auch Kontakte mit Verwandten im Ausland zu pflegen, war in der Zeit des Kalten Krieges nicht ohne Risiko.

„Die Familie von William und Anna Schmold, kurz bevor mein Großvater in die deutsche Armee eingezogen wurde und dann für 24 Jahre verschwand. Rechts von meiner Großmutter steht Mathilda, Jakob auf ihrem Schoß, dann Fred, John, Großvater Wilhelm, Wilhelm (jun.) und Benjamin (mein Vater).“

Die Zeiten haben sich geändert, alle 2-3 Jahre treffen wir uns jetzt mit den Verwandten aus Kanada.

Siegfried schrieb weiter: „Dies spiegelt meine Gespräche mit meinem Großvater und meinem Vater wider. Mein Großvater wollte nicht über die Migration mit seiner Familie aus Russland nach Deutschland, seine kurze Erfahrung als Soldat in der deutschen Armee oder seine 24 Jahre in Kemerowo, in Sibirien, sprechen. Für ihn war es ein Teil seiner Vergangenheit, die er nicht noch einmal durchleben wollte.

Die Geschichte meines Großvaters Wilhelm und meiner Großmutter Anna ist teils eine Liebesgeschichte, teils eine Liebestragödie. (Ich habe ihre persönliche Autobiografie beigefügt, die sie anlässlich ihres 50. Hochzeitsjubiläums geschrieben hatte).

Beide wurden in Josefstal geboren und sind dort aufgewachsen. In Josefstal entwickelten sie sich zu erfolgreichen Bauern und haben ihre sechs Kinder großgezogen. Obwohl sie sich durch die Jahre der russischen kommunistischen Herrschaft unter Stalin kämpften, gelang es ihnen, ihre Familie zu ernähren und zu versorgen, während es vielen anderen schlechter ging. Sie verloren einen Sohn Johann im Säuglingsalter durch Hunger und nannten dann ihren nächsten Sohn Johann.

1943 musste die Familie aus Josefstal mit einem Pferdefuhrwerk zusammen mit vielen Tausend anderer fliehenden Menschen aus der besetzten Ukraine vier Monate lang nach Polen fliehen. Der Hunger war ihr ständiger Begleiter. Um am Leben zu bleiben, bettelte die Familie immer wieder um Essensreste. Großmutter erzählte davon, dass sie Schalen von Kartoffeln und anderes weggeworfenes Gemüse gekocht hatte, um ihre Familie zu ernähren.

Großmutter erinnerte sich an den schicksalhaften Tag, als sie ihren Ehering verlor. Sie sah dies damals als ein schlechtes Omen, ohne zu wissen, wie wahr ihre Befürchtungen sein würden.

Während ihres Aufenthalts in Polen wurde Wilhelm zur deutschen Armee eingezogen und acht Tage später floh Anna mit ihrer Familie wegen dem Vorrücken der russischen Armee weiter in den Westen. Sie gelangten in Sicherheit in Westdeutschland (Fahrendorf, dann Herbern, Münsterland), wo sie blieben und auf Bauernhöfen arbeiteten.

Sie wollten ein besseres Leben für ihre Familie, und aus diesem Grund traf Anna die schwierige Entscheidung, mit ihrer Familie nach Kanada auszuwandern. Süd-Alberta[58] nahm damals gesponsorte Flüchtlinge auf, weil es bei den Bauern, insbesondere den Zuckerrübenbauern, immer an Arbeitskräften mangelte.

---

58 Eine Region in der kanadischen Provinz Alberta.

Mit Unterstützung der Lutherischen Kirche wanderten meine Eltern im Herbst 1949 mit ihren beiden Söhnen aus. Sie kamen in Quebec City an und reisten mit dem Zug quer durch Kanada.

Großmutter hatte noch fünf unverheiratete Kinder und als alleinerziehende Mutter fiel es ihr schwer, Deutschland zu verlassen. Das Schicksal greift erneut ein, als sie auf Alexander Haas trifft, der wie sie aus Josefstal vertrieben wurde und ebenfalls in den Wirren der Evakuierung den Kontakt zu seiner Frau verloren hatte.

Mein Vater riet seiner Mutter, meiner Großmutter, dass sie beide sich für eine „Zweckgemeinschaft" entscheiden sollten, da es als Paar mit Kindern einfacher war, eine Auswanderungsgenehmigung zu erhalten. Jedenfalls wurden sie ein Paar und wanderten im Juni 1952 mit dem Rest ihrer Familie nach Kanada aus, auf eine Farm mit Zuckerrübenfeldern im Süden von Alberta, in Coaldale.

Anna und Alexander lebten als Ehemann und Ehefrau zusammen, zunächst auf der Abe Nickel Farm, ein paar Kilometer südöstlich von Coaldale, und zogen später nach Coaldale in ein Haus gegenüber der heutigen Kate Andrews High School.

Mein Bruder und ich sind in Coaldale aufgewachsen und Alexander war der einzige Großvater, den wir kannten. Als Linda und ich einen Sohn bekamen, wurde sein zweiter Vorname Alexander.

Wir hatten Geschichten über das Verschwinden von Großmutters erstem Ehemann Wilhelm in den Wäldern Sibiriens gehört, aber für uns war es eine Geschichte aus der Vergangenheit, die wenig Bezug zur Gegenwart hatte. Für uns alle in Coaldale ging das Leben weiter. Meine Brüder und ich waren mit unserer Schulausbildung und unserem „Erwachsenwerden" beschäftigt und meine Eltern und Großeltern waren damit beschäftigt, ein neues Leben in Kanada aufzubauen. Es war nicht einfach.

Ich erinnere mich, dass ich eines Tages, als ich von der Schule nach Hause kam, meine Mutter weinend am Küchentisch vorfand. Ich habe versucht, sie zu trösten, aber es gelang mir nicht, denn ihre Tränen waren Tränen des Heimwehs: Sie vermisste ihre Freunde und Familie in Europa sehr.

Es war ein kollektiver Schock, als wir etwa 15 Jahre später hörten, dass Großvater Wilhelm noch lebte und in Kemerowo, Sibirien, wohnte. Es hat zwei Jahre Papierkram gedauert, woran ich mich noch recht gut erinnern kann. Ich war in der High School und konnte damals sehr gut Englisch (obwohl ich in der ersten Klasse durchgefallen war, weil ich kein Englisch sprach, sondern nur Plattdeutsch), und so wurde ich von unserem Pastor Lucas damit beauftragt, verschiedene Briefe an die kanadische Einwanderungsbehörde zu schreiben, die er in deutscher Sprache aufsetzte und ich sie in Englisch schrieb.

1969 landete mein kranker Großvater als abgemagerter ehemaliger Kriegsgefangener auf kanadischem Boden.

1969, nach der Landung in Kanada, Zeitungsausschnitt

TEARFUL REUNION — Emotion lines the face of 60-year-old Willie Schmold from Russia reunited with some of the members of his family at Kenyon Field Monday after a separation of more than 17 years. Among his family in Canada are his wife, Anna; his sons, Willie an Dan; and daughter Matilda (Rempl), all from Coaldal During his stay here Mr. Schmold is expected to see hi sons John from Calgary; and Fred and Jacob from B.C

In Vorbereitung auf dieses bedeutsame Ereignis führten mein Vater und seine Geschwister viele Gespräche miteinander und mit meiner Großmutter darüber, wie sie mit der Tatsache umgehen sollten, dass sie mit Alexander zusammenlebte. Ich weiß, dass Pastor Lucas an den Diskussionen beteiligt war. Würde es so weitergehen oder müssten Änderungen vorgenommen werden?

Nach langem Suchen kauften mein Vater und seine Geschwister ein kleines Haus für Alexander auf der Südseite von Coaldale, in das unser „Großvater" Alexander umzog.

Ich erinnere mich an diese sehr schwierige Zeit im Leben meiner Großmutter und an die Tatsache, dass sie wegen einer sogenannten „nervösen Erschöpfung" für eine Weile im Krankenhaus lag.

Mein Großvater Wilhelm kam 1968 und meine Großmutter und ihre Kinder begrüßten ihn mit offenen Armen. Sie gingen in ihr Haus in Coaldale und lebten wieder als Paar zusammen.

Das erneute Zusammenleben mit Wilhelm fiel meiner Großmutter schwer, da er nicht mehr der Mann war, den sie vor etwa 24 Jahren verloren hatte. Sie waren fest entschlossen, ihre Beziehung wiederherzustellen, und sie blieben bis zu Wilhelms Tod im Jahr 1985, etwa 17 Jahre später, zusammen.

Das Schicksal kam erneut dazwischen: Kurz nachdem Wilhelm 1968 nach Kanada gekommen war, erhielt Großvater Alexander die Nachricht, dass seine erste Frau ebenfalls lebend in Sibirien gefunden wurde und nach Kanada auswandern konnte.

Sie kam einige Jahre nach Großvater Wilhelm nach Coaldale und begann mit ihrem wiedergefundenen Ehemann Alexander ein neues Leben. Zusammen lebten sie in dem Haus, das mein Vater und seine Geschwister für Alexander gekauft hatten, bis sie beide in den 80er-Jahren starben."

Ende gut, alles gut.
Goldene Hochzeit von Großmutter Anna und Großvater Wilhelm in Coaldale, Alberta, 17. August 1977.

Anna Schmold wrote her life` s story in conjunction with her 50th wedding anniversary.

Anlässlich ihres fünfzigsten Hochzeitstages hatte Anna Schmold ihre Lebensgeschichte aufgeschrieben:

Ich habe es hier aus dem Englischen übersetzt und vollständig aufgeführt.

Das Leben von Anna Schmold

„Ich, Anna Schmold (geborene Kuhn), wurde im Jahr 1909 in Josefstal, Ukraine, geboren. Ich bin bei meinen Eltern Wilhelm und Anna Kuhn (Grün) auf dem Bauernhof aufgewachsen. Wir waren vier Schwestern und zwei Brüder, und ich war die jüngste der Schwestern.

Im Jahr 1914 begann der Erste Weltkrieg und ich kann mich noch an viele Dinge erinnern. Der Krieg dauerte bis 1917. Zu dieser Zeit wurde der Zar Nikolaus zusammen mit seiner gesamten Familie von den Bolschewiki ermordet.[59] Russland hatte nun keine Regierung mehr und viele Menschen schlossen sich einer der politischen Parteien an.

Die meisten dieser Menschen waren arm. Es war eine schreckliche Zeit. Männer aus verschiedenen Gruppen ritten in die Dörfer und nahmen den Menschen die Habseligkeiten weg. Viele wurden auch getötet. Mein Vater und meine Mutter standen immer am Fenster und hielten Wache. Wenn Leute auf Pferden geritten kamen, versteckten sie uns. Nachts mussten wir uns im Garten oder im Keller verstecken. Wenn die Männer kein Geld, keine Pferde und Kühe oder Kleidung zum Plündern fanden, töteten sie manchmal ganze Familien.

59 Der Zar wurde zusammen mit seiner Familie 1918 hingerichtet.

Dieses Chaos dauerte an, bis die Rote Armee unter Lenin und Stalin 1919 die Kontrolle über das Land übernahm. Aber auch dann dauerte es noch ein Jahr, bis eine stabile Regierung gebildet werden konnte.

In der Zwischenzeit kam es zu Typhus- und Scharlach-Epidemien, an denen viele Menschen starben. In der Familie Schmold starben vier Kinder an Typhus.

Im Jahr 1924 nahmen die Kommunisten allen das Land weg und verteilten es neu. Jede einzelne Person erhielt ein „Schicksal-Land“ (Kinder wie Erwachsene), damit jeder ein Einkommen erzielen konnte.

Das Land wurde normalerweise zum Anbau von Obst und Gemüse wie Kartoffeln, Gurken, Wassermelonen und Honigmelonen genutzt. Die Ernte wurde auf den Markt gebracht und verkauft. Wir hatten auch Kühe und Schweine, es reichte gerade um die Familie mit Milch und Fleisch zu versorgen. Wenn das Geld nicht ausreichte, wurde eine Kuh oder ein Schwein geschlachtet und das Fleisch wurde verkauft, um über die Runden zu kommen.

Am 17. August 1927 heiratete ich Wilhelm Schmold. Zu diesem Zeitpunkt hatte die Familie Schmold einen großen Bauernhof erworben. Wir wohnten bei den Eltern meines Mannes. Damals war es Brauch, dass der Sohn seine Braut in seine Familie mitbrachte, um mit seinen Eltern in einem Haus zusammen zu wohnen.

1928 wollten wir nach Amerika auswandern und hatten sogar die Farm verkauft, doch die Regierung schloss die Grenzen, damit niemand das Land verlassen konnte.

Zwei Jahre später beschlagnahmte die Regierung erneut das gesamte Land, sodass niemand mehr Eigentum hatte. Alles wurde uns weggenommen: Das Vieh, die Pferde, die Pflüge. Man durfte nichts verkaufen und nichts, was die Regierung eingenommen hatte, wurde uns jemals zurückerstattet. Die Regierung richtete daraufhin Kolchosen ein, in denen wir alle arbeiten mussten.

Wir bekamen alle einen halben Hektar Land, das wir zu unseren eigenen Gärten umgestalten konnten. Als Bezahlung für die geleistete Arbeit erhielten wir jedes Jahr einen Sack Getreide und etwas Geld. Die Ernte aus dem Garten war jedoch so reichlich, dass man einen Teil davon auf dem Markt in der Stadt verkaufen konnte. Den Rest des Ertrages konnten wir für uns über das ganze Jahr verteilt nutzen.

Im Jahr 1932 wurden Menschen, die große Bauernhöfe besessen hatten, erneut verfolgt. Unsere Häuser wurden beschlagnahmt und wir wurden in den Osten des Landes vertrieben. Mitnehmen durften wir nichts, außer unserer Kinder. Die Menschen, die ihre Häuser behalten durften, gaben uns zunächst Unterkunft. Fünfzehn Familien aus unserem Josefstal wurden nach Sibirien geschickt.

Die Männer wurden in Gefängnisse eingesperrt und wir hörten nie wieder etwas von ihnen. Dies alles, weil diese Menschen vor der Einführung der Kolchosen große landwirtschaftliche Betriebe besessen hatten. Nach Jahren der Abwesenheit kehrten drei Familien nach Josefstal zurück: Frau Faber mit ihrem Sohn Johann, Frau Katharina Zernickel und Frau Paulina Titz. Frau Zernickel und Frau Titz wurden wieder verbannt und Frau Faber zog schnell aus dem Dorf weg.

Als wir hörten, dass weitere Familien weggeschickt werden sollten, zogen wir zusammen mit anderen Familien nach Kakoschke. Es war eine warme Gegend und wir arbeiteten dort bis zum Herbst 1933, ohne dass jemand verriet, dass unsere Eltern einst Eigentümer eines großen Bauernhofes gewesen waren. Im Herbst zogen wir zurück nach Josefstal.

Mein Mann arbeitete in der Fabrik und reparierte zu Hause Schuhe.

Nun herrschte eine große Hungersnot, und in vielen Dörfern starben alle an Hunger. Mein Schwiegervater und mein drei Monate alter Sohn Johann verhungerten.

Es war in der Zeit der Hungersnot (Holodomor) in der Sowjetunion in den 1930er-Jahren. In der Sowjetrepublik Ukraine fielen dem Hunger schätzungsweise drei bis sieben Mio. Menschen zum Opfer.“

Im Dezember 1927 beschloss der XV. Parteitag der Kommunistischen Partei der Sowjetunion Maßnahmen zur beschleunigten Industrialisierung der Sowjetunion und der erste Fünfjahresplan für die Periode 1928 bis 1932 wurde unterzeichnet. Die zwei Maßnahmen Entkulakisierung und Kollektivierung, die daraufhin folgten, trafen die Bauernklasse hart.

Die Entkulakisierung bedeutete die Tötung oder Deportation von Mio. von Bauern und ihren Familien in den Norden. Im Prinzip betraf sie die besser Gestellten, in der Praxis jedoch vor allem die Einflussreichsten und diejenigen, die sich am stärksten gegen die Pläne der Partei sträubten.[60]

Die Zwangskollektivierung bedeutete die Abschaffung des Privateigentums an Grund und Boden sowie die Konzentration der verbleibenden Bauernschaft in Kolchosen unter der Kontrolle der Partei.[61]

Das Ziel war, die landwirtschaftliche Produktion zu steigern, um mit Exportüberschüssen aus diesem Sektor die Einfuhr von für die Industrialisierung benötigten Wirtschaftsgütern, wie etwa Ausrüstungen für Industriebetriebe, zu finanzieren.

Im Zuge der Zwangskollektivierung kam es zunächst zu einer Verringerung der Anbaufläche und einer Schrumpfung des Viehbestandes. Durch den Ausfall tierischer Zugkraft und das Ausbleiben maschineller Zugkraft verringerte sich in der Ukraine die genutzte Anbaufläche für Getreide um 14 %, das Erntevolumen sank sogar um 20 %. Hinzu kam, dass die Kolchosen und die Sowchosen einen deutlich niedrigeren Hektarertrag erwirtschafteten als die Einzelbauern.[62]

---

60 Robert Conquest: “The Harvest of Sorrow: Soviet Collectivization and the Terror-Famine”, New York 1986.

61 Ebd.

62 Manfred Hildermeier: „Geschichte der Sowjetunion, 1917–1991: Entstehung und Niedergang des ersten sozialistischen Staates“, C. H. Beck, 1998.

Der Holodomor begann mit zwei Missernten in den Jahren 1931 und 1932. Trotz des Hungers der Landbevölkerung erhöhten die Parteikader die Abgabenquote der Bauern auf 44 %. Während im Jahr 1931 noch 7,2 Mio. Tonnen Getreide in der Ukraine requiriert wurden, sank dieser Wert trotzdem auf 4,3 Mio. Tonnen im Jahr 1932. Das Getreide wurde größtenteils zur Devisenbeschaffung auf dem Weltmarkt verkauft. Die Einnahmen wurden zur Industrialisierung der sowjetischen Wirtschaft und zu Rüstungszwecken genutzt.[63]

Nach der Historikerin Anne Applebaum entschied Stalin im Herbst 1932, die Hungerkrise gezielt gegen die Ukraine zu nutzen. Die Grenzen wurden geschlossen, sodass Hungerflüchtlinge nicht ausreisen konnten.

Im Jahr 1932 erhielt Stanislaw Redens (Leiter der ukrainischen GPU und Schwager Stalins) zusammen mit dem Ersten Sekretär der Kommunistischen Partei der Ukraine (KPU), Stanislaw Kossior, die Aufgabe, als Bestandteil der Kollektivierung einen Plan zu entwickeln, um die „Kulaken und die petljurschen Konterrevolutionäre“ zu liquidieren. Daraufhin wurden 2.000 Kolchose-Vorsitzende verhaftet. Als im Januar 1933 das Getreidesoll nicht erreicht war, löste man Redens in der Ukraine ab.[64]

Am 28. November 1932 beschloss das Politbüro der KPU unter Wjatscheslaw Molotow, dem späteren sowjetischen Außenminister als Bevollmächtigtem von Generalsekretär Stalin, die Verhängung von „Naturalienstrafen“ und die Einführung von „Schwarzen Listen“ gegen opponierende Bauern.

In der Folge wurden die Lebensmittelabgaben an die Bauern drastisch forciert. In den Dörfern wurden darüber hinaus Haushaltsgegenstände, wie Seife oder Petroleum, konfisziert. Bol-

---

63 Gerhard Gnauck: „Holodomor“: Stalins brutalstes Mordwerkzeug war der Hunger. In: welt.de. 22. November 2013.

64 „Реденс Станислав Францевич“, in: Хронос: всемирная история в интернете. Abgerufen am 27. April 2015 (russisch).

schewistische Brigaden suchten nach versteckten Lebensmitteln. Dörfer wurden systematisch ausgeplündert. Als Folge der Strafabgaben verloren viele Bauernfamilien ihren gesamten Besitz und endeten, um Essen bettelnd, in den Städten.[65] In der Bevölkerung kam es zu Kannibalismus.

In den Aufzeichnungen heißt es weiter:

„Mein Mann und andere Männer wurden erneut als Zwangsarbeiter verurteilt. Sie mussten in Dörfer gehen, in denen alle Einwohner vor Hunger umgekommen waren, und die Ernte da einbringen.

Ich arbeitete für andere Leute in der Gegend. Für meine Arbeit erhielt ich ein Pfund Brot und eine Schüssel Suppe. Mittags aß ich die Suppe und abends bekam ich noch eine Schüssel Suppe, die ich zusammen mit dem Brot, das ich mittags bekommen hatte, mit nach Hause nehmen konnte. Ich verdünnte die Suppe mit Wasser und kochte ein paar Karotten hinein, die ich draußen gesammelt hatte, und teilte sie mit meinen beiden Jungen. Das Brot wurde für den nächsten Tag aufgeteilt, damit die Jungs etwas zu essen hatten, während ich arbeitete.

Uns ging es besser als einigen anderen, wir wohnten in einem Raum, der groß genug für ein Bett und einen Tisch war. 1937 kauften wir ein größeres Haus, das außer der Küche noch einen Raum und einen Stall hatte. Wir hatten bereits eine Kuh und mittlerweile ging es uns besser.

Im Jahr 1938 sperrte die Regierung erneut viele Männer ein, und mein Vater kam ins Gefängnis. Männer und Frauen mussten in der Kolchose arbeiten, die Kinder wurden in staatliche Kindergärten gebracht. Ich arbeitete mit einer anderen Frau im Kindergarten und kümmerte mich ein Jahr lang um fünfundzwanzig Kinder. So lebten wir bis zum Kriegsbeginn.

1941 übernahm die Wehrmacht die Kontrolle über den Bezirk Dnepropetrowsk. Wir bekamen unsere Häuser zurück. Zwei Jah-

---

65 Robert Baag: „Mord durch Hunger. Deutschlandfunk“, 28. November 2007.

re später, im Jahr 1943, mussten wir Josefstal aufgrund der veränderten Frontlage verlassen.

Jake war drei Monate alt. Wir reisten mit einem Pferdegespann und kamen vier Monate später im Kreis Kempen in Polen an. Hier wurden wir in einem Lager untergebracht, das von einem Zaun umgeben war und von deutschen Zivilisten bewacht wurde. In einem großen Raum waren fünf Familien (24 Personen) untergebracht und wir hatten Strohmatratzen hintereinander aufgereiht. Zwischen jeder Familie war etwas Platz zum Durchgehen.

Das Essen wurde täglich verteilt und es gab gerade so viel, dass man nicht verhungerte.

Jake war auf der Reise krank geworden und wurde in ein Krankenhaus gebracht, ohne dass wir etwas dazu sagen konnten. Der Arzt sagte, er hätte eine Lungenentzündung. Wir durften ihn nicht besuchen, weil der Arzt sagte, es sei ansteckend. Mein Mann und ich schlichen uns aus dem Lager ins Krankenhaus und versuchten, Jake eine Flasche Milch in den Mund zu stecken. Er war zu schwach, um allein zu trinken, und die Milch lief ihm einfach über das Gesicht. Mit jedem Tag, der verging, wurde es schlimmer, und mein Mann schlich sich schließlich eines Tages aus dem Lager ins Krankenhaus und brachte Jake zurück ins Lager.

Als das Krankenhauspersonal bemerkte, dass Jake weg war, kam der Arzt ins Lager und wollte ihn zurück ins Krankenhaus bringen. Mein Mann ließ es nicht zu. Der Arzt sagte dann, dass Jake nicht mehr lange überleben würde, worauf mein Mann antwortete: „Wenn er sterben muss, wird er in meinen Armen sterben, nicht in ihren.“ Danach verließ der Arzt das Lager.

Wenn mein Mann und ich unsere Brot- und Butterration bekamen, sparten wir etwas davon und fütterten Jake oft damit. Langsam begann er, etwas von seiner Kraft zurückzugewinnen.

Als wir Jake ein paar Monate später zum Arzt brachten, war er erstaunt und konnte nicht glauben, dass es sich um dasselbe Kind handelte, das er behandelt hatte, und erklärte: Dieses Kind ist ein

„Gotteskind“, weil der Arzt es zu diesem Zeitpunkt bereits für tot gedacht hatte.

Am 12. Dezember 1944 wurde mein Mann zur Wehrmacht eingezogen. Acht Tage später mussten wir aus Kempen abreisen, weil die russische Armee sich dem Kreis näherte. Ein Pole brachte uns zum Bahnhof. Wir wurden darauf hingewiesen, dass es jetzt der letzte Zug sei und jeder wollte natürlich mitfahren (es waren sehr viele Leute).

Zusammen mit meinen sechs Kindern, meiner Mutter, zwei Säcken Kleidung und etwas Mehl stieg ich in den Zug. Als die Leute herausfanden, dass ich Kleidung und Mehl an Bord gebracht hatte, wollten sie uns aus dem Zug werfen, aber ein Mann ließ es nicht zu. Oma und die Kinder saßen auf den Säcken, während Benjamin und ich stehen mussten. Der Zug war so voll, dass die Leute so nah beieinanderstehen mussten, dass sie die Läuse auf den Körpern der anderen sehen konnten. Zwei Tage und zwei Nächte lang fuhr der Zug, bis wir Spremberg in Deutschland erreichten.

Wir blieben drei Wochen dort, bis die russische Armee uns erneut einholte. Es kam uns vor, als wären wir immer mitten im Krieg unterwegs, Bomben und Kugeln flogen umher. So ging es bis Anfang Mai, als wir in Fahrendorf (Bezirk Lüdinghausen) ankamen. Dort wohnten wir zwei Wochen lang zusammen mit einer anderen Familie in einer Schule.

Im Mai 1945 endete der Krieg und wir erhielten von der Regierung Lebensmittelkarten. Es waren nicht immer genug Lebensmittel vorhanden, damit wir alle satt werden konnten. Wir wurden auf einem großen Bauernhof untergebracht, wo unser Wohnraum aus einer Küche und einem kleinen Schlafzimmer für acht Personen bestand. Wir wohnten direkt über einem Schweinestall und mussten hart arbeiten. Ich musste sechs Kühe melken und außerdem auf dem Feld arbeiten.

Immer wenn wir in einer Stadt anhielten, meldete ich mich beim Roten Kreuz, für den Fall, dass mein Mann nach uns suchen würde, aber wir hörten nichts von ihm. Als Johann Kuhn und Karl Jahn aus der Armee entlassen wurden, gingen sie zum Roten Kreuz, um ihre Familien zu suchen. Dort sahen sie meinen Namen und meine Adresse, aber ihre Familien konnten sie nicht finden. Sie kamen dann zu uns und wohnten bei uns.

Wir lebten auf dem Bauernhof bis 1947, dann zogen wir nach Herbern in Westfalen. Wieder wohnten wir auf einem großen Bauernhof. Die Leute dort waren sehr nett und wir hatten eine gute Wohnung. Ich habe dort bis 1952 gearbeitet.

Als ich hörte, dass wir auswandern könnten, füllten wir sofort die entsprechenden Formulare aus. Benjamin und seine Familie wanderten 1949 nach Kanada aus, meine Mutter, Theodor Welterlich, Karl und mein Sohn Johann emigrierten 1952.

Im Juli 1952 reiste ich mit den anderen Kindern nach Kanada aus. Wir mussten einen Vertrag unterschreiben, dass wir zwei Jahre lang auf der Farm unseres Bürgen Abe Nickel auf den Zuckerrübenfeldern arbeiten würden, und wir mussten auch die Überfahrt bezahlen. Die Familie Nickel war sehr gut zu uns. Bei diesem Bauern wohnten auch meine Mutter, Johann, Theodor und Karl. Benjamin und seine Familie lebten etwa sechs Kilometer entfernt von uns.

Mein Mann war am 12. Dezember 1944 zur Wehrmacht eingezogen worden und 1960 erfuhren wir, dass er noch lebte. Erst 1968 gelang es uns, ihn nach Kanada zu holen.

In Russland war er ein Kriegsgefangener. Es war eine schwierige Zeit für ihn, bei zu kleinen Essensrationen hatte er unter Hunger gelitten. Oft waren es nur Suppe und ein Stück Brot. In seiner Zelle befanden sich noch zwei weitere Soldaten und alle drei mussten sich ein Bett teilen. Einer der Soldaten starb an Hunger. Danach ließen mein Mann und der andere Soldat ihn drei Tage lang im Bett liegen, um seine Essensportion zu bekommen, die sie dann teilten.

Jeden Tag legten die Wachen bis zu fünfzehn Leichen verhungerter Insassen auf einen Schlitten. Dann schlugen sie jedem

Leichnam mit einem großen Hammer auf den Kopf, um sicherzustellen, dass kein lebender Gefangener bei den Toten lag und zu fliehen versuchte. Anschließend wurde ein großes Loch gegraben und die Leichen wurden vom Schlitten in das Massengrab geworfen.

Im Winter mussten die Kriegsgefangenen ohne Schuhe in den Wäldern arbeiten, also wickelten sie ihre Füße in Säcke und steckten sie dann in einen Eimer mit Wasser. Als sie nach draußen gingen, erstarrten die Säcke und schützten ihre Füße. Mein Mann hatte sich für Schusterarbeit beworben, wodurch es für ihn besser lief. So verbrachte er zehn Jahre im Gefängnis.

Als Stalin starb, begannen die Sowjets langsam mit der Freilassung von Kriegsgefangenen. Mein Mann war einer der Glücklicheren. Er schrieb an seine Tanten, die in Kanada eine Tochter hatten. Durch sie erfuhren wir, wo mein Mann war. Ich werde den Tag, an dem wir uns wiedersahen, niemals vergessen.

Lasst uns nun mit Gesang und Gebet zum Herrn gehen, der uns in unserem Leben immer Kraft gegeben hat. Durch so viel Angst und Mühe, durch Zittern und Zweifel, durch Krieg und durch den großen Terror, die die Welt erfassten, verbreitete er seinen milden Segen auf allen unseren Wegen.

Lasst seine Sonne der Barmherzigkeit auf Groß und Klein scheinen.

Von eurer Mutter mit Liebe“

Kriegsgefangene im Zweiten Weltkrieg

„Es geht nicht darum, Vergangenheit zu bewältigen. Das kann man gar nicht. Sie lässt sich nicht nachträglich ändern. Wer aber vor der Vergangenheit die Augen verschließt, wird blind für die Gegenwart. Wer sich der Unmenschlichkeit nicht erinnern will, der wird wieder anfällig für neue Ansteckungsgefahren.“

Richard von Weizsäcker, 8. Mai 1985

Kriegsgefangenschaft ist in unserem Jahrhundert kein unbedeutender Zufall, sondern ein wesentlicher Teil des Schicksals von Millionen Menschen.

Der Zweite Weltkrieg begann mit dem deutschen Überfall auf Polen am 1. September 1939 und endete in Europa am 8. Mai 1945 mit der bedingungslosen Kapitulation der Wehrmacht. Am 15. August 1945 endete der Pazifikkrieg mit der Kapitulation Japans, die am 2. September 1945 formell unterzeichnet wurde.

Von rund 100 Mio. Soldaten, die weltweit im Zweiten Weltkrieg gegeneinander kämpften, gerieten etwa 35 Mio. in Gefangenschaft, von denen insgesamt 5 Mio. die Gefangenschaft nicht überlebten.[66] Über 20 Mio. Soldaten sind gefallen.[67]

Der Begriff „Kriegsgefangener“ stammt aus dem Kriegsvölkerrecht. Das Genfer Abkommen über die Behandlung der Kriegsgefangenen vom 12. August 1949 definierte ihre Rechte und legte Regeln für ihre Behandlung und Freilassung fest.[68] Vorläufer wa-

---

66 Günter Bischof, Stefan Karner, Barbara Stelzl-Marx (Hrsg.): „Kriegsgefangene des Zweiten Weltkrieges. Gefangennahme, Lagerleben, Rückkehr“. R. Oldenbourg -Verlag, Wien 2005.

67 Anzahl der Toten nach Staaten im Zweiten Weltkrieg in den Jahren 1939 bis 1945. Statista, 1. Februar 2023.

68 Genfer Abkommen über die Behandlung der Kriegsgefangenen; abgeschlossen in Genf am 12. August 1949, deutsche Übersetzung.

ren das Abkommen über die Behandlung der Kriegsgefangenen vom 27. Juli 1929 und die Haager Landkriegsordnung von 1907.

Von den 5,7 Mio. sowjetischen Soldaten, welche sich in deutscher Gefangenschaft befanden, überlebten 3,3 Mio. den Krieg nicht, was 57 % entspricht.

Hunger, harte Arbeit, Krankheiten, schlechte Hygienebedingungen, bittere Kälte im Winter und Todesangst dominierten den Haftalltag der Kriegsgefangenen im Zweiten Weltkrieg, unter denen sich mehr als 11 Mio. Deutsche befanden. Die letzten kehrten erst Mitte der fünfziger Jahre heim – oftmals gebrochen an Körper und Seele.

Die meisten Kriegsgefangenen bauten Wohnungen, Straßen und Zugstrecken, arbeiteten in Minen, in der Schwerindustrie und in der Landwirtschaft, denn die Sowjetunion hatte im Krieg sehr gelitten: Bis zu 27 Mio. Soldaten und Zivilisten kamen ums Leben, das Land war stark zerstört. Die Sowjetunion setzte die Kriegsgefangenen strategisch ein, sagt Andreas Hilger, stellvertretender Direktor des Deutschen Historischen Instituts in Moskau: „Im Kern war das Ziel sicherlich der Wiederaufbau der daniederliegenden sowjetischen Wirtschaft. Das Ganze wurde dann propagandistisch auch als Wiedergutmachung dargestellt und auch als moralische Verpflichtung der Gefangenen, den Schaden wieder gutzumachen."

Das Schicksal der sowjetischen Kriegsgefangenen im Zweiten Weltkrieg lässt sich nicht mit den Maßstäben „konventioneller" Erlebnisse in Gefangenschaft auf den Kriegsschauplätzen Europas im Zweiten Weltkrieg messen. Sie gerieten zwischen die Fronten zweier Diktaturen. Seitens der Sowjetunion wurden die Abkommen zur Behandlung von Kriegsgefangenen nicht unterschrieben. Stalin hatte für die Angehörigen der Roten Armee Kriegsgefangenschaft mit einem Verrat am Vaterland gleichgesetzt; sie hatten unter allen Umständen den Kampf fortzusetzen.

So wurde der angekündigte Vernichtungskrieg für die sowjetischen Kriegsgefangenen zur fatalen Realität.

Nach der Befreiung aus der Gefangenschaft wurden die Überlebenden, die die sowjetische Führung pauschal als Verräter verdächtigte, in den Sammellagern des NKVD und des militärischen Abwehrdienstes SMERŠ überprüft. Für viele endete der Weg in die Heimat in den Strafkolonien der stalinistischen Sowjetunion, dem berühmt-berüchtigten Archipel Gulag.[69]

Das Ausmaß der Kriegstraumata, insbesondere für die Kriegsgefangenen, war in Deutschland nach 1945 bei vielen tabuisiert. Aufgrund der immer stärker abzeichnenden Konfrontation zwischen den ehemaligen Kriegs-Alliierten wurde jede kritische Untersuchung des Krieges gegen die Sowjetunion und die Infragestellung der Hitlerpolitik als Schwächung der eigenen Position in dieser neuen ideologischen Auseinandersetzung oder als „Nestbeschmutzung“ betrachtet. Jeder, der die eingefahrenen Bahnen der Betrachtungsweise verließ, hätte sich Vorwürfen und Diffamierungen als „Handlanger Moskaus“ ausgesetzt gesehen.[70]

In der Regel sprachen Kriegsheimkehrer mit keinem Wort über ihre persönlichen Kriegserlebnisse und Leiden. Noch seltener sprachen Heimkehrer über Kriegsverbrechen, die auch von der Wehrmacht verübt worden waren. Niemand hatte etwas gewusst, keiner etwas getan, alle hatten nur Befehle ausgeführt.

Neben Soldaten im Fronteinsatz werden und wurden insbesondere Kinder aufgrund ihres noch nicht voll ausgereiften Nervensystems traumatisiert. Die Bedürfnisse und Nöte der Kriegskinder fanden in den Kriegswirren oft keine Beachtung, da die Aufmerksamkeit auf das eigene Überleben und die Einsatzfähigkeit der Soldaten und deren Symptomatik gerichtet waren.

Gebrochene Biografien, Rückkehrer, die empfangen wurden wie Helden, andere, die nie wieder heimisch wurden – die

---

69 Jörg Osterloh, „Sowjetische Kriegsgefangene 1941 – 1945 im Spiegel nationaler und internationaler Untersuchungen.“

70 Wolfram Wette, Gerd R. Ueberschär, „Der deutsche Überfall auf die Sowjetunion.“

Rückkehr deutscher Soldaten aus sowjetischer Gefangenschaft war Ende der 1940er-, Anfang der 1950er-Jahre Alltag im Nachkriegsdeutschland.

Die Männer erwartete Bürokratie statt Blütenregen. Ein Russlandheimkehrer aus Stuttgart hat 1948 aufgelistet, welche Stellen er damals abzuklappern hatte: Außenstelle des Wohnungsamtes, Polizeirevier, Standesamt für den Nachweis der Staatsangehörigkeit, Außenstelle des Wohnungsamtes, Ernährungsamt, Arbeitsamt, Berufskammer, Technische Werke zwecks Stromzuteilung, Landesversicherungsanstalt, Krankenkasse.

Viel Verständnis für ihre seelischen Verletzungen konnten die Heimkehrer nicht erwarten. Die herrschende Lehre, nicht nur unter Psychiatern, war bis dahin eine andere. Man war überzeugt, dass der Mensch grundsätzlich beinahe grenzenlos viel Grausamkeit ertragen könne, ohne bleibenden inneren Schaden zu nehmen. Und wenn er doch seelisch litt, so wurde dies auf eine erbliche Vorbelastung zurückgeführt. Psychische Schäden wurden als Begleitsymptome körperlicher Gebrechen interpretiert, vor allem als Folgen von Unter- und Fehlernährung.

Deutschland war in der Mitte des letzten Jahrhunderts weitgehend zerstört. Die Hälfte aller Menschen, die in Deutschland lebten, war nicht dort, wo sie hinwollten oder eigentlich hingehörten. Der Krieg hatte als eine gewaltige Mobilisierungsmaschine gewirkt und die Menschen irgendwo ausgespuckt. Nun galt es, wieder zueinanderfinden.

Es war jedoch trotz allem Leid auch eine lustige Zeit. Die Menschen hatten diesen Schrecken überlebt und freuten sich des Daseins, freuten sich des Tages. Und, wie man umgangssprachlich so schön sagt: Sie hauten mächtig auf den Putz. Es wurde sehr viel gefeiert. Es wurde sehr viel geliebt. Es war ein seltsam ausgelassenes Land, trotz aller Schrecken, die hinter ihnen lagen, vielleicht auch gerade wegen der Schrecken. In dieser Zeit hatten sie nur wenig Gehör für die traurigen Geschichten der ehemaligen Kriegsgefangenen, allerdings hatte ja jeder viel Schlimmes im Krieg erlebt.[71]

Man wollte nach vorne schauen. Man hatte genug zu tun mit sich selbst und mit den enormen Anforderungen, die der Nahrungsmangel und die Suche nach Überlebensmöglichkeiten stellten. Da wollte man nichts von den Geschichten von früher hören, auch wenn sie nur ein, zwei Jahre her waren. Insofern waren viele Heimkehrer absolut allein mit ihren schrecklichen Erfahrungen. Man kennt dieses typische „ach, jetzt fängt der wieder an mit seinen alten Geschichten". Die verstummten dann bald recht frustriert und blieben mit ihren Erinnerungen allein, oder, wenn es ein paar eloquentere Typen waren, was aber relativ selten war, rauften sie sich in Heimkehrer-Verbänden zusammen.

Das waren dann die alten Kriegerverbände in der Kneipe, wo sie ihre Erinnerungen auffrischten. Aber das kam wirklich relativ selten vor, viel seltener, als man sich vorstellt. Die meisten waren mit sich allein und entsprechend vergiftet war dann die Atmosphäre in vielen Familien. Diese Mauer des Schweigens über die Vergangenheit war mit den psychischen Problemen in vielen Nachkriegsfamilien verbunden, unter denen dann auch die 68er-Generation stark gelitten hatte.

Harald Jähner bezeichnete Deutschland in der Zeit als ein „seltsam ausgelassenes Land". Über morgen habe kaum jemand nachgedacht, sagte er. „Die Zeit hatte etwas Wölfisches. Die Menschen hatten deswegen Angst voreinander. Es gab die einsamen Wölfe, kriminelle Typen, entwurzelt, gewissenlos, traumatisiert. Vor denen hatte man Angst, insbesondere die Frauen."

In den Familien gab es viel Freude, dass die Männer wieder da waren, und vielfach folgte auf diese Freude tiefe Enttäuschung. Das hing damit zusammen, dass die Heimkehrer oft traumatisiert waren, verbittert, träge, rabiat, schlecht gelaunt.

---

71 Harald Jähner im Gespräch mit Christoph Heinemann, „Auf die Freude folgte Enttäuschung", 26.07.2021.

Die Frauen hatten sich in der Zwischenzeit stark emanzipiert. Sie hatten gelernt, dass eine Stadt auch ohne Männer betrieben werden kann. Sie hatten die Jobs der Männer übernommen und deren Privilegien alle vollständig entzaubert. Sie hatten mit ihren Kindern kollektive Überlebensteams gebildet – sehr kooperative Beziehungen, für die die Kinder eigentlich viel zu klein waren. Doch das war keine Überforderung; oft waren die Kinder stolz auf diese Nähe zu ihren Müttern. In diese enge Gemeinschaft brach nun der heimkehrende Vater, der wollte, dass alles wieder so war, wie er es von früher gewohnt war. Er war jedoch nicht in der Lage, mit dieser Anarchie umzugehen. Soldaten können schlecht improvisieren. Sie können befehlen oder gehorchen.

Insofern waren sie oft nicht in der Lage, mit dieser neuen Situation umzugehen, und waren den Familien eine große Last. Das spürten sie und waren dann umso mehr verbittert, waren eifersüchtig, reagierten mit viel Gemecker und Gemoser, mit Eifersüchteleien, oft auch mit Gewalt, und das endete dann in einer großen Scheidungswelle in den Jahren 1947 und 1948.

Andererseits hatten die Menschen Sehnsucht nacheinander. Sie waren oft isoliert, vereinsamt. Die Familien waren auseinandergerissen. Man brauchte einander, man suchte sich, man war bereit für ein neues Leben und für einen neuen Partner und ging entsprechend auf die Suche. Enttäuscht von den alten, suchte man nach neuen Partnern.

„Wer die Geschichte nicht kennt, ist gezwungen sie zu wiederholen."

Johann Wolfgang von Goethe

Benjamin Schmold und seine Familie

Geschrieben von Siegfried Schmold und von mir aus dem Englischen übersetzt.

„Meine Mutter, Lydia Schmold, starb am 23. Dezember 1970 im Alter von 45 Jahren an einem Aortenaneurysma. Mehr dazu später. Wir waren alle am Boden zerstört, aber das Leben ging weiter. Mein Vater, Ben, entschied sich nach zwei Jahren als Witwer für eine neue Heirat und nach kurzer Zeit fing er mit der Brautwerbung und mit den Heiratsplänen an.

Die Hochzeit mit Maria Rempel wurde für den 22. Juli 1972 angekündigt.

Kurz vor der Hochzeit schenkte mir mein Vater eine kleine Schachtel mit Dokumenten und Fotos von seiner ersten Frau, Lydia. Ich war davon überrascht und fragte ihn, warum ich dieses „Paket" bekomme. Er brachte ein paar Punkte vor. Erstens, ich war das Älteste ihrer überlebenden fünf Kinder (alles Jungen) und als solches wurde mir ihre „Geschichte" anvertraut.

Zweitens begann für ihn ein neues Leben mit Mary und er wollte ganz einfach sein bisheriges Leben hinter sich lassen und sich auf die Jahre, die ihm bevorstanden, konzentrieren. Er war 44, als er zum zweiten Mal seine neue Frau, Mary, heiratete, sie war zu der Zeit 33 Jahre alt und es war ihre erste Ehe. Beide waren sie noch jung und hatten viele Jahre vor sich.

Am 17. April 1973, neun Monate nach der Hochzeit, wurde unser jüngster Bruder Christopher Robert Schmold (Chris) als sechster Bruder geboren. Wir waren nun ein halbes Dutzend.

Ich habe die kleine Schachtel mit Lydias Dokumenten und Fotos etwas mehr als 50 Jahre aufbewahrt. Jetzt bin ich 75 Jahre alt und seit Jahren im Ruhestand. Diese kurze Geschichte habe ich geschrieben und versuche damit, meiner Verpflichtung nachzukommen, die Geschichte unserer Eltern am Leben zu halten. Viel Spaß und Interesse bei der weiterführenden Lektüre.

Mein Vater, Benjamin Schmold, wurde 1928, zur Zeit der kommunistischen Herrschaft über die Sowjetunion, in Josefstal/ Ukraine geboren. Ich weiß nicht viel über seine frühe Kindheit, außer dass sie gemeinsam mit seiner Familie die Hungersnöte und Repressionen der 30er-Jahre überstanden hatten, während es vielen nicht gelang.

1943, im Alter von 15 Jahren, wurde er und der Rest der Familie aus ihrem Dorf Josefstal, das sie jahrelang ihr Zuhause genannt hatten, evakuiert. Anschließend flohen sie über Polen nach Westdeutschland.

Er wohnte mit seiner Familie, Eltern und Geschwistern, in Fahrendorf (Lüdinghausen) auf einem Bauernhof, wo sie auch ihren Lebensunterhalt verdienten.

Am 8. Juni 1946 heiratete er im Alter von 18 Jahren Lydia Kunst, die bei den Schmolds wohnte und zusammen mit der Familie Schmold aus Josefstal evakuiert wurde.

1947 zogen sie nach Herbern, wo ich am 6. Dezember 1947 und mein Bruder Ben am 26. April 1949 geboren wurden. 1949 wanderten sie nach Kanada aus, der Rest der Familie folgte 1952.

Die persönlichen Unterlagen meiner Mutter wurden bei der Verbrennung von Josefstal vernichtet. Als sie in Deutschland ankam, hatte sie keine Papiere. Sie hat die unten genannte eidesstattliche Erklärung am 15. August 1949 abgegeben; zweifellos als Vorbereitung darauf, einige Monate später ihre Papiere für die Auswanderung nach Kanada zu bekommen."

1946: Hochzeit von Lydia Kunst und Benjamin Schmold

1949, Lydia Schmold, geborene Kunst

So schrieb Siegfried die Geschichte seiner Familie im Jahr 2017. Später bekam er Unterlagen über seine Mutter aus dem Bundesarchiv Berlin und überarbeitete dann den Text:

„Die Wurzeln meiner beiden Eltern stammen von den Gründerfamilien Josefstals bei Dnepropetrowsk am Fluss Dnepr.

Der Dnepr ist mit 981 km der größte Fluss der Ukraine. Er teilt Kiew, die Hauptstadt der Ukraine, in zwei gleiche Teile. Innerhalb der Stadt beträgt die Breite des Flusskanals 1,5 km, die Tiefe beträgt bis zu 9-12 m.

Der Fluss ist sehr unbeständig und anfällig für Überschwemmungen. Im Frühling vergrößerte sich der Fluss erheblich und überschwemmte regelmäßig das umliegende Tiefland. Die verheerendsten Überschwemmungen ereigneten sich in den Jahren 1789, 1845, 1877, 1882, 1895, 1908, 1917, 1931 und 1942.

Trotz der alljährlichen Überschwemmungen, die den Josefstalern das Leben schwer machten, brachte die Lage wegen dem fruchtbaren Boden am Dnepr große Vorteile. Natürlich waren die Ufer des Flusses immer mit üppigem Gras bedeckt, sie waren für die Rinder eine gute Weide. Die kleinen Seen, die nach der Flut immer wieder entstanden, waren reich an Fischen, die die Bewohner als Nahrung verwendeten.

Die Dnepr-Ufer waren auch für den guten Wuchs von Korbweiden (Roter Hartriegel) bekannt. Das ermöglichte es den Kolonisten, sich handwerklich zu betätigen. Sie stellten verschiedene Haushaltsgegenstände her und verkauften sie: Körbe, Regale, spanische Wände, Reisekoffer, Stühle, Schränke, Sofas, Kinderwiegen, sogar Hüte und vieles mehr.

Ich besitze noch immer einen handgeflochtenen Weidenkorb, den mein Großvater Wilhelm gemacht hatte, als er aus Sibirien nach Kanada kam. Wir waren auf einem Familien-Campingplatz zum Angeln am Jackfish See nördlich von Athabasca in den späten 1970er-Jahren. Er hatte etwas Rotes gefunden. Es war Weide und innerhalb einer Stunde hatte er einen wunderschönen Korb geflochten.

Ironischerweise führte die Überschwemmung des Dnepr im Jahr 1789 zur Gründung von Josefstal. Die deutschen Siedler aus Danzig wählten das Gebiet aus, weil dort bereits zahlreiche Häuser und Infrastruktur waren, die wegen der Überschwemmung von griechischen und armenischen Siedlern verlassen waren.

Meine Mutter, Lydia Schmold, geborene Kunst, wurde am 14. Mai 1925 in Josefstal, Ukraine, geboren. Ihr Vater war Friedrich Kunst, geboren am 17. Juni 1883 in Josefstal. Ihre Mutter war Christine Hoch, geboren am 14. September 1886 in Josefstal.

Meine Recherche auf der Website der Schwarzmeerdeutschen (https://www.blackseagr.org/) führte mich zu EWZ 50 Genealogie-Dokumenten, die sich in den USA befinden. Aus diesen Dokumenten konnte ich einen unvollständigen Stammbaum erstellen.

Wahrscheinlich starben einige Geschwister meiner Mutter bereits im Kindesalter. Es war am Ende des Ersten Weltkrieges und in der Zeit der Kommunistischen Revolution 1917. Meine Großmutter, Anna Schmold, schrieb in ihren Erinnerungen: „Viele in unseren Dörfern starben an Hunger. Mein Schwiegervater und mein drei Monate alter Sohn Johann verhungerten."

Wie bereits erwähnt, sprachen alle Josefstaler Plattdeutsch. Die Kolonisten hielten sich weitgehend daran und Ehen außerhalb der Kolonie waren selten. Die Einwohnerzahl von Josefstal im Jahr 1942, dem Jahr vor der Zerstörung des Dorfes durch die deutsche Wehrmacht, betrug 1.102. Viele Nachnamen aus der Einwohnerliste dieses Jahres traf ich später in Coaldale, Kanada, wo ich aufwuchs. Nachnamen wie Ahlert, Faber, Geworsky, Göbel, Granson, Hass, Kuhn, Kunst, Littau, Steinbrenner und Schmold waren sowohl in Josefstal als auch in Coaldale keine Seltenheit. Der Nordostteil von Coaldale, wo wir wohnten, als Lydia starb, hieß „Klein-Russland". Es scheint offensichtlich, dass viele Josefstaler, die überlebt hatten, nach dem Zweiten Weltkrieg versucht hatten, sich wieder zu vereinen, sodass sie sich für eine Auswanderung nach Coaldale/Kanada entschieden.

Während alle Einwohner im Dorf Josefstal lebten, waren die umliegenden landwirtschaftlichen Flächen in individuellem Besitz der Dorfbewohner. Die Bauern pflegten den traditionellen Getreideanbau und hielten Kühe, Schweine und Pferde. Viele Familien hatten auch kleine eigene Gärten, in denen sie Gemüse für sich selbst anbauten und zum Teil im benachbarten Dnepropetrowsk verkauften. Interessant ist auch, dass die Josefstaler auch einen großen Gemeinschaftsobstgarten hatten. Laut Dr. Karl Stumpp (1942) war der Obstgarten 27 Hektar groß und mit 3800 Apfelbäumen und 2500 Birnen-, Pflaumen-, Kirsch- und Aprikosenbäumen bepflanzt."

Am 28. September 1941, an einem verregneten Sonntag, wurde Josefstal von der Deutschen Wehrmacht besetzt. Zwei Jahre später wurde die Bevölkerung aus dem Dorf in das Warthegau deportiert.

Am 14. September 1943 zog der Treck teilweise mit Fuhren, meistens aber zu Fuß, aus Josefstal in Richtung Westen über den Fluss Dnepr los. Die Zeitzeugen konnten sich noch gut daran erinnern, dass Josefstal in Flammen stand, als sie das Dorf verließen. Das waren die letzten Bilder, die die Josefstaler von ihrem Dorf gesehen haben. In der Zukunft werden sie noch viele „Zuhause" haben, doch ihre Heimat Josefstal trugen sie stets mit sich.

„Man kann sich nur vorstellen, welche Strapazen die lange Bewegung im Treck in Richtung Westen mit sich brachte. Schwangere Frauen, Kinder, Kranke und ältere Menschen mussten die beschwerliche Reise auf sich nehmen. Sie mussten provisorische Unterkünfte errichten oder verlassene Bauernhöfe oder Scheunen finden, in denen sie für die Nächte untergebracht werden konnten. Essen wurde erbeutet oder erbettelt. Die typische Tagesreise zu Fuß und mit dem Wagen betrug je nach Gelände und Wetterlage zwischen 5 und 15 Meilen.

Die Entfernung zwischen Dnepropetrowsk (Ukraine) und Lodz (Polen) beträgt auf den heutigen asphaltierten Autobahnen 1360 km. Im Jahr 1943 hatten die Josefstaler vier Monate für diese Strecke gebraucht.

Die Minderheitsgruppe der Russlanddeutschen in der Sowjetunion geriet zwischen zwei mächtige, rivalisierende Ideologien, was zweimal zu erzwungenen Massenumsiedlungen führte.

Das Schicksal der Volksdeutschen im von den Nazis besetzten Polen verdeutlichte eindrucksvoll die strikte Rassendichotomie in Hitlers NS-Ideologie. Genauso bearbeitete die SS in Lodz die Volksdeutschen, die in das Dritte Reich deportiert wurden. 20.000 bis 25.000 der ethnischen Deutschen aus der Ukraine starben auf dem Weg in den Westen.

Sowohl die Familie Schmold als auch die Familie Kuntz durchliefen die ethnische Überprüfung in Lodz (das die Deutschen in Litzmannstadt umbenannten). Mithilfe von Adina Darscht konnte ich eine Kopie der Screening-Unterlagen von meiner Mutter, Lydia Kunst, im Deutschen Archiv in Berlin finden. Ich werde den Leser nicht mit dem sechsmonatigen E-Mailverlauf und dem bürokratischen Papierkram, der damit verbunden war, langweilen.

Zunächst ein paar Hintergrundinformationen zum Rassenscreening: Das Hitler-Regime verstand sich als Hüter einer klar definierten Rassengemeinschaft.

Daher waren in Lodz umfangreiche Registrierungs- und Überprüfungsverfahren erforderlich. Kurz gesagt: Die Flüchtlinge mussten acht Screening-Stationen durchlaufen. Folgende Prozeduren mussten sie dabei auf sich nehmen:

1. Die Papiere der Familie wurden überprüft und fehlende Formulare wurden ergänzt.
2. Die zweite Station bereitete Ausweispapiere vor und fasste die Informationen zusammen.
3. An Station drei wurde ein Foto gemacht.
4. Am Bahnhof wurden vier Vermögensangelegenheiten geklärt und die Menge des zurückgelassenen Eigentums wurde ermittelt.

5. Die fünfte Station war vielleicht die wichtigste. Sie wurde zwar als Untersuchungsstation bezeichnet, diente in der Praxis jedoch vor allem rassenbezogenen Untersuchungen, wie etwa Schädelmessungen.
6. An Station sechs wurde der politische Status einer Familie vom SS-Sicherheitsdienst überprüft.
7. Station 7 entschied über die Beschäftigung und endgültige Unterbringung des Flüchtlings.
8. Die letzte Station, Station 8, bestand aus einem Überprüfungsgremium, das alle bewerteten Untersuchungsergebnisse zusammenführte, die Entscheidung über die Genehmigung zur Einbürgerung traf und die entsprechenden Bescheinigungen ausstellte.

Zusammenfassend lässt sich sagen, dass alle deutschen Flüchtlinge nach dem Screening entweder in die Gruppe „O“ oder „A“ eingestuft wurden. Familien, die als nichtdeutsch galten, kamen in die Gruppe „S“. Diese Klassifizierungen bestimmten die Zukunft des Flüchtlings:
1. Flüchtlinge aus der Gruppe „O“ waren unabhängig vom Herkunftsland dazu bestimmt, in Osteuropa untergebracht zu werden.
2. Flüchtlinge der Gruppe „S“ sollten in das Herkunftsland verschoben oder in Polen mit anderen „Unerwünschten“ angesiedelt werden.
3. Diejenigen, die mit dem Buchstaben „A“ klassifiziert wurden galten als reine Deutsche und hatten als solche einen Anspruch darauf, im „Reich“ zu verbleiben.

Schmaltz (2008) schätzt, dass die Screening-Einrichtungen in Lodz etwa 492.000 ethnische Deutsche aus allen Teilen Europas registrierten, die meisten davon aus der UdSSR. Die überwiegende Mehrheit (403.000) wurde als „O“-Fälle eingestuft und konnte entweder in Polen bleiben oder wurde in den Osten deportiert.

Etwa 18.000 Flüchtlinge, die „S“-Fälle, durften nicht eingebürgert werden und wurden in ihr Heimatland zurückgeschickt. Lediglich 70.000 „A“-Fälle durften im „Reich“ bleiben und arbeiten. Die Familie meiner Großmutter (einschließlich meines Vaters) und meine Mutter wurden als „A“-Fälle eingestuft, ebenso wie meine Stiefmutter Mary und ihre Familie.

Meine Mutter schrieb in ihrer Autobiografie: „Am 15. Mai 1925 wurde ich als Tochter von Friedrich Kunst und Christina Hoch geboren. Nach den Schuljahren arbeitete ich vier Jahre in der Landwirtschaft im Kollektiv. Danach arbeitete ich zwei Jahre als Dolmetscherin für die deutsche Wehrmacht.

Am 19. September 1943 wurde ich zusammen mit meinen Eltern nach Deutschland ausgesiedelt. Jetzt wohne ich in Silgendorf bei Schildberg im Kreis Kempen. Besuche jetzt die Landwirtschaftsschule in Wieruschau.

Mein Vater ist am 17. Juni 1883 in Josefstal geboren. Die Mutter ist am 14. September 1886 in Josefstal geboren. Geheiratet haben meine Eltern am 21. August 1903, sie sind evangelisch. Am 2. April 1944 starb mein Vater in Litzmannstadt. Am 19. August 1944 starb meine Mutter in Ostrava.“

So erfuhr ich, dass meine Großeltern 1944 im Abstand von nur vier Monaten gestorben sind. Ihr Vater war 61 Jahre alt, während ihre Mutter 58 Jahre alt war, als sie starb. Aller Wahrscheinlichkeit nach war die Ursache eine Krankheit oder Hunger.

In einem zweiseitigen EWZ-Dokument, das vermutlich in Station Nr. zwei ausgestellt wurde, sind die persönlichen Daten meiner Mutter zusammengefasst. Das Formular erfasst, wann und wo sie geboren wurde sowie ähnliche Informationen über ihre Eltern. In diesem Dokument wurde sie als 100 % „Deutsch“ „zertifiziert“. Mein Vater Ben unterzog sich einer ähnlichen Untersuchung und wurde auch als „100 % Deutscher“ anerkannt. Ob es uns gefällt oder nicht, meine fünf Brüder und ich sind somit auch „100 % Deutsche“.

Am 4. Oktober 1944 wurde meine Mutter ins Deutsche Reich eingebürgert. Das einzige andere Dokument, das ich über Lydias Zeit im Warthegau habe, ist ihre Konfirmationsurkunde. Das Dokument ist auf den 14. Mai 1944 datiert, nur einen Tag vor ihrem 19. Geburtstag. Dies ist ein ungewöhnlich später Zeitpunkt für eine Konfirmationszeremonie in der lutherischen Kirche.

Ich war zum Beispiel 14, als ich in der Lutheran Church Coaldale von Pfarrer Lucas konfirmiert wurde. Meine Vermutung für den späten Zeitpunkt ist, dass während ihrer Jugendzeit in Josefstal, unter Stalins Herrschaft, Gottesdienste und kirchliche Feiern verboten waren. Durch meine Nachforschung erfuhr ich zum Beispiel, dass ab dem Jahr 1931 die Kirchen zur Förderung von Kultur in sogenannte „Kulturzentren“ umgewandelt wurden. Das sind die Freuden des Kommunismus.

Kurz nach der Einbürgerung meiner Mutter änderte sich der Verlauf der Frontlinie, die Rote Armee rückte nach Westen in die Region Warthegau vor. Viele Flüchtlinge im Warthegau sahen sich gezwungen, vor der vorrückenden Roten Armee weiter in den Westen nach Deutschland zu fliehen.

Ungefähr 75.000 Menschen (einschließlich unserer Familie) gelang es, in die Sicherheit Westdeutschlands zu fliehen, während die Mehrheit (275.000) der Schwarzmeerdeutschen im Warthegau zwangsweise in ihr Herkunftsland zurückgebracht wurde. Als „repatriierte Sowjetbürger“ gelangten sie in die UdSSR und landeten meist in Sonderkommando-Siedlungen in Sibirien und Zentralasien, vor allem in Kasachstan. Adinas Familie und viele andere Josefstaler erlitten ein ähnliches Schicksal.

Wenn ich in meine Erinnerung zurückblicke, fällt mir ein, dass meine Großmutter mir mehr als nur einmal erzählt hatte, dass sie, die Familie Schmold, meine Mutter Lydia unter ihre Fittiche genommen hatte. Als solche reiste sie mit der Familie meiner Großeltern westwärts, quer durch Deutschland. Es war eine viermonatige Reise. Ob sie und Ben sich aus Josefstal kannten oder ob er sie in Polen getroffen hat, werden wir nie erfahren.

Kurz nach ihrer Ankunft in Fahrendorf beschlossen sie, zu heiraten und weiter nach Herbern zu ziehen, wahrscheinlich noch vor der Hochzeit, die am 8. Juni 1946 in Herbern stattfand.

Ben und Lydia unternahmen zusammen mit meinen Eltern diese Reise, bevor sie am 8. Juni 1946 heirateten. Der Rest der Familie Schmold folgte ihnen 1947. Herbern (heute Ortsteil von Ascheburg) liegt im Bundesland Nordrhein-Westfalen im Westen von Deutschland.

Zu der Zeit wohnten meine Eltern, Ben und Lydia, im Dachgeschoß über einer Scheune auf dem Bauernhof.

Kurz vor meiner Geburt zogen sie jedoch auf einen anderen Bauernhof in Herbern um. Der heutige Besitzer ist der Sohn des Eigentümers von 1947. 2017 führten wir bei Tee und Keksen ein sehr angenehmes Gespräch über die Jagd hier in Kanada. Sehr zivilisiert.

Ich frage mich oft, wie das Leben meiner Mutter und meines Vaters in den Jahren war, in denen sie die zwei Jahrzehnte vor 1943 in Josefstal gewohnt hatten. Meine Cousine zweiten Grades, Adina Darscht, hat mir dabei geholfen, das Leben der Josefstaler in den zwanziger und dreißiger Jahren des letzten Jahrhunderts zu verstehen, ihre Vorfahren stammen auch aus dem Dorf. In ihrem aktuellen Buch „Das absolute Gedächtnis, Josefstal“ (2020) beschreibt sie einige Aspekte des Lebens der Kolonisten. Sie schrieb Folgendes darüber: „Viele Josefstaler waren musikalisch und spielten verschiedene Instrumente.“

Wenn ich an meine Kindheit in Coaldale zurückdenke, erinnere ich mich an zahlreiche Hochzeiten, die Verwandte und Freunde der Familie im alten Gemeindehaus feierten. Es waren stets große Feste mit reichlich Essen, Getränken und Tanz zu Musik einer Live-Band.

Die Band bestand immer aus einheimischen ehemaligen Josefstalern, die aufgrund ihres Talents eingeladen wurden. Ich erinnere mich auch an Gottesdienste in der lutherischen Kirche in Coaldale. Gelegentlich wurden im Gottesdienst als „Sonderangebot“ auch musikalische Darbietungen von Blechbläsern vorgeführt. Die Band bestand wiederum auch aus ehemaligen Josefstalern.

An Sonntagen nach der Kirche hatten wir oft Verwandtenbesuche. Die Erwachsenen unterhielten sich im Wohnzimmer, während wir, die Jugendlichen, aus dem Wohnzimmer in den Keller oder in das Gästezimmer zu den Brettspielen oder Kartenspielen verbannt wurden. Ich erinnere mich an die Unterhaltungen von Erwachsenen, bei denen es mehr als einmal um das Singen deutscher Lieder ging, die, da bin ich mir sicher, Anklänge an Josefstaler Lieder waren. Die musikalische Tradition brachten die Josefstaler sicherlich aus dem alten Land mit in das neue Land, Kanada.

In der heutigen Welt sehe ich, dass Musik tief in vielen unserer Familien verwurzelt ist. Sowohl mein Sohn Paul als auch meine Tochter Naomi betrachten Musik als einen großen Teil ihres Lebens. Paul spielt Gitarre. Er schreibt die Texte für seine eigenen Lieder und hat mehrere Rockbands gegründet, die etwa ein halbes Dutzend CDs veröffentlicht haben. Naomis erster Abschluss war in Musik (Gesang). Sie war an mehreren Bühnenauftritten beteiligt, unter anderem in der Edmonton Opera. Derzeit ist sie Vorstandsmitglied der Edmonton Opera und des Banff Centre for the Arts.

Einige meiner Geschwister „beschäftigen“ sich auch gern mit Musik. Manfred hat in seiner Wohnung eine Wand mit Gitarren geschmückt, die er sehr gut spielen kann. Ben spielt gern Banjo. Der Rest von uns – nun ja, es ist vielleicht keine Musik, aber wir sind dafür bekannt, einige großartige Elch- und Bullengebrülle zu produzieren. Nicht ganz Musik, aber doch irgendwie nah dran.

Adina Darscht schrieb, dass ein typisches Merkmal der Josefstaler ihre positive Lebenseinstellung war. Probleme und Ereignisse wurden ausführlich besprochen, sowohl das Positive als auch das Negative wurde ausdiskutiert. Die negative Seite von Problemen blieb zwar nicht ungesehen, dennoch hatten sie einen unerschütterlichen Glauben daran, dass die Zukunft besser sein werde.

Wenn ich darüber nachdenke, nehme ich an, dass das vielleicht ein Grund dafür war, dass so viele nach Kanada ausgewandert sind. Sie waren sich der Strapazen bewusst, die die Reise und der Umzug mit sich brachten. Und dennoch bewegte sie dieser Glaube daran, dass die Zukunft für sie und ihre Familien besser sein werde. Die Geschichte hat gezeigt, dass sie mit dieser Annahme Recht hatten.

Die Hochzeiten wurden von Josefstalern groß mit Tanz und Gesang gefeiert. Die Einladung zur Hochzeit erfolgte durch den „Hochzeitsbitter" (Gastgeber der Hochzeit). Er ritt auf einem mit Blumen geschmückten Pferd durch das Dorf, um alle Leute zur bevorstehenden Hochzeit einzuladen.

Die Feier begann in der Wohnung der Braut, normalerweise am Samstag. Die Gäste versammelten sich vor dem Hof und warteten gespannt auf die Ankunft des jungen Bräutigams, der dann in einer mit Blumen geschmückten Kutsche ankam. Dem Bräutigam folgten noch ein paar weitere geschmückte Planwagen mit Freunden des Bräutigams. Dieser Hochzeitszug wurde mit Musik und Gelächter empfangen. Anschließend wurde die Braut vom Hochzeitsbitter an den Bräutigam übergeben und der Hochzeitszug machte sich auf den Weg zum Tanzsaal.

In der Halle stellten sich die Damen auf der einen Seite des Raumes auf und die Herren auf der anderen. Der Hochzeitsbitter ging zur Braut, tanzte ein bisschen mit ihr und führte sie dann zum Bräutigam. Dies eröffnete den Tanz und war das Signal für andere, mitzumachen. Um Mitternacht saß das Brautpaar in der

Mitte der Halle und der Schleier der Braut wurde ihr von dem Bräutigam abgenommen. Das Tanzen dauerte meistens bis in die Morgenstunden.

Am nächsten Tag, nach dem Kirchenbesuch, trafen sich das Brautpaar und die Gäste noch einmal und feierten weiter. Es wurde gegessen, getrunken und bis spät in die Nacht getanzt.

Am dritten Tag wurde die Braut feierlich zum Haus des Bräutigams gebracht, wo sie künftig bei seiner Familie wohnen würde. Dies wurde erneut – wie Sie sich wahrscheinlich denken können – von Essen und Trinken begleitet. Großmutter Anna Schmold hatte eine solche Hochzeit in Josefstal gehabt. Lydia und Ben, meine Eltern, heirateten aber in Herbern, Deutschland. Wahrscheinlichkeit folgte sie den ähnlichen Traditionen."[72]

Auch hier stellt sich für mich die Frage nach den Gründen für die Auswanderung nach Kanada, einem unbekannten Land, weit entfernt von allem, was sie kannten. Großmutter Anna Schmold schreibt, dass sie von den Bauern, für die sie in Herbern arbeiteten, gut behandelt wurden. Warum wanderten Ben und Lydia 1949 aus, gefolgt von Anna und dem Rest der Familie Schmold 1953? Wir können nur Vermutungen darüber anstellen. Durch die wenigen Gespräche, die ich mit meinem Vater darüber geführt habe, erfuhr ich, dass sie einfach nach einem besseren Leben für sich und ihre Familie suchten – einem Leben abseits des vom Krieg zerrissenen Europas, fern vom kommunistischen Russland und den Missständen in diesem Land. Sie wollten weg von dem von Stalin gegründeten kommunistischen „Paradies". In ihren Augen war das buchstäblich einfach die Hölle auf Erden. Mit dem Wunsch, wegzugehen und ein neues Leben zu beginnen, waren sie nicht die Einzigen.

Historischen Schätzungen zufolge entschieden sich etwa 30.000 der 75.000 eingebürgerten Deutschen, die als Displaced Persons

---

72 Ob sie der Tradition im Nachkriegsjahr 1946 folgen konnten, erscheint für mich in Anbetracht der bescheidenen Umstände zu der Zeit fraglich.

(DPs) bezeichnet wurden und die nach dem Krieg eigentlich in Westdeutschland bleiben durften, 1948, Europa zu verlassen und in die USA, in die westliche Hemisphäre oder nach Australien auszuwandern.

Ich erinnere mich, dass mein Vater mir erzählte, dass er einen Auswanderungsantrag für drei Länder gestellt hatte, die zu der Zeit Flüchtlinge aufnahmen, darunter Australien, Südamerika (Brasilien und Peru) und Kanada. Er war im wahrsten Sinne des Wortes bereit, in das Land zu gehen, das unsere Familie zuerst aufnehmen würde.

Anders als heute reagierte die kanadische Einwanderungsbehörde schnell.

Unsere Reise nach Kanada begann mit einer Zugfahrt von Herbern nach Hamburg, von wo aus wir an Bord eines Passagierschiffs nach Quebec City aufbrachen. Die Reise über den Atlantik hatte ungefähr eine Woche gedauert. Das bedeutet, dass wir ungefähr am 25. September 1949 in Kanada ankamen. Von dort aus sind wir mit dem Zug quer durch Kanada (eine 3000 km lange Reise) nach Lethbridge gefahren. Weiter ging es mit einem Privatfahrzeug nach Coaldale, wo wir Ende September oder Anfang Oktober 1949 ankamen.

Wie in Deutschland war auch in Kanada unser erster Wohnsitz ein paar Kilometer südöstlich von Coaldale auf einer Farm, die einem Herrn Webb gehörte. Unser Haus war nicht viel mehr als eine renovierte Getreidelagerhütte.

Mein Vater war für zwei Jahre bei der Familie Webb „verpflichtet“, um bei der Finanzierung seiner Reise sowie der seiner Familie nach Kanada zu helfen. Wie die meisten Farmen zu dieser Zeit war die Webb-Farm ein gemischter Familienbauernhof mit Rindern, Milchkühen, Schweinen, Hühnern, etwas Getreide und, vor allem, Zuckerrüben. Das Hacken oder Ausdünnen von Zuckerrüben sollte zu unserem Erzfeind werden, mit dem wir aufwuchsen. Von klein an bis zum Ende der High School wurde von uns erwartet, dass wir auf dem Feld helfen. Unsere Eltern arbeiteten auf dem Rübenfeld, um die Familie zu ernähren.

Ich erinnere mich an die Kaninchen auf unserem Hof, die in einem ganz besonderen Gehege aufgezogen wurden. Unser Vater grub einen quadratischen Graben und legte oben darauf Hühnerdraht, versehen mit einer kleinen Tür, durch die er ihnen das Futter zuwerfen konnte. Die Kaninchen wuchsen glücklich auf und lebten in ihrem von Halblicht durchfluteten Gehege, das wie ein Tunnel wirkte, den sie selbst gegraben hatten. Zudem gab es kleine Mauern, die ihre Nester bildeten, in denen sie ruhen konnten. Der Grund für den versunkenen Kaninchenstall war, dass die Kaninchen nie in der Lage waren, sich ihren Weg freizugraben – sie hatten keine Fluchtmöglichkeit. Eine meiner Aufgaben war es, Gras und, wenn verfügbar, Löwenzahn zu pflücken und ihn als Futter in das Gehege zu werfen.

Nach einer Weile verschwand ein Kaninchen leise und tauchte dann plötzlich auf dem Esstisch wieder auf. Das gleiche Schicksal ereilte den Rest des „Viehbestandes“. Ich bin mir sicher, dass Vaters „Viehzucht“-Praktiken direkt aus der Josefstal-Tradition stammten.

Wir haben nicht gehungert. Lydia war eine gute Mutter und Hausfrau, die fleißig damit beschäftigt war, Ben und mich großzuziehen und zu betreuen, dazu kamen noch Hof- und Gartenarbeiten.

Am 9. September 1953 wurde Richard geboren. Es war eine schwierige Geburt, vermutlich eine nicht sehr geschickt durchgeführte Zangengeburt. Ich erzähle das, weil Richard, trotz seiner angeborenen Zerebralparese, die seine rechte Seite betraf, erstaunlich gut damit umgegangen ist und, soweit ich weiß, nie die „Opferkarte“ wegen seiner Zerebralparese gezogen hat.

Er ist jetzt ein erfolgreicher Suchtberater. 1992 lief er mit mir den gesamten Vancouver-Marathon, als ich 45 Jahre alt wurde.

Unsere Mutter Lydia starb im Alter von 45 Jahren, weshalb der Marathon zu ihren Ehren gelaufen wurde. Es war der einzige komplette Marathon, an dem ich teilgenommen habe. Obwohl diese Erfahrung bei Richard zu Prellungen und blutigen Zehen führte, hat er es dennoch geschafft. Nichts konnte diesen Schmold bremsen.

1955, als Richard zwei Jahre alt war, wurde meine Schwester Anneliese Schmold geboren. Sie war ein wunderschönes Baby, aber leider hatte das Schicksal andere Pläne mit ihr vor. Sie starb als Kleinkind an einer Infektion, die zu Dehydrierung geführt hatte. Lydia war damals 30 Jahre alt und Ben 27. Ihr Verlust war für sie beide verheerend.

Einige Jahre nach Annelieses Tod zogen wir in eine andere Kleinstadt im Westen von Coaldale, genannt „Nortondale (1957/58)“. Dort kam Manfred am 5. Mai 1958 auf die Welt. Ich war ein bisschen eifersüchtig, weil er tatsächlich drei Namen bekam: Manfred Willie Schmold. Nur Ben, Richard und ich hatten jeweils zwei Namen, unsere Vor- und Nachnamen. Diese vermutlich aus Josefstal stammende Tradition wurde durch die kanadische Praxis ergänzt, zwei oder mehr Vornamen zu vergeben.

Manfred gab den Zweitnamen-Trend in unserer Familie vor und Andy und Chris folgten ihm.

Das kleine Grundstück in Nortondale war ähnlich wie unser vorheriges Zuhause. Es gab eine große Zementzisterne, die mit Regenwasser gefüllt werden konnte, und je nach Bedarf wurde das Wasser mit einer Handpumpe im Inneren ins Haus befördert. Es war eine deutliche Verbesserung im Vergleich zu unserem früheren Zuhause.

Wir hatten immer noch eine Toilette im Hof. Ben, mein Bruder, erzählte mir, wie unsere Mutter eine Zeitung anzündete und sie in die Toilette draußen legte, um diese warm zu halten, während er seinen Geschäften nachging. Ich kann mich nicht daran erinnern, ein Privileg für mich.

Ben erzählte auch die Geschichte vom Badeabend unserer Familie an den Samstagabenden. Wir hatten eine große Badewanne mit Klauenfüßen, die jeden Samstag in die Küche geschleppt wurde. Zuerst nahmen Mutter und dann Vater ihr Bad, gefolgt von den anderen Familienmitgliedern in aufsteigender Altersreihenfolge, wobei der Älteste zuletzt dran war – und das war ich.

Auf unserem kleinen Hof hielten wir wiederum Nutztiere wie Hühner, Schweine und ein oder zwei Kühe.

Das Gelände bot uns reichlich Gelegenheit zum Erkunden. Wir hatten einen Bewässerungsgraben, der an die Rückseite des Grundstücks grenzte und sich sehr gut für selbstgemachte Spielzeugbootrennen eignete. Zumindest haben wir gelernt, dass lange und schmale Boote schneller waren als kurze, stämmige Boote – ein Prinzip, auf das ich mich heute bei der Auswahl meines Wasserfahrzeugs immer noch verlasse.

Unser Grundstück lag in der Nähe eines einzigartigen Merkmals in Coaldale, den sogenannten „Bäumen". Es handelte sich dabei um ein etwa 20 Hektar großes Privatgrundstück an der Nordseite des Highway 3, das mit massiven Pappeln und Erbsenstrauch-Hecken eingezäunt war. Oft erkundeten wir dieses Waldstück und beobachteten Vögel und Säugetiere in diesem Miniwald. Es gab auch ein oder zwei Unterstände, die Frösche und Käfer beherbergten – genau die Art von Tieren, die jeden Vorpubertären begeistern würden.

Oft gingen Ben und ich entlang der Autobahn Nr. 3 Flaschen sammeln, und den Erlös setzten wir dann ein, um Wiener Würstchen und Brötchen zu kaufen. Diese aßen wir im Wald, nachdem wir sie am kleinen Lagerfeuer gebacken hatten. Zweifellos habe ich meine lebenslange Liebe zu Bäumen, Wasser und der Erkundung der Naturwunder bei diesen Erfahrungen entdeckt.

Während wir im Nortondale-Teil von Coaldale wohnten, beschloss mein Vater, ein Ruderboot aus Sperrholz zu bauen. Oft gingen wir zum Hechtangeln vom Ufer aus zum Chin Lake. Vater war fest entschlossen, seine Angelfähigkeiten zu verbessern, indem er aufs Wasser ging. Wie auch immer – er baute das Boot.

Zur Überraschung von Ben und mir bestand der Hauptzweck dieser Unternehmung darin, uns das Schwimmen beizubringen. Das haben wir an einem schönen sonnigen Nachmittag am Chin Lake, östlich von Coaldale, gelernt, als er uns einfach über Bord warf, und sagte, wir sollen entweder ertrinken oder zum Ufer schwimmen. Wir entschieden uns fürs Schwimmen.

Wir hatten vielleicht kein fließendes Wasser oder keine Sanitäranlagen im Haus, aber wir hatten Strom und Vater war einer der ersten in der Gegend, der einen Fernseher in Schwarz-Weiß kaufte. Ich erinnere mich an viele Freitagabende, an denen Freunde und Verwandte zu uns kamen, um fernzusehen. Ein Favorit war die Sendung mit Mr. Ed, einem sprechenden Pferd – eine beliebte Fernsehserie, die in den Jahren 1961 bis 1966 ausgestrahlt wurde. Heute kann man sie sich auf YouTube anschauen.

Meine Mutter hatte während unserer Jahre in Nortondale mit ihrer Gesundheit zu kämpfen. Ich bin mir nicht sicher, welches Jahr es war, aber ich erinnere mich, dass ihr eine Niere entfernt wurde, weil sie nicht mehr funktionierte. Danach war sie oft sehr müde, und es dauerte lange, bis sie sich erholt hatte.

Am 10. März 1960 wurden sowohl Ben als auch Lydia offiziell kanadische Staatsbürger.

1960 kaufte mein Vater einen Studebaker Silver Hawk, Baujahr 1957. Damals dachte ich, dass es das coolste Auto war. Es hatte eine ausladende Schwanzflosse. Mechanisch war es nichts Besonderes, aber es sah auf jeden Fall cool aus.

Meine Mutter und mein Vater kamen als Flüchtlinge aus dem vom Krieg zerrütteten Europa nach Kanada. Sie sprachen Plattdeutsch, aber kein Englisch, sodass sie neben dem Kennenlernen der Sitten eines neuen Landes und einer neuen Kultur auch eine neue Sprache lernen und ihren Lebensunterhalt verdienen mussten, um ihre Familie zu ernähren. Damals hieß es „sinke oder schwimme“, denn es gab keine Flüchtlingsunterstützungsprogramme. Die Unterstützung, die sie erhielten, kam von der

Lutherischen Kirche in Coaldale, die schnell zum Zentrum für die neuen evangelischen Flüchtlinge aus Russland und Deutschland wurde.

Coaldale hatte eine große mennonitische Gemeinde, von der viele aufgrund früherer Migrationen aus der Ukraine, vor allem vor und nach dem Ersten Weltkrieg, in den Süden von Alberta/ Kanada gezogen waren. Diese Gegend war besonders gut für die Landwirtschaft geeignet, und viele Mennoniten, einschließlich der Eltern meiner Frau Linda Allert, fanden dort eine neue Heimat.

Meine Eltern hatten wegen ihrer traumatischen Erfahrungen in Russland Angst vor jedem, der zu uns in Uniform hereinkam. Ein Vorfall hat sich für immer in meine Erinnerung eingebrannt: Mitten an einem hellen Sommertag besuchte ein RCMP-Polizist unser kleines gemietetes Haus auf der Webb-Farm.

Mein Vater schrie Ben und mich an, wir sollten in den Keller gehen und kein Wort sagen, bis der Polizist weg war. Erst als wir von ihm hörten, dass wir wieder herauskommen durften, kamen wir wieder nach oben. Wir kletterten in den Keller (der ein Loch unter dem Fußboden war) und hielten den Atem an, als der Beamte das Haus betrat und sich vorstellte. Er machte einen kurzen Besuch bei unseren Eltern und ging dann. Meine Eltern konnten nicht glauben, dass ein Beamter einfach vorbeigekommen war, um mit einigen neuen Bewohnern der Gegend zu plaudern und sich ihnen vorzustellen. Früher, in ihrer Heimat in der Ukraine, endete ein solcher Besuch meist damit, dass jemand verschwand.

Nach der Eröffnung der Kate Andrews High School im Jahr 1961 wurde unser Vater ihr erster Hausmeister. Es war eine Familienangelegenheit, da meine Mutter beim Putzen half und meine Brüder und ich in den Ferien beim Reinigen, Polieren und Wachsen der Böden mithalfen.

Während meiner Jahre als Superintendent der Schulen in Athabasca und Pembino Hills habe ich oft betont, dass ich die beste

Ausbildung für diesen Beruf durch meine Erfahrungen als Klassenlehrer und Schulverwalter sowie durch meine Tätigkeiten als Schulhausmeister und Schulbusfahrer erhalten habe.

Während seiner Zeit an der Kate Andrews High School engagierte sich unser Vater intensiv als Gewerkschaftsverhandlungsführer für seine Kollegen. Im Jahr 1964 wurde Andy geboren.

Knapp sechs Jahre später, am 23. Dezember 1970, verstarb unsere Mutter, Lydia Schmold, im Alter von 45 Jahren. Ich war bei ihr, als sie starb. Ihre letzten Worte waren: „Bitte kümmert euch um Andy.“ Bis zu ihrem Ende war sie eine gute Mutter.

So endete ihr Kapitel auf dieser Erde. Sie hat viel erlebt: geschichtsverändernde Umbrüche, darunter der versuchte Völkermord an der deutschen Bevölkerung Russlands, die Deportation nach Deutschland. Es gelang ihr zu überleben und nach Kanada in die Sicherheit zu fliehen.

Viele ihrer Nachbarn aus Josefstal wählten einen anderen Weg. Obwohl ihr frühes Leben in Kanada seine eigenen Herausforderungen mit sich brachte, hatten sie ihr einziges Ziel erreicht: Sie wollte ein besseres Leben für ihre Familie; etwas, wofür meine Brüder und ich heute lebende Beweise sind.

In den frühen 70er-Jahren wechselte mein Vater seinen Beruf und arbeitete zunächst als Gebäude- und Grundstückspfleger für die Firma Woodwards und später für Alberta Government Telephones (AGT).

Am 22. Juli 1972 heiratete er Mary Rempel aus dem Süden Ontarios, die, wie auch mein Vater, ihre Wurzeln in den deutschen Kolonien Südrusslands hatte (sie kam aus dem mennonitischen Friedensdorf/Ukraine). Ein Jahr später wurde Christopher (Chris) geboren. Mary wurde Mutter eines Neugeborenen und „erbte“ den damals 9-jährigen Andy und den Rest der Schmold-Jungs. Sie war klein, aber auf ihre eigene Art und Weise mächtig.

Hochzeit von Ben und Mary

Es war der 17. April 1973, als unser Bruder Chris viel zu früh geboren wurde. Er hatte schwerwiegende gesundheitliche Probleme. Bei seiner Geburt wog er drei Pfund und Pater Ben sagte, dass er Chris in einer Hand gehalten hatte. Wie auch immer, nach einiger Zeit auf der Intensivstation in Calgary ging es Chris besser. Versuchen Sie mal jetzt, ihn in einer Hand zu halten…

Ben und Mary waren glücklich zusammen. Sie bauten etwa einen Block weiter südlich von unserem „Klein-Russland" ein neues Haus und wohnten dort zusammen, bis Vater am 18. Februar 2020 im Alter von 91 Jahren starb. Zu diesem Zeitpunkt waren sie 48 Jahre lang verheiratet. Ben und Mary hatten viele gemeinsame Hobbys: Gartenarbeit, Angeln und Camping. Einen Großteil ihrer Freizeit verbrachten sie mit der Familie auf dem „Grundstück" am Old Man River Dam, wo sie gern angelten.

Mary starb am 30. November 2020 im Alter von 81 Jahren. Auf ihren Grabstein schrieben die Kinder: „Für immer in unseren Herzen, ruhe in Frieden."

Damit endet eine Lebensgeschichte, die einige der bedeutendsten Menschen der Geschichte, tiefgreifende Umbrüche, Tragödien und letztlich den Sieg umfasst. Die Ereignisse, die das Leben von Ben, Lydia und Mary prägten, sind für unser modernes Empfinden fast rätselhaft.

Ihr sehnlichster Traum war es, ein besseres Leben für sich und ihre Kinder zu führen. Das ist ihnen gelungen. Meine Brüder und ich sind der Beweis dafür, dass Ben, Lydia und Mary auf dieser Welt ein gutes Erbe hinterlassen haben. Sie bekommen von mir eine gute Note.

Auf dem Foto oben, abgebildet vor dem Haus von Ben und Mary in Coaldale, haben wir, die Brüder, es geschafft, uns in chronologischer Reihenfolge aufzustellen. Bemerkenswert ist auch die Gesichtsbehaarung (mit Ausnahme von Chris, der noch nicht alt genug war).

Unser Vater kämpfte mit seiner Demenz, war aber brav bei der Hochzeit dabei.

Anders als das frühere Bild der Schmold-Brüder deutet dieses darauf hin, dass wir die Fähigkeit, uns chronologisch anzuordnen, verloren haben.

Abschließend sage ich noch, dass wir, die Brüder Schmold nun unsere eigenen Familien, die uns sehr viel bedeuten, haben. Einige unserer Kinder stammen aus unserer eigenen Blutlinie, andere wiederum wurden durch Heirat adoptiert. Am Ende macht es keinen Unterschied. Wir werden unser Bestes für sie tun.“

Der mysteriöse Brief

Text von Siegfried Schmold, von mir aus dem Englischen übersetzt

Das Paket, das mir mein Vater nach Lydias Tod übergab, enthielt einen handgeschriebenen Brief, der in deutscher Sprache verfasst wurde. Da ich den Brief nicht übersetzen konnte, habe ich ihn an meine Cousine, Adina, nach Deutschland zum Übersetzen geschickt. Sie schrieb mir eine E-Mail und vermerkte, dass der Brief in Sütterlin, einer älteren Form der deutschen Schrift, die von 1915 bis 1941 an deutschen Schulen gelehrt wurde, geschrieben sei.

Aus historischen Gründen habe ich diesen Brief beigefügt. Der Brief ist nicht unterzeichnet, aber aus dem Kontext geht Adina davon aus, dass er von einem Cousin meiner Mutter, Alex Kunst, geschrieben wurde. Es handelt sich um einen seiner und Lydias Verwandten, die aufgrund der Ereignisse des Zweiten Weltkriegs in Kasachstan gelandet waren. Alex Kunst hatte es wohl nie mit seiner Familie in die Sicherheit Deutschlands geschafft und wurde wahrscheinlich von den Russen in eine „Sondersiedlung“ geschickt.

Ein solches Schicksal ereilte viele der in Russland lebenden Deutschen. Dieser Brief, der das Schicksal von „Papa“ und „Mama“ behandelt, wurde anschließend von ihren Kindern verfasst. Das ist zwar alles Spekulation, aber die Tatsache, dass Lydia ihn zusammen mit ihren anderen persönlichen Dokumenten aufbewahrt hatte, lässt darauf schließen, dass dieser Brief für sie von großer persönlicher Bedeutung war. Hier ist der Text des mysteriösen Briefes:

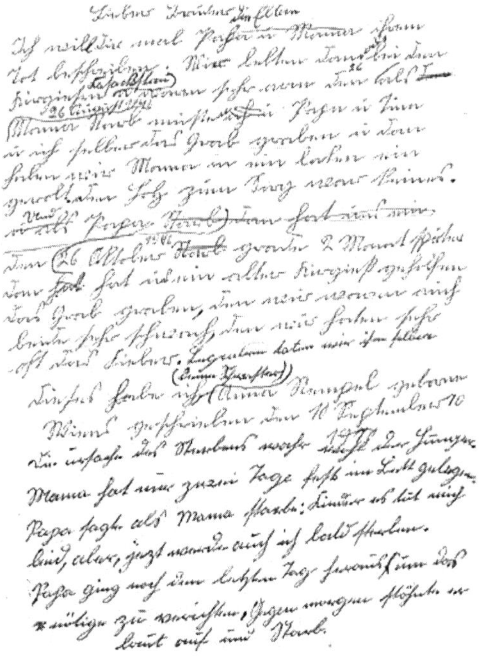

„Lieber Bruder, ich möchte dir den Tod unserer Eltern beschreiben. Zu dieser Zeit wohnten wir mit den Kirgisen in Kasachstan und waren sehr arm, denn als Mama am 26. August 1946 starb, haben Papa, Tina und ich das Grab selbst gegraben und dann haben wir Mama in ein Laken eingewickelt, weil es kein Holz für einen Sarg gab.

Papa starb am 26. Oktober, 1946, nur zwei Monate später. Ein alter Kirgise half uns beim Ausheben des Grabes, weil wir beide sehr geschwächt waren. Oft hatten wir Fieber. Begraben haben wir unseren Vater selbst.

Ich schrieb dies am 10. September 1970 an Anna Rempel. Die Todesursache war wahrscheinlich Hunger. Mama lag nur zwei Tage im Bett. Papa sagte, als Mama starb: Es tut mir leid, aber jetzt werde ich auch bald sterben. Papa ging an seinem letzten Tag raus, um die Notdurft zu erledigen, gegen Morgen stöhnte er laut und starb."

Viele Kriegskinder haben den Krieg abgespeichert wie Wissen aus dem Geschichtsbuch. Die Gefühle dazu haben die meisten von ihnen verdrängt. Kinder sind im Krieg Situationen ausgesetzt, die sie nicht verarbeiten können, sie brauchen dann schützende Erwachsene.

Marys Geschichte

Text von Mary Schmold, meiner Tante, aus dem Englischen übersetzt „Mary Rempel, meine Stiefmutter, teilte einen großen Teil unserer Geschichte, da sie, wie viele Menschen mennonitischer Herkunft, ihre Wurzeln in Preußen und später im Süden Russlands hatte. Sie wurde in der Molotschna-Mennoniten-kolonie Friedensdorf geboren, einer Kolonie östlich des Molotschna-Flusses, die im Jahr 1824 gegründet wurde.

Sie mochte die Schmolds und erzählte Geschichten über Not, Familientrennung und -zusammenführung in Kanada. Sie beschrieb ihre Erziehung und spätere Ehe mit Ben Schmold in einem Brief, den sie 2016 schrieb und der Familie Schmold überreichte. Ich habe diesen Brief hier beigefügt:"

„Ich habe eine interessante Geschichte aus meinem Leben zu erzählen. Ich habe euren Vater, Benjamin Schmold, am 22. Juli 1972 geheiratet. So begann der Teil meines Lebens, in dem ich erwachsen war.

Ich wurde im Januar 1939 als Tochter von Bernhard und Anna (Wiens) Rempel in Friedensdorf, Russland, geboren. Nur sehr wenig erinnere ich mich noch an meine frühe Kindheit, daher nehme ich an, dass es eine glückliche und unterhaltsame Zeit vor dem Jahr 1944 gewesen sein musste. Zu diesem Zeitpunkt waren wir eine fünfköpfige Familie; meine beiden Schwestern Anna, Karen (auch bekannt als Katharina), Mama, Papa und ich. Karen war noch ein Baby.

Es herrschte Krieg und es kam der Zeitpunkt, als wir aus Sicherheitsgründen unser Zuhause und unseren Staat verlassen mussten. Unsere Sachen wurden in einen Planwagen geladen und so begann unsere Reise. Wir reisten tagsüber und mein Vater, als Reiter, brachte uns in ein fremdes Haus. Wir hatten ein kleines Baby dabei.

Wie lange wir auf diese Weise gereist sind, kann ich schwer sagen, als Kind kam mir die Zeit sehr lange vor. Der Krieg verschärfte sich und die Aussicht, sich in Sicherheit bringen zu können, wurde immer geringer.

Hier fingen die Dinge an, schief zu gehen, obwohl wir, aus unserer Sicht, wohl das Richtige taten. Ein Armeelastwagen kam vorbei. Es muss nahe der deutschen Grenze gewesen sein, denn wir (meine Schwestern und ich) sind in Ostdeutschland gelandet. Meiner Mutter und meinem Vater wurde mitgeteilt, dass die Kinder und die alten Leute an einen sicheren Ort mit einem anderen Wagen gebracht werden und dass sich die Wagen später auch dort treffen würden. Meine Eltern trafen die Entscheidung, uns auf diesen Lastwagen zu setzen, wo sie uns drei Mädchen fest fixierten, damit wir nicht aus dem Wagen herausfallen sollten. Der Wagen mit meiner Mutter und meinem Vater schaffte es nie über die Grenze – sie wurden nach Russland zurückgeschickt.

Der LKW brachte uns in eine Stadt namens „Tangermünde“[73]. Ich erinnere mich, dass wir dahin gebracht wurden. Als wir zu einem Tierheim gingen, waren dort schon viele Leute, Kinder und Erwachsene. Das ist der Moment, in dem es nützlich gewesen wäre, wenn ich nur etwas älter gewesen wäre. Dinge sind passiert, die schwer zu verstehen waren.

Die Bewohner der Stadt kamen zu diesem Tierheim und meine Schwestern und ich wurden abgeholt. Ein Ehepaar, das mich mitnahm, war da mit zwei anderen Ehepaaren, die meine Schwestern zu sich nahmen. Die drei Paare müssen miteinander kommuniziert haben, denn wir, drei Mädchen, haben einander nie verloren. Wir besuchten uns gegenseitig und trafen uns meist unter vier Augen. Ich erinnere mich noch, dass wir alle in dem Ort, Tangermünde, wohnten.

---

73 Eine Hansestadt, die an der Elbe im Südosten des Landkreises Stendal im nördlichen Sachsen-Anhalt liegt.

Das Paar, bei dem ich wohnte, war katholisch und so lernte ich ihre religiösen Praktiken kennen. Ich erinnere mich, dass ich an einigen von ihnen teilgenommen habe, aber die heilige Kommunion habe ich nicht empfangen.

Bei diesen Pflegeeltern war ich ungefähr zwei Jahre. Ich erinnere mich an zwei Weihnachtsfeiern. Zu Weihnachten bekam ich zum ersten Mal ein Puppenhaus, mit dem ich eine Zeit lang sehr gerne spielte. Dann verschwand es. Im nächsten Jahr war es zu Weihnachten wieder da, aber mit mehr Möbeln. Ich bin zur Schule gegangen, obwohl ich nur eine Erinnerung habe: dass alle Kinder morgens ein Brötchen bekamen, damit wir alle nicht den ganzen Tag einen leeren Magen hatten.

Ich hatte Glück, meine Pflegeeltern sorgten dafür, dass ich zu Hause frühstückte. Ich musste das Brötchen nach Hause mitbringen, damit es am nächsten Morgen zum Frühstück gegessen werden konnte. Ich kann mich nicht erinnern, dass ich gehungert habe.

Mein Pflegevater reiste ab und zu aufs Land und holte Lebensmittel für uns von den Bauern. Die Stadt Travemünde hatte eine Metzgerei, die Fleischware aus gekochtem Fleisch herstellte. Die Brühe konnte von den Bewohnern abgeholt werden. Ich wurde mit einem Eimer zum Abholen von Brühe geschickt. Es hört sich nicht nach viel Essen an, aber es hat den Hunger gestillt.

Meine Pflegeeltern waren gute Menschen.

Eines Tages kam mein Vater im Haus meiner Pflegeeltern an. Ich erinnere mich nur, wie er ankam und dass ich mit ihm gehen musste, um ihm zu zeigen, wo meine Schwestern Anna und Karen wohnten, natürlich ging ich mit ihm.

Es hat einige Zeit gedauert, bis alle notwendigen Unterlagen für die Ausreise aus Ostdeutschland nach Westdeutschland besorgt wurden, aber mein Vater hatte Erfolg und uns wurde es erlaubt, die Grenze nach Westdeutschland zu überqueren.

Wir reisten mit der Bahn. An einer Stelle hielt der Zug eine Zeitlang an, also beschloss mein Vater herauszufinden, was los war. Er sagte uns, wir sollten im Zug bleiben und uns nicht bewegen und dass er zurückkommen würde. Uns schien es zu lange zu dauern, er kam nicht zurück. Also beschloss ich, nach ihm zu suchen. Auf dem Bahnsteig herrschte Chaos, die Menschen liefen mit ihrem Gepäck hin und her. Das Blatt wendete sich: jetzt musste mein Vater mich suchen. Ich bin so froh, dass er mich unter all diesen Menschen gefunden hatte.

Wir fuhren weiter nach Westdeutschland, wo wir (Vater, Anna Karen und ich) als Familie in einer Flüchtlingsunterkunft untergebracht wurden. Es waren noch andere Leute da, die auch aus Russland geflohen waren und auf die Möglichkeit zur Auswanderung warteten. Während wir in diesem Heim wohnten, gingen wir zur Schule. Ich war in die zweite Klasse eingeschrieben. Ich wurde 8 oder 9 Jahre alt. Anna war zwei Jahre jünger als ich und Karen war wiederum vier Jahre jünger als ich. Dies geschah in den Jahren 1946-1948 in der Stadt Eppe in Westdeutschland.

Wir blieben bis zu dem Zeitpunkt, am 14. November 1948, zu dem wir nach Kanada auswandern durften, im Heim. Mit dem Schiff reisten wir von Deutschland nach Quebec City, dann mit dem Zug nach Sardis in British Columbia, einer kleinen Stadt, etwa 10 Meilen von Chilliwack entfernt. Wir wohnten dort neun Monate lang und zogen dann nach Waterloo, Ontario. Dort bin ich aufgewachsen. Mein Vater hat meine beiden Schwestern und mich großgezogen. Wir haben es alle in die High School geschafft. Anna und Karen machten ihren Abschluss, aber ich brach die Schule ab und beendete die Klasse zwölf nicht. Da es mir wichtig war, Geld zu verdienen, nahm ich einen Job bei einer Bank an.

Am 4. August 1961 wurden wir nach siebzehnjähriger Trennung mit meiner Mutter wieder vereint und vervollständigten unsere Familie erneut.[74]

---

74 Zu dieser Zeit war Mary 22 Jahre alt. Ihre Mutter kam aus Russland, eine „alte“, gebrochene Frau ohne Zähne, mit Kopftuch, die kein Englisch

Meine Kindheit hatte aus den Jahren, in denen ich auf meine Mutter gewartet hatte, bestanden. Karen und ich zogen nach einigen Jahren nach Lethbridge. 1967 heiratete Karen Bill Martens. Sie zogen dann zurück nach Waterloo. Ich blieb eine Weile in Alberta und lebte in Coaldale, bis ich 1968 zurück nach Waterloo zog.

Ich arbeitete weiter bei der Bank, bei der ich angefangen hatte. 1972 habe ich Benjamin Schmold in Waterloo geheiratet und bin dann mit ihm nach Coaldale umgezogen, wo wir dank euch allen ein gutes und glückliches Leben geführt haben."

„Hinter jedem Menschen steht eine Geschichte. Wir haben als Individuen eine Geschichte, als Familie, als Generation, als Nation, die unser Denken, unser Fühlen, unser Handeln prägt", so die psychologische Psychotherapeutin Bettina Alberti aus Lübeck.

„Der Krieg hat einen langen Arm. Noch lange, nachdem er vorbei ist, holt er sich seine Opfer." (Martin Kessel, deutscher Schriftsteller, 1901 – 1990).

---

sprach. Es war ein neues Kennenlernen einer Frau, die Mary zu jener Zeit fremd erschien.

Als der Krieg zu Ende ging...

Lange vor Kriegsende einigten sich die USA, Großbritannien und Russland auf die Oder-Neiße-Grenze als neue deutsche Ostgrenze. Sie markiert noch heute das Ende des deutschen Staatsgebiets zu Polen. Damals bedeutete sie für viele Polen und Deutsche vor allem eines: Vertreibung.[75]

Zahlreiche Kinder waren unter den Vertriebenen, die am 3. März 1950 aus polnischen Internierungslagern im Lager Friedland ankamen. Obwohl die Aussiedlung von Deutschen aus den im Zweiten Weltkrieg besetzten Gebieten laut Potsdamer Abkommen „in geordneter und humaner Weise" organisiert werden sollte, glich sie in vielen Fällen einer überstürzten Vertreibung mit oft katastrophalen Folgen für die Vertriebenen.

März 1945: Reste der Wehrmacht, Einheiten der Waffen-SS und des Volkssturms rüsteten sich für eine der letzten Schlachten des Zweiten Weltkriegs. Währenddessen schaffte die sowjetische Regierung weiter östlich bereits Fakten. Am 14. März überträgt sie die von der Roten Armee eroberten deutschen Gebiete östlich von Oder und Neiße an die provisorische Regierung Polens.

Damit wird das vollzogen, was sich auf der Konferenz von Teheran Ende 1943 abgezeichnet hatte. Dort hatten „die Großen Drei" der Anti-Hitler-Koalition, US-Präsident Franklin D. Roosevelt, der britische Premierminister Winston Churchill und der sowjetische Staatschef Josef Stalin die Grenzen einer europäischen Nachkriegsordnung entworfen.

„Da wurde bereits ausdrücklich über den polnischen Grenzpfählen an der Oder und Neiße und den polnischen Grenzen an der Ostsee gesprochen. Damit wurde schon vorweggenommen, was von den Großen Drei zwar skizziert war, was aber im Jahr

75 „Nach der Übertragung der Ostgebiete an Polen", Otto Langels, 2020, Deutschlandfunk.

1945 noch nicht von allen Seiten so gesehen und getragen wurde", erklärt der Osteuropa-Historiker Werner Benecke von der Europa-Universität Viadrina in Frankfurt an der Oder.

Die sowjetischen Eroberungen in Folge des Hitler-Stalin-Paktes vom August 1939, darunter der gesamte Osten Polens, stellten die Westalliierten in Teheran nicht mehr in Frage. Als Kompensation sollte Polen deutsche Gebiete östlich der Oder erhalten.

Den Großmächten erschienen in geordneten Bahnen verlaufende Umsiedlungen als adäquates Mittel, um Konflikte mit ethnischen Minderheiten zu lösen und so eine stabile Grundlage für eine künftige Friedensordnung zu schaffen.

1944 sagte Winston Churchill im britischen Unterhaus: „Vertreibung ist, soweit wir in der Lage sind, es zu überschauen, das befriedigendste und dauerhafteste Mittel. Es wird keine Mischung der Bevölkerung geben, wodurch endlose Unannehmlichkeiten entstehen, wie zum Beispiel im Fall von Elsass-Lothringen."

Doch die Strategie ging so gut wie nie auf: Die Deutschen östlich von Oder und Neiße, die nicht vor der Roten Armee nach Westen geflohen waren oder vertrieben wurden, gerieten im März 1945 unter polnische Verwaltung und sahen sich unmittelbar danach Repressalien ausgesetzt.

Der amerikanische Historiker R.M. Douglas, Autor einer Studie, sagte über die Vertreibung der Deutschen nach dem Zweiten Weltkrieg: „Die Polen argumentierten, dass alle Deutschen Nazis wären, und wenn nicht, dass sie keinen Widerstand geleistet und von den Nazis profitiert hätten. Deshalb hätten sie ihre gerechte Strafe verdient. Aber wie wollten diejenigen, die dieses Vorgehen rechtfertigten, erklären, dass unter den Vertriebenen so viele Frauen und Kinder waren? Sogar Kinder wurden in die fürchterlichen Lager gesperrt, wo sie entsetzlich behandelt wurden, und viele starben."

Die sogenannten Volksdeutschen wurden nicht nur vertrieben, die polnische Miliz und der staatliche Sicherheitsdienst nahmen im Frühjahr und Sommer 1945 Zehntausende fest, darunter Mitglieder der NSDAP und mutmaßliche Kriegsverbrecher, aber auch Unschuldige wie den 14-jährigen Gerhard Gruschka.

Er war unehrenhaft aus dem deutschen Jungvolk ausgestoßen worden, kam aber dennoch in das Lager Schwientochlowitz-Zgoda in der Nähe von Kattowitz, eines von über 1000 Internierungslagern mit insgesamt mehr als 100.000 Inhaftierten. Gerhard Gruschka war dort der Willkür der Aufseher und des Lagerkommandanten ausgesetzt: „Da gab es Fälle, dass er sich einen Schemel nahm und dann mit der Sitzfläche, die ja relativ schwer ist, ein dickes Holz, hat dann also auf den Häftling, den er sich rausgeholt hatte, eingeschlagen und das ohne Rücksicht, was er so traf."

Manche überlebten die Torturen nicht, viele starben an den Folgen mangelnder Ernährung und fehlender Hygiene. Zudem grassierten in den Notunterkünften Typhus-Epidemien: „Wir sahen jeden Morgen, während des Appells ist das meistens geschehen, dass eine Pferdefuhre von Gefangenen zur Leichenbaracke gezogen wurde. Und dann wurden die Gefangenen aufgeladen, die Toten der Nacht oder des vergangenen Tages. Und meine Erinnerung ist, ich kann keine Zahlen nennen, nur diese Fuhre war immer übervoll."

Wie hoch die Zahl der Todesopfer in den polnischen Internierungslagern war, lässt sich nicht sagen. Tausende, wenn nicht gar Zehntausende kamen ums Leben. Der Historiker Werner Benecke sagt dazu: „Das alles ist nicht zu rechtfertigen, aber auch nicht zu trennen von dem, was die Besatzungsherrschaft während des Krieges in Polen angerichtet hatte und was viele Menschen vor den Augen hatten und auch selbst erfahren hatten, nachdem sie der deutschen Besatzung lebend entkommen waren."

Doch es waren nicht allein Deutsche, die den Bevölkerungsverschiebungen gigantischen Ausmaßes ausgesetzt waren.

In den Aufzeichnungen heißt es weiter:

„Ich habe mehr als 1000 Kilometer zurückgelegt, um hierher zu gelangen. Mama, Papa, ich, meine drei Brüder und meine Schwester, wir wohnten in Nagorna. Unser Dorf lag sechs Kilometer von der Grenze zu Russland entfernt. Bis 1939 lebten wir dort in aller Ruhe. Im Dezember 1945 haben wir dann eine klapprige Kuh, Ziegen, Heu und ein paar Kleinigkeiten gepackt. Man hat uns in die 14 Kilometer entfernte Stadt Kleck zum Zug gebracht, in so eine Art Güterwaggon. Klitschnass saßen wir im Waggon, und der Zug fuhr los. Wir sind dann immer weitergefahren und so kamen wir nach Gumbin. Da hat uns niemand begrüßt; der Lokführer rief: „Weiter fährt der Zug nicht mehr!“ Und damit war die Sache für ihn erledigt.“

Auch in der Familie von Jan Piskorski gab es Vertriebene. Piskorski, Professor für vergleichende Geschichte Europas an der Universität Stettin, nannte sie „Verjagte“. „In der Familie gibt es ziemlich viele Leute, die man als Verjagte bezeichnen kann. In Deutschland und Polen ist das eigentlich normal, dass man Verjagte in der Familie hat. Kriege haben die ganze Struktur von Deutschland und Polen zerstört. Ein Drittel der Polen wurde übersiedelt, es entstand ein neuer Staat mit einer neuen gesellschaftlichen Struktur.“

Der Bevölkerungstransfer sollte „ordnungsgemäß und human“ verlaufen. So hatten es die drei Siegermächte auf der Potsdamer Konferenz im Sommer 1945 beschlossen. Doch die Vorstellung der Alliierten, größere Zwangsumsiedlungen reibungslos durchführen zu können, bezeichnete der Historiker R.M. Douglas zynisch als atemberaubende Selbsttäuschung. Ein Globus aus Puzzleteilen, wobei ein Teil davon Europa mit seinen heutigen Grenzen ist – so könnte man die geopolitischen Veränderungen im Laufe der Geschichte symbolisieren:

„Die Leiden, die die Umsiedlungen eigentlich verhindern sollten, waren so schlimm, dass sie nur vom Leiden während des Zweiten Weltkriegs übertroffen wurden. Es war höchst gefährlich, bestimmte Bevölkerungsgruppen, eine bestimmte Kategorie von Menschen, als absolut rechtlos zu behandeln."[76]

Aus dem Osten vertrieben, kam Werner Sepp 1946 mit seiner Familie nach Geretsried, einem südlich von München gelegenen Barackenlager, das zuvor einem Rüstungsbetrieb als Unterkunft gedient hatte. „Wir wussten, es geht nach Bayern, das war aber auch alles. Dann wurden wir am Sonntagmorgen hier um acht Uhr ausgeladen und ich sehe meine Großmutter noch auf ihrer Kiste sitzen und sagen: „Da sollen wir wohnen?" Das war also dieses Barackenlager, hatte doppelten Stacheldraht drumherum, die Baracken waren (zum Teil die Fenster rausgerissen, die Türen rausgerissen) in einem absolut desolaten Zustand."

Rund 14 Mio. Flüchtlinge und Vertriebene kamen in die spätere Bundesrepublik und DDR. Viele mussten nicht nur jahrelang in provisorischen Unterkünften wohnen, ihnen schlugen auch Abwehr und Verachtung entgegen. In den Augen ihrer Landsleute zwischen Rhein und Oder waren sie „dahergelaufenes Pack", „Gesocks aus dem Osten", „Polacken".

Ein Schmähgebet, das 1946 in Schwaben in Umlauf war, lautete: „Herrgott im Himmel, sieh unsere Not, wir Bauern haben kein Fett und kein Brot. Flüchtlinge fressen sich dick und fett und stehlen uns unser letztes Bett. Wir verhungern und leiden große Pein. Herrgott, schick das Gesindel heim."

In seinem Buch „Kalte Heimat" beschreibt der Berliner Historiker Andreas Kossert eindrucksvoll, wie feindselig Flüchtlinge nach dem Zweiten Weltkrieg in Deutschland aufgenommen wurden. In Schleswig-Holstein z.B. hätten Politiker nahtlos an nationalsozialistisches Gedankengut angeknüpft.

Die Militärverwaltungen der Westalliierten waren gezwungen, Wohnraum zu requirieren und Zwangseinweisungen vorzunehmen, da die einheimische Bevölkerung nicht freiwillig zusam-

76 R. M. Douglas, „Ordnungsgemäße Überführung", Verlag C. H. Beck, 2012.

menrücken wollte. Mancherorts bezogen die Vertriebenen unter dem Schutz von Maschinenpistolen ihre neuen Quartiere.

Bei Kriegsende war Herta Mahlo 13 Jahre alt, als sie mit ihrer Mutter und ihrer fünfjährigen Schwester in das polnische Arbeitslager Potulice eingesperrt wurde. Sie musste vier Jahre Zwangsarbeit auf umliegenden Gütern verrichten, bis sie im Juli 1949 das Lager Richtung Thüringen verlassen konnte. „Und dann sind wir tatsächlich in Transporte gekommen, in Viehwagen; richtig schlimm. Da wurden wir, werde ich nie vergessen, begrüßt, „Was wollt ihr „Polacken" denn, werden ja immer noch mehr. Was wollt ihr hier?" Das war schrecklich. Ich habe ja unterschreiben müssen, dass wir nie über unser Lager sprechen würden, als wir dort weggingen."

Bis 1989 war das Thema Flucht und Vertreibung in Ostdeutschland tabu, denn es widersprach aus Sicht der DDR-Führung den freundschaftlichen Beziehungen zu den sogenannten sozialistischen Bruderstaaten. Andreas Kossert sprach von einer radikalen Zwangsassimilation. „In der DDR wurde das Problem ideologisch relativ bald gelöst. Man hat einfach das Wort Vertreibung gemieden, man hat dafür den Begriff Umsiedler gewählt; und auch dieses Problem der Umsiedler 1950 offiziell per Dekret für erledigt erklärt. Und fortan waren die 4,3 Mio. Vertriebenen in der DDR zum Schweigen verpflichtet."[77]

Damit erging es den Ostdeutschen nicht anders als den Repatrianten in Polen. Jan Piskorski äußerte sich diesbezüglich wie folgt: „Gespräche über Flucht und Vertreibung waren in gewissem Sinn verboten, besonders wenn man über die Polen aus dem Osten sprechen wollte, das Thema war bis 1989 oder jedenfalls bis zur Solidarnosc-Zeit, also bis 1980, tabu."

Mit der Oder-Neiße als Ostgrenze wollte sich die SED-Führung zunächst nicht abfinden. Doch in Stalins Machtbereich waren

---

77 Andreas Kossert, „Kalte Heimat. Die Geschichte der deutschen Vertriebenen nach 1945"

Konflikte unter den Verbündeten nicht vorgesehen, und so unterzeichneten die Regierungschefs der DDR und Polens am 6. Juli 1950 das Görlitzer Abkommen – einen Vertrag mit der Oder-Neiße-Linie als unantastbarer Freundschaftsgrenze, so DDR-Ministerpräsident Otto Grotewohl. „Diese Grenze ist die Friedensgrenze, weil sie den Kriegstreibern der Welt in Zukunft nicht mehr erlaubt, die Polen und die Deutschen gegeneinander zu hetzen."

In der Bundesrepublik betonten dagegen führende Politiker wie Bundeskanzler Konrad Adenauer, CDU, dass Ost- und Westpreußen, Pommern und Schlesien wieder in ein vereintes Deutschland zurückfinden würden. „Wir können daher unter keinen Umständen uns abfinden mit einer von Sowjetrussland und Polen einseitig vorgenommenen Abtrennung dieser Gebiete."

Zunächst hatten die Alliierten in Westdeutschland keine Landsmannschaften und Vertriebenenverbände zugelassen, das Verbot aber schon nach wenigen Jahren wieder gelockert. Stuttgart, August 1950: Auf einer Kundgebung wird die Charta der Heimatvertriebenen feierlich verkündet: „Wir Heimatvertriebenen verzichten auf Rache und Vergeltung. Dieser Entschluss ist uns ernst und heilig im Gedenken an das unendliche Leid, wie es im Besonderen das letzte Jahrzehnt über die Menschheit gebracht hat."

Die Vertriebenenverbände mit ihren Millionen von Anhängern wurden zu einer einflussreichen Wählergruppe, die Druck auf die politischen Parteien ausübte. Das erklärte Ziel: kein Verzicht auf die verlorenen Gebiete im Osten. Die persönlichen Schicksale der Flüchtlinge hätten die Verbände dabei für ihre politischen Forderungen instrumentalisiert, meint der Osteuropa-Historiker Karl Schlögel: „Damit wurden Wahlen gewonnen, damit wurde Politik gemacht. Damit wurde eine Politik der Abgrenzung, der Blockade, eine Politik des Sich-Verweigerns, eine Politik des Nicht-Anerkennens betrieben. Da ging es um politische Programme, um einen Ton der Rechthaberei, um flammende Reden und Bekenntnisse."

Letztendlich aber war die Integration eine Erfolgsgeschichte. Die Vertriebenen trugen als willkommene Arbeitskräfte erheblich zum Aufschwung im Wirtschaftswunder Deutschland bei und waren maßgebliche Faktoren, um die verkrusteten konfessionellen und sozialen Strukturen aufzubrechen und zu modernisieren.

Blick über die Waldbühne in Berlin am 5. August 1951: In Anwesenheit von Vizekanzler Dr. Franz Blücher, dem Regierenden Bürgermeister Prof. Ernst Reuter, dem Bundesbevollmächtigten Dr. Heinrich Vockel sowie zahlreicher weiterer Persönlichkeiten aus Politik, Wirtschaft und Kultur versammelten sich über 15.000 Heimatvertriebene auf der Berliner Waldbühne. Die Bühne war mit Trauerfahnen der besetzten Ostgebiete geschmückt, während die Anwesenden den „Tag der Heimat“ begingen.

Doch je stärker sich die Vertriebenen in die westdeutsche Gesellschaft integrierten, desto fragwürdiger wurde der formelhaft wiederholte Anspruch auf die verlorene Heimat jenseits von Oder und Neiße. Werner Benecke bringt es auf den Punkt: „Von Brandt stammt ja das berühmte Zitat: Es ist nichts verloren gegeben, was nicht längst verloren war. Und das ist tatsächlich eine Einsicht dessen, dass die Bundesrepublik, auch wenn sie in ihren Schulatlanten noch an Oder und Neiße eine Streichlinie eindruckte, eigentlich überhaupt nichts gegen das tun konnte, was sich faktisch vollzogen hatte.“

Daher entschloss sich die erste sozialdemokratisch geführte Bundesregierung unter Willy Brandt im Jahr 1969 dazu, eine neue Ostpolitik einzuleiten. „Wandel durch Annäherung“ lautete die bekannte Formel, sich dem Osten zuzuwenden und die politischen Realitäten anzuerkennen.

„Wir wollen ein Volk der guten Nachbarn sein und werden; im Innern und nach außen“, so Willy Brandt in seiner Regierungserklärung vom Oktober 1969. Ein Jahr später, im Dezember 1970, besuchte der Kanzler Polen, um den Warschauer Vertrag zu unterzeichnen, mit dem die Bundesrepublik die Oder-Neiße-Linie als

Westgrenze Polens anerkannte. Am Morgen des 7. Dezember setzte Brandt mit seinem historischen Kniefall am Ehrenmal für die Toten des Warschauer Ghettos ein Zeichen für die Aussöhnung zwischen beiden Staaten.

„Umgeben von Politikern, Journalisten und Fotografen nähert sich Brandt an diesem düsteren Tag dem Mahnmal im Herzen Warschaus. Er zieht die Schleife des mit weißen Nelken geschmückten Trauerkranzes zurecht und tritt einige Schritte zurück. Während er mit versteinerter Miene den Kranz fixiert, geschieht es: Willy Brandt, fast 57 Jahre alt und erster SPD-Kanzler in der Geschichte der Bundesrepublik, fällt auf die Knie. Dies passiert so unvermittelt, wirkt so echt und ehrlich berührt, dass die Menschen schlagartig verstummen und einzig die im Sekundentakt klickenden Auslöser der Kameras die Stille durchbrechen. Rund dreißig Sekunden harrt Brandt kniend aus, eine Zeit, die aufgrund der ungeheuren Demut der Geste wie eine Ewigkeit erscheint. Als der Kanzler sich erhebt, hat er Geschichte geschrieben. Von diesem Tag an wird die Nachwelt vom Kniefall von Warschau sprechen.“[78]

Was damals niemand für möglich hielt: Knapp 20 Jahre später fiel die Berliner Mauer, das sowjetische Imperium brach zusammen, die Deutschen in Ost und West vollzogen die Wiedervereinigung, und Deutschland und Polen schlossen Freundschaftsverträge, in denen sie die Oder-Neiße-Grenze als unverletzliche Staatsgrenze bestätigten.

Die Flucht und Vertreibung der Deutschen aus den östlichen Reichsgebieten sowie aus Ostmittel-, Ost- und Südosteuropa während und nach dem Zweiten Weltkrieg (1945–1950) betraf große Teile der dort ansässigen deutschsprachigen Bevölkerung. Sie war eine direkte Folge der nationalsozialistischen Gewaltherrschaft und der Kriegsverbrechen in Ostmittel- und Südosteuropa

---

78 DHM, Blog, „Geschichte(n) aktuell, Der Kniefall von Warschau: Die große Geste von Willy Brandt.“

sowie der territorialen Verluste des Deutschen Reiches, die die Siegermächte – USA, Sowjetunion und Großbritannien – auf der Potsdamer Konferenz 1945 beschlossen.

Rund 80 Mio. Menschen waren im 20. Jahrhundert in Europa Opfer von Flucht und Vertreibung. Die Bevölkerungsverschiebungen nach dem Zweiten Weltkrieg bezeichnen Historiker als die größte Zwangsumsiedlung der Menschheitsgeschichte. Dann folgten Jahrzehnte der Sesshaftigkeit und Stabilität, bis zuerst in den 1990er-Jahren und dann erneut 2015 Hunderttausende Flüchtlinge aus Ex-Jugoslawien und Syrien nach Deutschland kamen. Die heutigen Bilder von der türkisch-griechischen Grenze oder der Insel Lesbos zeigen, dass die ruhigen Jahre nicht unbedingt der Normalfall sind.

Der Historiker Karl Schlögel bringt diese Beobachtung auf den Punkt: „Ich habe den Eindruck, dass wir dabei sind zu verstehen, dass diese 50 Jahre der Beruhigung und der Sedierung und des Platznehmens und des Sitzens, dass das vielleicht eher die Ausnahme gewesen ist und dass gewissermaßen wir uns wieder daran gewöhnen, dass alles doch in Bewegung ist."

„Die Familie ist wie ein Baum. Die Äste können in unterschiedliche Richtungen wachsen, doch die Wurzeln halten zusammen."

„In jeder Familiengeschichte steckt alles Wichtige der Weltgeschichte. Sie ist immer auch ein Zeugnis ihrer Zeit und zeigt auf, wie wir und die nachfolgenden Generationen noch durch diese Zeit und ihre Menschen geprägt werden."

Miljenko Jergovic

Teil II

160 Jahre davor…

Die ersten Spuren

Vor 160 Jahren begann die Migrationsgeschichte meiner Familie – eine Geschichte innerhalb der Geschichte, lange vor den Wirren des Zweiten Weltkriegs.

Unsere Familie Schmoldt, evangelischen Glaubens, verließ im 18. Jahrhundert Westpreußen und wanderte nach Neurussland aus.

Immer wieder stellte ich mir die Frage: Wie ist es dazu gekommen, dass meine Vorfahren im katholischen Polen mit zahlreichen Ortschaften in der Umgebung, in denen ausschließlich Mennoniten lebten, den evangelischen Glauben behalten haben? Eine Antwort fand ich in der Geschichte des Deutschen Ordens.

Der Deutsche Orden, auch Deutschritterorden genannt, ist eine römisch-katholische Ordensgemeinschaft. Sein Herrschaftsgebiet, der Deutschordensstaat oder Staat des Deutschen Ordens, bestand von 1230 bis 1561. Kerngebiet war Alt-Preußen zwischen Weichsel und Memel – das spätere West- und Ostpreußen. Zudem gehörte bis 1561 das eigenständige Meistertum Livland im Baltikum dazu, das weite Teile des heutigen Estlands und Lettlands umfasste.

Im Gegensatz zu den gescheiterten Versuchen der anderen großen Ritterorden, sich dauerhaft als staatstragende Macht im Heiligen Land zu etablieren, wählte der vergleichsweise spät gegründete Deutsche Orden einen anderen Weg. Zunächst folgte er in seinen Zielen und Strukturen den Traditionen der Templer und Johanniter, doch sein eigentlicher Aufstieg begann erst mit dem Niedergang der Kreuzfahrerstaaten. Durch die frühzeitige Verlagerung seines Einflussbereichs nach Nordosteuropa übernahm der Orden eine führende Rolle bei der Christianisierung und Kolonisierung dieser Region. Unter der Führung des Ordens entstand ein Staatswesen, das im Vergleich zu zeitgenössischen

Territorialstaaten erstaunlich modern anmutete.[79] Seine kulturellen und zivilisatorischen Errungenschaften wirkten bis in die Mitte des 20. Jahrhunderts nach und legten eine der wesentlichen Grundlagen für den späteren Staat Preußen.[80]

Prinz Albrecht von Preußen (*17. Mai 1490 – †20. März 1568) aus der fränkischen Linie der Hohenzollern war ab 1511 der letzte Hochmeister des Deutschen Ordens in Preußen. Er trat 1525 zur Reformation über, säkularisierte (verstaatlichte) den Deutschen Orden in Preußen und verwandelte den bisher katholisch geprägten Ordensstaat in ein erbliches, lutherisches Herzogtum. Als erster Herzog in Preußen regierte er bis zu seinem Tod. Nach der Umwandlung des Ordensstaates in das Herzogtum Preußen ließ er 1525 den lutherischen Katechismus in die prußische Sprache übersetzen.[81]

Der Dreißigjährige Krieg (1618–1648), auch als Schwedenkrieg bekannt, führte zu erheblichen Steuererhöhungen, die die Unzufriedenheit der Bevölkerung schürten. Finanzielle Unregelmäßigkeiten im patrizisch dominierten Danziger Rat und die enormen Kriegsgewinne der Ratsmitglieder lösten Unruhen aus. Bereits 1517 war Danzigs Finanzwesen durch die Misswirtschaft der führenden Ratsfamilien zusammengebrochen. Aufgrund neuer Kriege und des dringend notwendigen Ausbaus der Stadtmauern benötigte Danzig erneut Geld. Die angespannte Lage zwang den Rat schließlich dazu, den gewählten „48 Männern", insbesondere Kaufleuten und Zunftältesten, größere Mitspracherechte in der Finanzverwaltung einzuräumen.

---

79 Jürgen Sarnowsky: „Der Deutsche Orden: Entwicklung und Strukturen im Mittelalter", 1996, S. 18.

80 Der Staat Preußen war von der Königskrönung Friedrichs III. von Brandenburg im Jahr 1701 bis zur Abdankung König Wilhelms II. während der Novemberrevolution 1918 ein Königreich. Die Hauptstadt war Berlin.

81 Die altpreußische Sprache ist eine ausgestorbene baltische Sprache, die von den Prußen gesprochen wurde.

In dieser Situation gelangten erste Nachrichten über die Reformation nach Westpreußen und stießen besonders bei den weniger wohlhabenden Bürgern auf große Resonanz.

Der Unmut des Volks richtete sich nicht zuletzt gegen die wohlhabenden Bürger. Es kam zu Plünderungen und zu offenen Ausschreitungen gegen die katholische Kirche und insbesondere gegen die Ordensgemeinschaften.[82]

Die reformatorischen Ideen führten durch gesellschaftliche Spannungen immer wieder zu Auseinandersetzungen mit dem offiziell noch katholischen Patriziat und den kirchlichen Institutionen. In Folge dieser Konflikte wurde die Reformation weiter gefestigt, die Macht der Klöster eingeschränkt und die Verwaltung durch die allgemeine Wahl des Danziger Rates, der Schöffen und aller Beamten demokratisiert. Die Religionsgespräche führten allerdings nicht immer zu konkreten Ergebnissen, und das Verhältnis zwischen den Konfessionen blieb weiterhin angespannt.

Während die besitzlosen Schichten weiterhin an radikalen Positionen festhielten, strebten die wohlhabenden Bürger, auch aus Angst vor einer vollständigen Desorganisation der Stadt Danzig, nach Kompromissen. Es gelang, die personelle Zusammensetzung des Rats so zu ändern, dass sie der Menge entgegenkam, gleichzeitig aber die Vorherrschaft der besitzenden Kreise gesichert blieb. Die Bürgerschaft legte zudem einen Eid ab, dem Wort Gottes, dem König und der Stadt treu zu bleiben.

Das von den radikalen Geistlichen aufgehetzte Volk kam aber nicht zur Ruhe, Kirchen wurden von Bildern und Altären „gesäubert", Waffen wurden verteilt.

Der reformatorische Bildersturm war eine Begleiterscheinung der Reformation im 16. Jahrhundert. Auf Weisung von Theologen und der Obrigkeiten, die die reformatorische Lehre angenommen hatten, wurden Gemälde, Skulpturen, Kirchenfenster und andere Bildwerke mit Darstellungen Christi und der Heiligen sowie

82 Peter Oliver Loew, Danzig, „Biografie einer Stadt", C. H. Beck Verlag.

weiterer Kirchenschmuck, teilweise auch Kirchenorgeln, aus den Kirchen entfernt, teils verkauft oder beschlagnahmt, zerstört oder beschädigt.

Dem Bildersturm liegt ein theologischer Konflikt innerhalb des Christentums zugrunde: Während das Christentum die zehn Gebote vom Judentum übernahm, wurden im Laufe der Spätantike und des Mittelalters zunehmend Darstellungen Christi und der Heiligen geschaffen, die teils auch in die Liturgie integriert wurden. Die Rechtfertigungen für die Verwendung von Bildern stützten sich auf verschiedene Argumente: Bilder dienten der einfacheren Vermittlung der Katechese an Unkundige, Gott habe sich durch die Menschwerdung selbst in menschlicher Gestalt gezeigt und sei daher auch in dieser Form darstellbar; die Verehrung des Bildes richte sich nicht an das Werk selbst, sondern an das Abgebildete.

Der Bildersturm ergriff Städte und Dörfer in ganz Europa, besonders im Heiligen Römischen Reich (1522–1566), einschließlich der Schweiz und der Spanischen Niederlande (1566). Auch Schottland (1559) und England während des Bürgerkriegs (1642–1649) waren betroffen.

Obwohl Martin Luther den Heiligenkult ablehnte, sah er Bilder und Statuen an sich nicht als gefährlich an. Nach anfänglichen Unruhen, wie etwa in Wittenberg, kam es in den lutherischen Regionen daher nur selten zu weiteren Bilderstürmen.

Um die Unruhen zu beruhigen, bat der neue, von den Handwerkern dominierte Danziger Rat Martin Luther persönlich, gemäßigte Prediger nach Danzig zu entsenden, die bald darauf eintrafen.

Im März 1526 reiste der polnische König Sigismund mit einem Gefolge von nicht weniger als 3000 Mann nach Marienburg, was in Danzig große Besorgnis auslöste. Wenige Wochen später zog er pompös in die große Hafenstadt ein. Der König übernahm persönlich die Untersuchungen, wobei zahlreiche Aufrührer verhaftet und schließlich im Juni vom Henker mit dem Schwert enthauptet wurden.

Im Juni verkündete Sigismund die „Statuta Sigismundi“, welche die Verhältnisse in der Stadt regelten und für die kommenden Jahrhunderte weitgehend Gültigkeit behielten.

Sigismund setzte neue Ratsherren und Schöffen ein, die mehrheitlich aus den alten Eliten stammten. Zudem ordnete er die Einrichtung einer Dritten Ordnung an, die als Vertretung des Volkes fungieren sollte. Diese sollte aus 100 von den Ratsherren ernannten Bürgern der Rechtstadt (Hauptstadt Danzig) bestehen, wobei vor allem Kaufleute und die Ältesten der vier Hauptgewerbe – Schmiede, Schumacher, Bäcker und Fleischer – berücksichtigt werden sollten.

Die katholische Konfession wurde zwar wieder eingeführt, doch da sich auch die Patrizier inzwischen größtenteils der Reformation zugewandt hatten, verwandelte sich Danzig, obwohl es offiziell noch katholisch war, in den folgenden Jahren faktisch in eine protestantische Stadt. Während die katholischen Pfarrer, die die Einkünfte aus ihren Pfründen[83] meist außerhalb der Stadt verbrauchten, weiterhin ihren Dienst versahen, wurden bald auch evangelische Prediger in der Stadt tätig.

Im Jahr 1724 brach in Thorn der offene Konflikt zwischen den Konfessionen aus. Nachdem die Jesuiten in den vergangenen Jahren die Gegenreformation in der überwiegend lutherischen Stadt vorangetrieben hatten, kam es am Fronleichnamstag dieses Jahres zum „Thorner Tumult“. Dabei stürmten protestantische Bürger das Jesuitenkloster und verwüsteten es. Infolgedessen sah sich der polnische König August II. gezwungen, mit aller Härte einzugreifen: Nicht nur wurden alle wichtigen Kirchen der Stadt wieder der katholischen Kirche übergeben, sondern am 7. Dezember

83 Die Pfründe bedeutet ursprünglich eine Schenkung. Später bezeichnet es das Einkommen aus einem weltlichen oder kirchlichen Amt, insbesondere die durch eine natürliche oder juristische Person gewährte Verköstigung oder Zahlung von Unterhalt.

wurden auch der Bürgermeister und neun weitere Thorner Bürger öffentlich gehängt.

Die Reformation führte jedoch nicht nur zu Konflikten zwischen der lutherischen Lehre und dem Katholizismus. Im Laufe der Zeit entstanden innerhalb des Protestantismus selbst verschiedene Strömungen und Gruppen.

Ein Beispiel hierfür sind die Täufer, eine protestantische Bewegung, die in Europa nicht nur von Katholiken, sondern auch von anderen Protestanten verfolgt wurde. Deshalb flüchteten viele Täufer im 16. Jahrhundert nach Danzig und in die umliegenden Gebiete. Auch ihr Anführer, Menno Simons, hielt sich zeitweise in dieser Region auf.

Einer der Orte, an denen sich diese Glaubensflüchtlinge niederließen, war Heubuden, im späteren Freien Stadtstaat Danzig. Bis ins 18. Jahrhundert war dort Niederländisch die Sprache der Gottesdienste. 1768 erhielt Heubuden eine eigene Kirche, und Anfang des 20. Jahrhunderts bekam die Gemeinde in Marienburg ein Gemeindehaus. 1929 zählte die Gemeinde 1.092 Mitglieder. Heute erinnern in Heubuden eine Gedenktafel an der ehemaligen Mennonitenkirche und vor allem der gut erhaltene Mennonitenfriedhof mit einer Fläche von 2,6 Hektar an die einstigen Bewohner.[84]

Die westpreußische Reformationsgeschichte war sowohl eine Auseinandersetzung zwischen Protestanten und Katholiken als auch eine Geschichte der deutsch-polnischen Beziehungen, die tiefgreifende Veränderungen in der Region mit sich brachte.

Ganze Gemeinden nahmen den evangelischen Glauben an. Mit der Bildung der Provinz Westpreußen wurde die Aufsicht über

---

84 Tilman Asmus Fischer, „Westpreußen – ein Land der Reformation, Eine Spurensuche entlang reformationsgeschichtlicher Erinnerungsorte".

das protestantische Kirchenwesen der Westpreußischen Regierung in Marienwerder übertragen, die fortan als Konsistorialbehörde fungierte.

Der Kreis Marienwerder, einschließlich der Kircheninspektionen Marienwerder und Marienburg, blieb jedoch zunächst dem Ostpreußischen Konsistorium in Königsberg unterstellt.

Gleichzeitig wurden die Angelegenheiten der wenigen reformierten Kirchengemeinden der Reformierten Kirchendirektion in Berlin zugeordnet. Mit einem Ministerialerlass vom 17. Mai 1773 wurden zudem Inspektionsbezirke eingerichtet, deren Aufsicht einem Geistlichen mit dem Titel „Inspektor" übertragen wurde.

Das Leben in der Provinz Westpreußen im 17. und 18. Jahrhundert

Da die Deutschen wie auch die Dänen und die Polen in diesem Land Eroberer und Zugezogene waren, lebten unter der Landbevölkerung die althergebrachten Sprachen der Einheimischen (Prußisch, Livisch, Kurisch, Lettisch und Estnisch) weiter.

Deutsch, vor allem Mitteldeutsch und in den Küstenregionen Niederdeutsch (Plautdietsch), wurde in den von den deutschen Einwanderern gegründeten Städten gesprochen. Die deutsche Sprache breitete sich auf dem Lande in Preußen allmählich auf die prußische und litauische Bevölkerung sowie auf die aus Masowien geflüchteten Masuren aus, während sie im Baltikum auf die Städte und die Oberschicht begrenzt blieb.

Plautdietsch ist heute als Sprache der Russlandmennoniten bekannt. Es ist eine niederpreußische Varietät des Ostniederdeutschen, die sich im 16. und 17. Jahrhundert im Weichseldelta herausgebildet hat. Weltweit sprechen rund eine halbe Million Menschen die Sprache, unter anderem in Kanada, Südamerika und Deutschland. Insgesamt sind es etwa 500.000 Menschen, die Plautdietsch sprechen. In Deutschland haben etwa 200.000 Menschen plautdietsche Wurzeln. Der größte Teil von ihnen ist in der zweiten Hälfte des 20. Jahrhunderts aus den Nachfolgestaaten der Sowjetunion nach Deutschland ausgewandert, davon die meisten in den 1990er-Jahren. Schätzungsweise 8 % aller Russlanddeutschen sind Russlandmennoniten.

Die Wiege der „dietschen" Sprache in den Niederlanden stand dort, wo jahrhundertelang die wirtschaftlich-kulturelle Überlegenheit lag, nämlich in den südlichen Niederlanden.[85] Die ältesten Schriften in der flämischen Volkssprache stammen aus dem Jahr 1170.

---

85 C. G. N. de Vooys, „Geschichte van de Nederlandse taal".

Der flämische Adel vermittelte zwischen der französischen und der deutschen Kultur und war aufgrund dieser Mittelstellung von Natur aus zweisprachig, jedoch eher deutsch geprägt. Sein wachsendes Selbstbewusstsein übertrug sich bald auf die Brabanter und, in geringerem Maße, auch auf die Limburger.

Durch den überragenden Geist von Jan van Ruusbroec, (*1293 in Brüssel; † 2. Dezember 1381 in Groenendaal), flämischer Theologe und Schriftsteller, der seine Werke, die theologische und spirituelle Themen behandelten, in mittelniederländischer Sprache verfasste, verlagerte sich dann der Schwerpunkt der Sprache nach Brabant. Danach wurde Brüssel maßgeblich Dietsch geprägt. Ab 1400 orientierte sich Holland sprachlich und kulturell an den überlegenen südlichen Niederlanden.

Anfang des 16. Jahrhunderts, mit dem Aufkommen der Buchdruckerkunst, erschienen mehrere Werke in Dietsch. Im Jahr 1569 veröffentlichte ein gewisser Gorpius Becanus ein Musterbeispiel törichter Selbstüberschätzung: Er versuchte nachzuweisen, dass die Dietsch-niederländische Sprache die älteste der Welt sei, bereits im Paradies gesprochen wurde und dass man damit viele alttestamentarische Namen „sehr einfach erklären könne“.

Die niederländische Sprache hielt sich in Westpreußen innerhalb der Kirche und Familie bis in die zweite Hälfte des 18. Jahrhunderts. So lange predigten die Pastoren noch in der alten Muttersprache.

Der Name der historischen Landschaft Preußen geht auf die baltischen Prußen zurück und bezeichnete ursprünglich nur deren Stammesgebiet, das in etwa dem späteren Ostpreußen entsprach. Die Sprache der Prußen wurde noch bis zum 17. Jahrhundert gesprochen. Toporow schrieb 1975, dass das Aussterben der Prußen und ihrer Sprache ein Verlust für die Menschheit und Menschlichkeit sei.[86]

86 W. N. Toporow, 1975, Prußische Sprache, Lexikon.

Ferner lebten hier die Kaschuben, ein slawischer Stamm, dessen westslawische Sprache zum lechischen Zweig gehört. Heute wird kaschubisch von rund 300.000 Kaschuben verstanden und von etwa 108.000 Menschen aktiv als Umgangssprache gesprochen. Sie enthält sowohl deutsche (ca. 5 %) als auch altpreußische Lehnwörter.

Drei indogermanische Sprachfamilien – Baltisch (Altpreußisch), Slawisch und Germanisch – beeinflussten sich gegenseitig und bildeten in Preußen einen Sprachbund. Auf Viehmärkten beispielsweise trafen diese Sprachgruppen aufeinander und entwickelten eine gemeinsame Lexik.

Daher stammen einige Viehbezeichnungen im Plautdietschen aus dem Baltischen (z. B. Kujel für Eber, Kunter für Wallach) und andere aus dem Slawischen (z. B. Kos für Ziege, Kobbel für Stute). Zum Teil übernahmen auch andere Sprachen dieselben Lehnwörter. Sogar Hybridbildungen entstanden: So heißt der Ziegenbock im Plautdietschen wie im Kaschubischen Kosebock – jede Sprache steuert die Hälfte des Wortes bei, beide verwenden das Ganze.[87]

Das plautdietsche Vaterunser lautete wie folgt:

„Ons Voda em Himmel!
Dien Nome saul heilich jehoole woare.
Lot dien Ritj kome.
lot dien Welle opp Ieed jrod soo
jedone woare aus em Himmel.
Jeff ons daut Broot, daut wie vondoag brucke.
Vejeff ons onse Schult,
soo aus wie dee vejewe, dee sich
aun ons veschuljcht habe.
Brinj ons nich en Vesieetjunk,

87 Heinrich Siemens, Vertreter für die Plautdietschen im Bundesrat für Niederdeutsch.

oba bewoa ons von dem Beese.
Wiels die jehiet daut Ritj
en dee Krauft en dee Harlichtjeit
opp emma en emma.
Amen."

Die höheren Amtsträger waren in der Regel Deutsche. Dennoch kann nicht ausschließlich von einer deutschen Amtssprache gesprochen werden, da offizielle Dokumente meist in Latein verfasst wurden. In den Dörfern der Einheimischen, also auf lokaler Verwaltungsebene, lag die Leitung hingegen meist in den Händen der einheimischen Bevölkerung.

Der wichtigste gesellschaftliche Baustein des spätmittelalterlichen und frühneuzeitlichen Westpreußens war die Familie. In vielerlei Hinsicht traten die Söhne in die Fußstapfen ihrer Väter – sei es als Handwerksmeister oder als Besitzer eines Handelsunternehmens. Die Bürgerfrauen kümmerten sich um Haus und Herd.

Das Bürgertum grenzte sich auf unterschiedliche Weise von den ärmeren Bevölkerungsschichten ab. Wohlstand zeigte sich nicht nur im Besitz eines eigenen Hauses oder in der Kleidung, sondern auch in Familienfeiern wie Taufe, Verlobung, Hochzeit und Beerdigung. Im Laufe der Jahrhunderte bemühten sich die Eliten jedoch zunehmend, allzu große soziale Gegensätze nicht offen zur Schau zu stellen. Ab dem 18. Jahrhundert regelten immer mehr lokale Gesetze die maximale Breite von Häusern, die Größe von Handwerksbetrieben sowie die für verschiedene gesellschaftliche Schichten zulässige Kleidung und Gestaltung von Familienfeiern. Sie legten fest, wie viele Gäste eingeladen, welche Speisen serviert und welche Musik gespielt werden durfte.

Die Danziger Ordnung von 1590 hielt beispielweise für Verlobungsfeiern fest: „... Und auf solche verlobung mügen braut und breutigam desselben Tags nur einen Tisch von 12 personen gerechnet und nicht mehr geste haben. Darbey auch seitenspiel und ehrliche züchtige tänze sollen vergennet und zugelassen sein. Die lobebiere aber und andere gastereien bey solchen ehegelobnussen, sollen ganz und gar abgestellet und verboten sein, alles bei der peen (Strafe) 10 guter Marke."[88]

Über die Motive, das bürgerliche Alltagsleben der Frühen Neuzeit so streng zu reglementieren, wird seit Jahrzehnten diskutiert. Auf der einen Seite waren religiös-moralische Gründe für die Restriktionen wichtig. So heißt es in der Danziger Kleiderordnung von 1642, sie sei notwendig „zu hemmung der einreißenden Hoffart und übermäßigen Pracht in Kleidung und Schmuck", um „Gottes Straffe von dieser Stadt" abzuwenden. Zudem wollte der Gesetzgeber die Gesellschaftsordnung stabilisieren und Unordnung oder auch die Verschuldung einzelner Bürger verhindern.

Gemäß der Kleiderordnung von 1642 durften Arbeiter und Gesinde nur Kleidung aus dem billigsten Tuche tragen, Gesellen konnten ihren Umhang immerhin mit einer Seidenschnur verzieren und silberne Schlüsselketten zur Schau stellen. Handwerksmeistern, Schiffern, Krämern und ihren Frauen waren Stoffe bis zu einem Preis von sieben polnischen Mark pro Elle gestattet, auch durften sie bescheidenen Schmuck anlegen.

Für Tuch-, Seiden- und Gewürzhändler, Brauer, Künstler und andere waren Samtverzierungen und Umhänge aus Atlas sowie Pelzmäntel aus Zobel und Hermelin vorgesehen. Die Großkaufleute durften die teuersten Tuche (bis zu 12 polnische Mark pro Elle) und Goldschmuck tragen. Nur für Ratsherren und ihre Familien galten keinerlei Beschränkungen.

Der Platz, den ein Danziger in der Sozialordnung einnahm, war somit auf der Straße oder in der Kirche ganz einfach zu erkennen.

Trotz strenger Regeln war das Leben in Danzig keineswegs trübsinnig – im Gegenteil, es gab viele Anlässe zur Freude und

88 Edmund Kizik: „Die reglementierte Feier. Hochzeiten, Taufen und Begräbnisse in der frühneuzeitlichen Hansestadt", 2008, Osnabrück, S. 403.

Belustigung. Besonders festlich wurde es, wenn die polnischen Könige – in der Regel alle paar Jahre – die Stadt besuchten.

Sie wurden mit großem Aufwand und unter Anteilnahme der gesamten Bevölkerung empfangen, zogen mit ihrem Gefolge ein, residierten in der Stadt und entfalteten ein geselliges Leben, wie es in der Bürgerstadt nur selten zu erleben war. Turniere, Feste und Musikaufführungen boten reichlich Gelegenheit für standesübergreifende Begegnungen zwischen dem polnischen Adel und den wohlhabenden Bürgern. Ähnlich lebhaft ging es beim Dominiks, dem traditionellen Jahrmarkt im August, zu.

Weniger wohlhabende Bürger suchten Unterhaltung in Zunftherbergen und Wirtshäusern. Großer Beliebtheit erfreuten sich die Fechtschule und die Schützenwettkämpfe. Auch die fahrenden Theatergruppen, die regelmäßig in die Stadt kamen – teils sogar aus dem elisabethanischen England – fanden viel Zulauf.

Viele Bürger beherrschten mehrere Sprachen. Als größte Stadt Polens übte Danzig eine gewaltige Anziehungskraft auf die Bevölkerung des polnisch-litauischen Doppelreichs aus.

Wirtschaftslage in der Provinz Westpreußen im 18. Jahrhundert

Im 18. Jahrhundert wurde das polnisch-litauische Staatsgebiet in den Jahren 1772 (1. Teilung), 1793 (2.Teilung) und 1795 (3. Teilung) unter Russland, Preußen und Österreich aufgeteilt.

1700 brach der Nordische Krieg[89] aus, ein in Nord-, Mittel- und Osteuropa in den Jahren 1700 bis 1721 geführter Krieg um die Vorherrschaft im Ostseeraum. Der schwedische König Karl XII. hatte das Ziel, Livland und Polen von den Sachsen zu befreien. Die Sachsen und Polen erlitten eine Niederlage nach der anderen.

Die Schweden belagerten Danzig zwar nicht, verlangten im Gegenzug aber immer wieder große Geldsummen, die die Danziger nur mit Mühe aufbringen konnten. Als Karl XII. 1709 bei Poltawa von den Russen vernichtend geschlagen worden war, kehrte der polnische König August II. nach Polen zurück. Er ließ sich ein Geschenk in Höhe von 600.000 Gulden von den Danzigern auszahlen.

Fortan konnte er seine Herrschaft nur mit russischer Hilfe sichern. Noch viele Jahre lang plagten russische und polnische Truppen die Umgebung der Stadt mit Einquartierungen und Beschlagnahmungen. 1721 endete der Krieg.

---

89 Der Große Nordische Krieg war ein in Nord-, Mittel- und Osteuropa in den Jahren 1700 bis 1721 geführter Krieg um die Vorherrschaft im Ostseeraum.
Eine Dreierallianz, bestehend aus dem Russischen Zarenreich und den beiden Personalunionen Sachsen-Polen und Dänemark-Norwegen, griff im März 1700 das Schwedische Reich an, das von dem achtzehnjährigen König Karl XII. regiert wurde. Trotz der ungünstigen Ausgangslage blieb der schwedische König zunächst siegreich und erreichte, dass Dänemark-Norwegen (1700) und Sachsen-Polen (1706) aus dem Krieg ausschieden. Als er sich ab 1708 anschickte, Russland in einem letzten Feldzug zu besiegen, erlitten die Schweden in der Schlacht bei Poltawa im Juli 1709 eine verheerende Niederlage, welche die Kriegswende einläutete.

Seit Mitte des 17. Jahrhunderts stagnierte die wirtschaftliche Entwicklung Danzigs. Ausschlaggebend war der rückläufige Handel, insbesondere mit Getreide. Hauptursache für den Rückgang waren die vielen Kriege, die Polen heimsuchten. Traditionelle Handelswege waren unterbrochen. Viele Anbauflächen wurden zerstört und die Ernteerträge sanken. Kleine Erzeuger hatten keine Möglichkeit mehr, Getreide für den Export bereitzustellen, während die großen Produzenten aus Südostpolen weiterhin Jahr für Jahr zahlreiche mit Weizen und Roggen beladene Weichselkähne nach Danzig schickten.

Die holländischen Kaufleute fanden anderswo lukrativere Geschäftsmöglichkeiten. Zudem veränderten sich die Handelstechniken durch die zunehmend beliebte Zahlung mit Wechseln.[90]

Die Anbauflächen und Erträge in den entwickelten Regionen Europas wuchsen erheblich. Gleichzeitig führte die Währungskrise des 17. Jahrhunderts auch in Polen-Litauen[91] zu einer Münzverschlechterung, die Inflation und einen rückläufigen Handelsverkehr zur Folge hatte. Zusätzlich wirkten sich Seuchen negativ aus, insbesondere die große Pestepidemie zu Beginn des 18. Jahrhunderts, die die Verwüstungen des Großen Nordischen Krieges noch verstärkte.

Dennoch blieb Danzig der wichtigste Handelsplatz Polen-Litauens. Trotz aller Produktionsprobleme war Getreide nach wie vor das wichtigste Exportgut des Landes. An zweiter Stelle folgten Holz und Holzprodukte, die immer häufiger von England und von den Winzern von Bordeaux (Fassholz) nachgefragt wurden.

---

90 Ein Wechsel ist ein Wertpapier, das die unbedingte Anweisung des Ausstellers an den Bezogenen enthält, bei Fälligkeit an einem bestimmten Zahlungsort eine bestimmte Geldsumme an den Aussteller zu zahlen.

91 Polen-Litauen war ein von 1569 bis 1795 bestehender Staat in Mittel- und Osteuropa. Der föderale und feudale Ständestaat besaß Elemente einer Republik auf Basis einer parlamentarisch-konstitutionellen Monarchie.

Wirtschaftsleben in der bedeutenden Hansestadt Danzig, erstellt von Wojciech Gerson

Das wichtigste Importgut, das über Danzig in das polnische Hinterland gelangte, war Salz, von steigender Bedeutung waren Zucker, Gewürze, Südfrüchte, Wein und Seefische. Der Adel kaufte an der Mottlau auch Danziger Liköre, teure Tuche, Bernsteinerzeugnisse oder Danziger Möbel. Kaffee, Tee und Tabak wurden in den 1720er- und 1730er-Jahren rasch zu wichtigen Danziger Handelsgütern.

Mit dem beschleunigten Niedergang des polnischen Staates zeichnete sich in den 1760er-Jahren immer deutlicher ab, dass Preußen eine Annexion Danzigs anstrebte. Durch diplomatische Verhandlungen mit handelspolitisch interessierten Mächten wie Holland, Großbritannien, Frankreich und Dänemark versuchte die Stadt, sich dagegen abzusichern. Es gelang ihr auch, Katharina II. im März 1767 zu einer Garantieerklärung für die „Rechte und Privilegien“ Danzigs zu bewegen. Vor allem der russische Einspruch verhinderte, dass Danzig bereits mit der ersten polnischen Teilung 1772 an Preußen fiel.

Nachdem Polen-Litauen – ein von 1569 bis 1795 bestehender dualistischer und föderaler Ständestaat, dessen König von der Aristokratie in freier Wahl bestimmt wurde – in der zweiten Hälfte des 18. Jahrhunderts durch zahlreiche Kriege und innere Konflikte erheblich geschwächt war, geriet das Land ab 1768 unter die Vorherrschaft Russlands. Zarin Katharina II. forderte die rechtlich-politische Gleichstellung der sogenannten Dissidenten – wie man damals vor allem die zahlreiche orthodoxe ostslawische Bevölkerung Polen-Litauens, aber auch Protestanten, nannte. Dies stieß jedoch auf den Widerstand des katholischen polnischen Adels.

Preußen nutzte diese unruhige Situation und verhandelte mit Russland über eine Strategie für Polen. Schließlich gelang es König Friedrich II. und Zarin Katharina II. mit rein diplomatischen Mitteln, eine Annexion großer Gebiete Polens durch Österreich, Russland und Preußen zu erreichen. Preußens lange verfolgtes Ziel, eine Landbrücke nach Ostpreußen zu schlagen, wurde auf diese Weise 1772 erreicht. In diesem Jahr annektierte Preußen Pommerellen.[92] Es kontrollierte nun auch Neufahrwasser und die Westerplatte. Für den Handel der nun eng von preußischem Gebiet umgebenen Stadt war das eine Katastrophe. Preußen benutzte die Kontrolle über die Weichselmündung zur Abschnürung des Danziger Hafens.

Es erhob gegen den Einspruch Danzigs einen Zoll von allen ein- und auslaufenden Schiffen, der in Verbindung mit den weiterhin von der Stadt Danzig erhobenen Zöllen den Danziger Hafen unattraktiv machte. Außerdem ließ Friedrich II. bei Fordon[93] einen hohen Zoll auf alle Waren erheben, die weichselabwärts Richtung Danzig unterwegs waren.

1783/84 verhängte der preußische König eine regelrechte Blockade gegen Danzig, die erst nach russischer Vermittlung aufge-

92 Danziger Pommern.

93 Eine polnische Stadt.

hoben wurde. In diesen Jahren erlebte der Danziger Handel einen dramatischen Niedergang, der auch das städtische Gewerbe stark beeinträchtigte. Die Stadt verarmte zusehends, und die Einwohnerzahl sank auf etwa 36.000.

Nach dem Tod Friedrichs II. im August 1786 versuchte eine Danziger Delegation vergeblich, in Berlin eine Abmilderung des wirtschaftlichen Drucks zu erreichen. Umgekehrt scheiterte Ende 1788/90 der preußische Versuch, die polnische Adelsrepublik mit dem Angebot einer militärischen Allianz zur Abtretung von Danzig (und Thorn) zu bewegen. Dennoch sahen insbesondere die Danziger Kaufleute einen Anschluss der Stadt an Preußen zunehmend als unausweichlich an.

Nach der preußisch-russischen Verständigung über eine zweite Teilung Polens begann Danzig zunächst mit militärischen Vorbereitungen zu seiner Verteidigung. Am 24. Februar 1793 rechtfertigte der preußische König Friedrich Wilhelm II. in einer Deklaration die nun militärisch vorbereitete preußische Besetzung Danzigs. Anfang März 1793 riegelten preußische Truppen unter General von Raumer die Stadt ab. In einem Ultimatum, das auf 24 Stunden befristet war, wurde Danzig aufgefordert, die Weichselmündung und die die Stadt beherrschenden Befestigungen auf dem Bischofsberg an die preußischen Truppen zu übergeben. Am 4. April 1793 zogen die Preußen in die Stadt ein.

Mit diesem Ereignis endete die jahrhundertelange, auch unter polnischer Oberhoheit verteidigte Selbstregierung Westpreußens. Zu dieser Zeit waren viele unserer Vorfahren bereits nach Neurussland ausgewandert.

Unsere Wurzeln in Müggenhahl/Westpreußen,

Auswanderung nach Neurussland

Während der Ahnenforschung habe ich meinen Horizont erweitern und Informationen sammeln können, die mir sonst entgangen wären. Folgende Informationen konnte ich herausfinden:

Unsere Stammesmutter Rahel Schmoldt, später Eisfeld, geborene Zernechel, wurde am 25. September 1774 in Müggenhahl, Danziger Höhe, geboren.

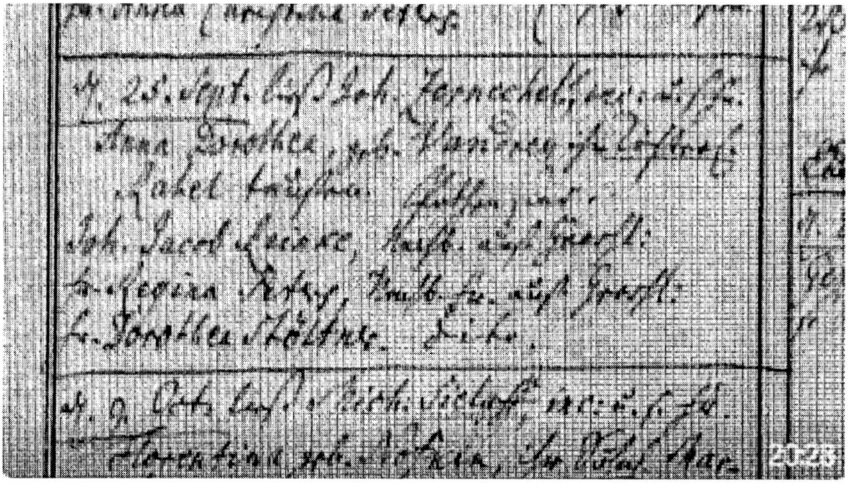

Kirchenbucheintrag über die Geburt von Rahel Schmoldt, geborene Zernechel, geboren am 25. September 1774

Ihre Eltern waren Anna Dorothea Vandrey, geboren am 25. September 1743 in Plehnnendorf und Johann Zernechel, geboren am 7. Juli 1748 in Gottswalde.

Geheiratet hatten die Eltern von Rahel am 20. Oktober 1771 in

Käsemark. Am 14. Juni 1778 wurde der Bruder von Rahel, Peter Zernechel, in Schönrohr geboren.

In der Zeit von 1771 bis 1778 hatte die junge Familie Zernechel dreimal den Wohnsitz gewechselt. Als Rahel 15 Jahre alt war (1789), wanderte die Familie nach Neurussland aus. Es war Rachels vierter Umzug.

In der zweiten Hälfte des 18. Jahrhunderts wanderten zahlreiche Menschen aus den deutschen Staaten in den Osten aus – insbesondere nach Ungarn, Rumänien und Russland –, oft auf Anregung oder mit Unterstützung der jeweiligen Landesherren.

In manchen Ansiedlungsgebieten blieben die Sprache und Kultur des Heimatlandes jahrhundertelang erhalten, da die Siedlungen nach außen weitgehend isoliert waren und insbesondere Heiratsverbindungen mit Einwohnern des aufnehmenden Landes fast ausgeschlossen waren. Dennoch entwickelten die Auswanderer eine beachtliche wirtschaftliche Bedeutung.

Doch wann und warum wanderten Deutsche ins Zarenreich ein?

Das Manifest von Katharina der Großen sicherte ausländischen Siedlern zahlreiche Rechte zu und versprach vielerlei Vergünstigungen: Eine Fahrt zum gewählten Wohnort auf Staatskosten, kostenlose Zuteilung von Land, freie Steuerjahre, interne Selbstverwaltung, Befreiung vom Militärdienst, Recht auf freie Ausreise, Berufs- und Religionsfreiheit usw.

In den deutschen Kleinstaaten und freien Reichsstädten wie Westpreußen, die unter Überbevölkerung, wirtschaftlicher Depression und den Folgen des Siebenjährigen Krieges (1756–1763) litten, kam der Ruf der russischen Zarin gut an.

Dabei spielte die Emigration aus religiösen Gründen auch eine wichtige Rolle: Das betraf unter anderem auch die Mennoniten aus Westpreußen, die wegen ihrer religiös-pazifistischen Überzeugungen zunehmend wirtschaftlich bedrängt wurden und seit 1789 in mehreren Wellen nach Russland auswanderten.[94]

94 György Dalos: „Geschichte der Russlanddeutschen. Von Katharina der Großen bis zur Gegenwart", übers. v. Elsbeth Zylla. C.H. Beck, München 2014.

Müggenhahl, ein Werderdorf zwischen Weichsel und Nougat

Am 3. Mai 1378[95] gründete der Deutsche Ritterorden das Dorf Heynrichsdorff, das kurz darauf in Müggenhahl umbenannt wurde. Am 3. Mai 1928 feierte das Dorf sein 550. Jubiläum. 1945 wurden die alten Bewohner in alle Winde verstreut. Seitdem sprechen die ehemaligen Einwohner von Müggenhahl eine fremde Sprache. Auf dem verwilderten Friedhof aber ruhen die Gebeine unserer Ahnen.[96] Hinsichtlich des doppelten Namens ist zu beachten, dass Dörfer, die ursprünglich nach einer Person benannt wurden, häufig später entsprechend ihrer geografischen Lage umbenannt wurden.

Bei seiner Gründung nannte man das Werderdorf Heynrichsdorff. In den Archivdaten findet man auch noch andere Namen: Hinrichsdorf, Heinrichsdorf, Mogkenhoel, Mockenhol, Muggenhagen und ab etwa 1526 hieß es dann Müggenhahl.[97] Seit dem Ende des Zweiten Weltkrieges trägt es den Namen Rokitnica. Dieser Ortsname kommt in Polen sechsmal vor. Die deutsche Ortsbezeichnung Müggenhahl ist dem Plattdeutschen entlehnt und bedeutet so viel wie „Mückenloch".

Das Dorf liegt etwa vier Kilometer östlich von Pruszcz/Gdanski, deutsch Praust, und elf Kilometer südlich der regionalen Metropole Danzig, auf der sogenannten Danziger Höhe. Das Dorf wurde ungefähr in nordost-südwestlicher Richtung angelegt. Zwei Gebäudereihen erstreckten sich in beträchtlichem Abstand zueinander, wobei Höfe, Gärtnerstellen und Instkaten in unregelmäßiger Folge aufeinander folgten.

95 An diesem Tag im Jahr 326 ließ der römische Kaiser Konstantin die Höhle des Heiligen Grabes freilegen und entdeckte dabei das Kreuz Ehret.

96 Hans Joachim Claassen, „Das Werderdorf Müggenhahl".

97 Gerhard Klemm, Pfarrer in Müggenhahl, „Fünfeinhalb Jahrhunderte Dorf und Kirche Müggenhahl", 1928, Danzig.

Der Boden von Müggenhahl gehörte zum Weichsel-Nogat-Delta links der Weichsel, einer Region, die als Danziger Werder bekannt war. Dieses gliederte sich in drei Bereiche: Erstens das östliche, am höchsten gelegene Stüblauer Werder entlang der Weichsel, zweitens das nördliche Gebiet, das vermutlich einst eine Lagune bildete, und drittens das westliche Gebiet, das sich von Dirschau bis Landau und Müggenhahl im Norden sowie von der Mottlau im Osten bis zum Höhenrand im Westen erstreckte.

Müggenhahl grenzte direkt an Praust und St. Albrecht und lag östlich der Bahnlinie Dirschau – Hohenstein – Praust – Danzig. Verwaltungstechnisch gehörte es zunächst zu Danzig und von 1814 bis 1887 zum Kreis Danzig-Land. Zur politischen Gemeinde zählten die Ortsteile Großland, Hundertmark und Hegewald. Müggenhahl selbst war – abgesehen von diesen Ortsteilen – eine sehr kompakte Siedlung und galt als eines der schönsten Dörfer des Danziger Werders.

Das Dorf umfasste ursprünglich vierzehn Höfe, deren Besitzer als Hofbesitzer bezeichnet wurden. Zudem gab es 30 sogenannte Gärtnerstellen, deren Eigentümer ebenfalls als Besitzer galten. Die meisten dieser Gärtnerstellen befanden sich in den Ortsteilen. Darüber hinaus gehörten zu den Höfen auch Instkaten, die landwirtschaftlich genutzt wurden.[98]

Ehemaliges Tagelöhnerhaus, Instkate, im 18. Jahrhundert (https://commons.wikimedia.org/w/index.php?curid=1509709)

98 Kleine bescheidene Häuser für die Inste, die als Tagelöhner für die Gutsbesitzer arbeiteten.

Als Insten, Katenleute, Dienst- oder Lohngärtner wurden nördlich der Elbe vertraglich gebundene Tagelöhner bezeichnet.

Sie stammten meist aus Kleinbauernfamilien, die ihr Land verloren hatten, und wurden nun als Gutstagelöhner beschäftigt. In dieser Funktion deckten sie den Bedarf eines Gutes an Feldarbeitern. Dabei waren sie oft verpflichtet, auf eigene Kosten ein oder zwei zusätzliche Arbeiter – sogenannte Hofgänger oder Scharwerker[99] – zu stellen. Dem Gutsbesitzer war es gleichgültig, ob es sich dabei um die Kinder des Insten oder um auswärtig angeworbene Kräfte handelte. So gerieten die Gutstagelöhner in eine Doppelrolle: Sie waren zugleich Arbeitnehmer und Arbeitgeber.[100]

Die zu den Höfen gehörenden Instwohnungen waren für zwei oder sogar vier Familien gebaut. Jede Wohnung verfügte über einen Stall und etwa 2.500 Quadratmeter Gartenland. Die dort lebenden Arbeiter wurden Deputanten genannt. Sie arbeiteten für Naturalien und Geld, mussten ihren Lebensunterhalt jedoch größtenteils aus eigener Vieh- und Gartenwirtschaft bestreiten. So hielten sie meist zwei Schlachtschweine pro Jahr – bei guter Wirtschaftslage verkauften sie zusätzlich zwei weitere. Außerdem hielten sie Ziegen und Hühner und verdienten sich durch den Verkauf von Gemüse etwas dazu.

Trotz harter Arbeit war das Einkommen der Tagelöhner kaum ausreichend zum Leben. Sie gehörten zu den unteren sozialen Schichten. Oft mussten auch die Ehefrauen als Tagelöhnerinnen arbeiten oder mit Heimarbeit zum Lebensunterhalt beitragen. Vor der Einführung der allgemeinen Schulpflicht galt dies auch

---

99 Die Bezeichnung Scharwerk stammt vom althochdeutschen Begriff „scara“ (Schar, Haufen). Damit wurden Arbeiten bezeichnet, die von mehreren Leuten, einer „Schar“, abwechselnd für einen Herrn oder eine Domäne zu leisten waren (Frondienst). Die Personen nannten sich offiziell Scharwerker.

100 Georg Stöcker: „Agrarideologie und Sozialreform im Deutschen Kaiserreich. Heinrich Sohnrey und der Deutsche Verein für ländliche Wohlfahrts- und Heimatpflege 1896–1914“, V&R unipress, Göttingen 2011.

für ihre Kinder. Da die Arbeitsbelastung der Eltern hoch und der Lohn gering war, blieb den Familien oft keine andere Wahl, als die Kinder mitarbeiten zu lassen.

Die Teilnahme der Kinder am Unterricht hing stark von der Arbeitsbelastung der Familie ab. Schon vor der Schulpflicht besuchten Tagelöhnerkinder nur unregelmäßig die örtlichen Schulen – nicht zuletzt, weil die Eltern sich das Schulgeld und die Kosten für Bücher kaum leisten konnten. Zwar hatten die Behörden die Möglichkeit, Kinder armer Familien zum Schulbesuch zu verpflichten, doch die damit verbundenen Kosten mussten von den Amtspersonen selbst übernommen werden – ein Umstand, der oft zur Untätigkeit führte. In vielen Fällen blieb es daher dem Lehrer überlassen, eine Anzeige zu erstatten.

Die Notwendigkeit, den Eltern bei der Arbeit zu helfen und gleichzeitig keine regelmäßige Schulausbildung zu erhalten, führte dazu, dass Tagelöhnerkinder später nur wenige Möglichkeiten hatten, gesellschaftlich aufzusteigen und ein gesichertes Leben zu führen.

Wenn ich über das häufige Umziehen unserer Vorfahren aus der Familie Zernechel nachdenke, komme ich immer wieder zu dem Schluss, dass sie mit hoher Wahrscheinlichkeit Tagelöhner waren. Die Entscheidung, nach Russland auszuwandern, könnte aus der Hoffnung entstanden sein, durch die Emigration ihre wirtschaftliche Lage nachhaltig zu verbessern.

Diese Ordnung der Wirtschaften in Müggenhahl war im Laufe der Jahrhunderte durcheinandergeraten. So wurden aus ehemaligen Gärtnerstellen und sogar aus Instkaten lebensfähige Wirtschaften. Ursprünglich hatten verschiedene Güter Ländereien in Müggenhahl, insbesondere in Hundertmark, erhalten. Später wurden diese an die angrenzenden Gärtnerstellen verkauft, wodurch eine allmähliche Entwicklung möglich wurde.

Von den einst 14 Höfen bestanden noch 13. Bereits 1793 verzeichnete die Chronik zwei unbebaute Höfe. Jeder Hof besaß seine eigene Hofmarke und seinen Kirchensitz, über dem die Hofmarke sichtbar angebracht war. Zudem ließen sich die Bauern Hofmarken in Form von Brenneisen vom Schmied anfertigen, mit denen sie ihr Inventar – und oft sogar ihr Vieh – kennzeichneten.

Das Dorf war in nordost-südwestlicher Richtung angelegt. Zwei Gebäudereihen standen in beträchtlicher Entfernung voneinander. Höfe, Gärtnerstellen und Instkaten wechselten in unregelmäßiger Reihenfolge ab. Diese Anlagen wurden durch einen nebeneinander verlaufenden Dorfgraben getrennt.

Müggenhahl war ein Kirchdorf. Zum Kirchspiel gehörten die Gemeinden Nassenhuben, Krampitz mit Weißhof, Hochzeit (wobei einige Höfe zum Kirchspiel Wotzlaff zählten) und ein Teil des Landauerbruchs. Die Kirche stand auf der Westseite des Dorfgrabens, etwa im nördlichen Zweidrittel des Dorfes.

Die ursprünglichen Einrichtungen und Landzuteilungen bei der Gründung des Dorfes sprechen dafür, dass der Bau der Kirche frühzeitig begonnen wurde. Bereits um 1400 soll er abgeschlossen gewesen sein. Schon 1690 wurde die Einwohnerzahl des Dorfes mit 412 angegeben. Nach der Reformation waren die Müggenhahler überwiegend evangelisch. Die wenigen katholischen Bewohner wurden von der Kirchengemeinde St. Albrecht betreut.

Unmittelbar neben der Kirche stand die einklassige, ebenfalls evangelische Schule. Der Lehrer war zugleich der Organist.

Die Kirche war fast quadratisch vom Friedhof umgeben. Neben dem Friedhof, nur durch einen Fahr- und Fußweg getrennt, lag das Pfarrhaus mit seinen großzügigen Zimmern und dem prachtvollen Garten. Ebenfalls durch einen Weg getrennt befand sich neben der Kirche eine Gastwirtschaft. Der Teil des Dorfes, der sich vom Dorfgraben aus rechts hinter der Kirche erstreckte, wurde „Krähenwinkel“ genannt.

Auf der östlichen Seite des Dorfgrabens, jedoch direkt an diesem gelegen und etwa in der Mitte des Dorfes, befand sich eine Gastwirtschaft namens „Zur guten Quelle“. Sie war seit drei Generationen im Besitz der Familie Kersten. Angrenzend daran, jedoch in Richtung des südlichen Dorfendes, lagen der Dorfteich und die Schmiede, die der „Hofbesitzergenossenschaft“ gehörte.

Auf derselben Dorfseite, jedoch in der Dorffront, stand gegenüber der Gastwirtschaft Kersten ein Zweifamilienhaus der Kirche. Darin wohnten die Kirchendiener, die für die Betreuung der Kirche zuständig waren. Diese Tätigkeit allein reichte jedoch nicht aus, um ihren Lebensunterhalt zu sichern. Ihnen stand etwa ein Hektar Gartenland zur Verfügung, und zusätzlich bewirtschafteten sie Pachtland, um eine kleine Landwirtschaft zu betreiben.

Neben den beiden Gebäudefronten verliefen Landwege durch das Dorf. Am Nordende, auf der östlichen Seite beginnend, wurde in den Jahren 1898/99 vom Kreis eine Kopfsteinpflasterstraße gebaut. Sie wechselte auf Höhe der Kirche die Dorfseite und führte in einem Bogen zum Südende des Dorfes, wo sie nach rechts in Richtung St. Albrecht abbog. Dort schloss sie an die von Dirschau kommende Heeresstraße an. Nach Praust führte hingegen ein einfacher Landweg.

Die Bodenverhältnisse des Dorfes waren prägend für seine Entwicklung. Müggenhahl lag in einer flachen Ebene, deren Höhenunterschiede lediglich zwischen wenigen Zentimetern über und bis zu 0,1 cm unter dem Meeresspiegel schwankten. Die tiefste Stelle befand sich auf dem Großland von Walter Stender in der Nähe der Nobelschen Grenze. Müggenhahl lag zudem am Rand des Danziger Höhenzuges, während der nahe gelegene Kapellenberg von St. Albrecht bereits 45,9 Meter über dem Meeresspiegel lag. Aufgrund dieser Lage mussten die Müggenhahler stets einen harten Kampf gegen ihr ureigenstes Element – das Wasser – führen. Die Entwässerungsgeschichte des Dorfes war ebenso komplex wie faszinierend.

Der Urbarmachung des Danziger Werders ging die Eindämmung der Weichsel durch den Deutschen Ritterorden in den Jahren 1285 bis 1299 voraus. Nachdem der Orden 1308 Danzig in

Besitz genommen hatte, begann er unverzüglich mit der Regulierung der Radaune.[101] Als Wildwasser in der Kaschubei entspringend, durchzog die Radaune die Landschaft mit ihren zahlreichen Windungen und Reizen. Sie floss über Groß-Bölkau, Straschin und Prangschin nach Gischkau-Praust, wobei sie Praust in einer schlangenförmigen Schleife umging, bevor sie das Müggenhahler Gefahrengebiet erreichte. Bis zum Bahnhof von St. Albrecht blieb sie westlich der Bahn, ehe sie bei Nobel und Guteherberge vorbeifloss, das Ohraer Gebiet streifte und schließlich bei Krampitz in die Mottlau mündete.[102]

Der Deutsche Ritterorden begradigte und dämmte die Radaune ein. Im Jahr 1338 wurde dazu, am Schnittpunkt Gischkau-Praust beginnend, die neue Radaune gegraben, die schnurgerade durch Praust nach Danzig führt. Sie liegt sehr hoch und diente sowohl als Wasserzufuhr für Danzig als auch zum Betrieb von Mühlen.

Gefährlich wurde sie eigentlich nie, da ihr Wasserstand durch eine Schleuse zur alten Radaune reguliert werden konnte. Bei Hochwasser diente sie als Auffangbecken, was die Überschwemmungsgefahr der alten Radaune verringerte. Allerdings versandete sie leicht und musste daher jährlich gereinigt werden – eine Aufgabe, zu der die anliegenden Dörfer verpflichtet waren. Auch Müggenhahl hatte seinen Anteil daran zu leisten, was die neue Radaune zu einer kostspieligen Angelegenheit machte.

Die alte Radaune hingegen blieb für Müggenhahl stets eine Bedrohung. Im Frühjahr sorgte der Eisgang für Gefahr, um Johanni herum das Schmelzwasser aus den Höhen. Zwischen 1500 und 1888 brach ihr Damm mindestens achtmal. Hinzu kamen etwa zehn Dammbrüche der Weichsel, deren Wasser sich ebenfalls über Müggenhahl ergoss. Manchmal kam das Wasser von zwei Seiten. Während Kriegszeiten wurden die Dämme gezielt durchstochen, um Danzig zu schützen. Es gab Perioden, in denen Müggenhahl

101 Fluss im Danziger Werder.

102 Fluss Mottlau.

und andere Dörfer des Danziger Werders bis zu fünf Jahre lang unter Wasser standen.

Dennoch gaben unsere Vorfahren ihr Land nicht auf. Sie kämpften unermüdlich darum, Herr über das Wasser zu werden. Im Danziger Werder hieß es: „Wasser ist schlimmer als Feuer." Und doch sagten die Menschen angesichts der angrenzenden Höhen: „Lieber im Werder versaufen als auf der Höhe verdursten." Der immense Aufwand, den Müggenhahl für die alte Radaune betreiben musste, ist aus einer Chronikeintragung von 1595 ersichtlich: Es waren 12 Wagen, 24 Mann und 26 Gärtner für das Scharwerk bereitzustellen.

Während der Hochwasserzeiten standen die Männer von Müggenhahl stets auf Wacht. Um die gefährliche Aufhäufung von Eisschollen am Damm zu verhindern, waren sie mit Eishacken und Feuerhaken ausgerüstet. Jeder Hof musste Faschinen[103] und lange Weidenstrauchbündel bereithalten, ebenso Sandsäcke und Dung. Niemand wusste je, woher die nächste Bedrohung kam – würde es die Radaune sein, die Gans[104] oder gar die Weichsel?

Der Deichgeschworene und der Dammverwalter trugen eine große Verantwortung. Oft lagen beide Ämter in einer Hand. Kam es zu einem Dammbruch, mussten die Männer sofort zu ihren Höfen zurückkehren. Ihre erste Pflicht war es, Menschenleben zu retten – wenn es die Zeit erlaubte, auch das Vieh. Für die Unterbringung der Flüchtenden war vorgesorgt.

Die Entwässerung des Dorfes erfolgte in den ersten Jahren durch Windschöpfmühlen. Das Danziger Werder verfügte über etwa 60 dieser Mühlen, in Müggenhahl standen zwischen zwei und fünf.

1909 stellte sich Müggenhahl auf Elektrizität um. Neben dem ersten Dampfschöpfwerk wurde ein neues Pumpwerk errichtet.

---

103 Faschinen, auch als Stackbusch bezeichnet, sind walzenförmige Bündel aus Reisig oder Ruten, die mehrere Meter lang sein können. Sie werden vor allem zur Stabilisierung von Uferböschungen und zur Verhinderung von Erosion eingesetzt.

104 Fluss Gans.

Der Vorstand des Müggenhahler Entwässerungsverbandes zeigte sich fortschrittlich und erkannte die einmalige Gelegenheit, die sich bot.

Die Bodenbeschaffenheit des Gebiets war stark von seiner Entwässerungsgeschichte geprägt. Die Hegewälder und die Dreiviertelländereien verfügten über mittelschweren bis schweren Boden mit einer fruchtbaren Muttererde, die bis zu einem Meter tief reichte. Die Wiesen östlich hinter dem Dorf waren moorig und profitierten besonders von der verbesserten Entwässerung.

Die an Praust angrenzenden Hauptstücke bestanden aus fruchtbarem, schwarzem Boden, der sich ideal für den Ackerbau eignete. Die Flächen in Großland und Hundertmark boten beste Bedingungen für den Gemüseanbau. Diese Bodenunterschiede führten zu verschiedenen Formen der Bewirtschaftung. Auf den höher gelegenen Flächen wurde bis zum Ersten Weltkrieg hauptsächlich Viehwirtschaft betrieben. Man butterte, mästete Kälber und fuhr samstags mit Butter, Eiern, Obst, Geflügel und auch etwas Gemüse zum Markt nach Danzig. Zudem baute man Getreide an und begann vereinzelt mit Rapsanbau.

Die Betriebe auf den tiefer gelegenen Wiesen konzentrierten sich auf die Heuproduktion, die besonders für die Heeresverwaltung von Bedeutung war. Auch der private Heubedarf in Danzig war erheblich. Auf geeigneten Wiesen wurde zudem Torf gestochen, vor allem für den Eigenbedarf.

Die Gemüsebauern standen finanziell meist besser da als andere Betriebe. Die ursprüngliche Idee, durch die Schaffung von Gärtnerstellen eine stabile Existenz zu sichern, hatte sich bewährt. Mit großem Fleiß bewirtschafteten die Müggenhahler ihre Felder, holten Dung aus Danzig und bauten Gemüse an. Große Teile des Landes und des Dorfes verwandelten sich in einen einzigen Gemüsegarten. Später begann man mit dem Anbau von Frühgemüse, zunächst in Mistbeeten, später auch in Treibhäusern. Mittwochs und samstags fuhren die Bauern mit hoch beladenen Wagen zum

Markt. Die Arbeit war hart, Feierabend kannte man nicht. Das Gemüse wurde breitflächig ausgesät und musste mühsam gejätet werden.

Die Fleißigsten lagen zwischen den Reihen und jäteten, solange die Sonne schien. Es soll vorgekommen sein, dass sie sich in eine Decke hüllten und einfach dortblieben, bis die Sonne wieder aufging. Für den Markt mussten Mohrrüben und Suppengemüse gewaschen und, wenn möglich, auch gebunden werden – eine mühsame und wenig angenehme Arbeit.

Besonders stolz waren die Müggenhahler Bauern auf ihre Pferde, die sie mit großer Sorgfalt pflegten. Neben der allgemeinen Aufzucht gab es einige bemerkenswerte Züchter des westpreußischen Warmblutpferdes Trakehnischer Abstammung[105].

Die Eier- und Geflügelproduktion lag in den Händen der Hausfrauen und war von beachtlichem Umfang. In der Erntezeit zogen Scharen von Gänsen durch die Dorfstraße, wo sie emsig die herabgefallenen Getreidekörner aufpickten. Enten tummelten sich zahlreich im Dorfgraben und auf dem Dorfteich.

Ein besonderer Stolz der Hausfrauen waren die prachtvollen Gärten, die in der Reifezeit mit Obst und Beeren überquollen. Die bunten, gepflegten Blumenbeete wurden liebevoll gehegt, und oft wollte man keine einzige Blume zur Straße hin pflücken. Wer erinnert sich nicht an die Blumenfrauen, die mit Pferd und Wagen zum Markt fuhren? Sie trugen Tragekiepen voller Schnittblumen und Körbe voller Blütenpracht in den Händen. Schneeglöckchen im Frühjahr, Osterlilien, Narzissen und die prächtigen Pfingstrosen – zu jeder Jahreszeit gab es frische Blumen. Selbst unter dem Schnee wurden Christrosen hervorgeholt.

Für eine zuverlässige Bestäubung der Felder und Gärten sorgten einige sorgfältig bewirtschaftete Bienenstände.

---

105 Pferde der Trakehner Rasse, die außerhalb des Hauptgestüts Trakehnen geboren wurden, bezeichnet man als Ostpreußisches Warmblut Trakehner Abstammung (umgangssprachlich Ostpreuße).

Jeden Winter wurden die Weidenbäume geschlagen und verkauft. Kopfweiden konnten etwa alle acht Jahre geköpft werden.

Ein wichtiger Bestandteil des dörflichen Lebens war die „Hofbesitzergenossenschaft“. Sie war Eigentümerin der Schmiede samt Schmiedegarten und Schmiedeland, insgesamt etwa drei Viertel Hektar groß, südlich des Kirchenlandes am Großen Mühlengraben gelegen. Zur Genossenschaft gehörte auch der ehemalige Weg über den Mühlengraben sowie drei Viertel Hektar Wiese, das Nutzungsrecht an der Wiesentrift, ein Dorfacker neben dem Schulgarten und die freien Flächen am Südeingang des Dorfes entlang der östlichen Seite des Dorfgrabens.[106]

Bald nach der Gründung des Dorfes, zwischen 1378 und 1400, wurde auch die Kirche erbaut. Das Zinsverzeichnis[107] von 1400 lässt darauf schließen, dass der Bau der Pfarr- und Kirchenhufen zu dieser Zeit bereits abgeschlossen war.

Im Jahr 1493 wird ein Geistlicher namens Martin Laubmeier genannt. 1508 wurden die Kirchengemeinden von Müggenhahl und Rosenberg aufgrund zu geringer Einkünfte nach Praust eingepfarrt. Erst 1573 wird in Müggenhahl ein protestantischer Pfarrer erwähnt. Es war vorgesehen, dass ihm die Hufen[108] gezeigt werden, die ihm zustanden. Zwischen 1577 und 1585 amtierte bereits ein zweiter Geistlicher namens Paulus Höffner.

Die Kirche hatte im Jahr 1576-1577 unter der Belagerung Danzigs durch Stephan[109] Báthory zu leiden. Diese Information entstammt der ältesten erhaltenen Kirchenrechnung, die sechs Jahre nach dem Krieg (1578-1584), im April 1585, ausgestellt worden war. Diese Glockenquittung vom 8. Mai 1585, unterschrieben von

106 Übernommen aus dem forum.danzig.de

107 Steuerliste von Müggenhahl.

108 Eine preußische Hufe (168.000 Quadratmeter), entspricht 7,659 ha.

109 Stephan Báthory war 1571–1576 gewählter Fürst von Siebenbürgen und ab 1576 König von Polen und Großfürst von Litauen.

einem Jakob Anderts, ist noch im Danziger Archiv erhalten.[110] Allerdings wurde in dieser Rechnung weder ein Abbrennen noch ein Ausbrennen der Kirche erwähnt, sodass die Kirche in ihren Umfassungsmauern zum Zeitpunkt des 550. Jubiläums des Dorfes sicher noch die ursprüngliche aus der Ordenszeit war.

Nur zwei neue Glocken wurden nach diesem Krieg angeschafft: Margaretha und Johanna.

Die Visitation 1583/84 durch Bischof Rozrazewski war in Müggenhahl nicht zugelassen worden. „1599" ist die Zahl, die auf der Kirchenfahne von 1928 stand – vermutlich wurde damals der Kirchturm renoviert oder teilweise erneuert. Ein Abbrennen der Turmspitze im oben genannten Krieg ist durchaus möglich.

Schon 1606 erwähnt Praetorius, dass eine Glocke für Heinrichsdorf gegossen wurde. Das bedeutet, dass eine der beiden Glocken, die 1585 angeschafft worden waren, bereits nach kurzer Zeit unbrauchbar wurde. Die Glockeninschrift erwähnt den alten Namen Heinrichsdorf: *„Als man zählt, sechszehnhundert Jahr, und sechs dazu gegossen war, diese Glocke im Dezember rein, gen Heinrichsdorf für die Gemein."*

1606 wurde ein Altar gebaut. Im Jahre 1646 wurde der Kirchturm erhöht und mit einem Mansardendach einschließlich einer Signatur gekrönt.

Im Jahr 1627 verwüsteten schwedische Truppen die Umgebung von Müggenhahl und plünderten die Kirche. 1660 wurde eine Kirchturmuhr aus der Kirche von St. Salvatore in Danzig angebracht. 1752 wurde in der Kirche eine Orgel mit dem Wappen Ferber[111] installiert.

Nach dem Ende mehrerer Kriege – des polnisch-schwedischen Krieges (1625–1629), des sogenannten „Sintflut"-Krieges (1655–

110 300, 4, 6, einzelner Zettel.

111 Ferdinand Ferber, ein Philosoph, Theologe und Mathematiker, geboren am 22. September 1683 in Müggenhahl, gestorben am 22. September 1683 in Müggenhahl.

1666), des Nordischen Krieges (1700–1721), des Polnischen Erbfolgekrieges (1733–1735) und des Siebenjährigen Krieges (1756–1763) – wurde die Kirche restauriert. Eine neue Orgel wurde hinzugefügt, und erneut stiftete der berühmte Danziger Gründer Ludwik Wittwerck[112] eine große und zwei kleine Glocken.

Einer der bedeutendsten Geistlichen von Müggenhahl war Joachim Lange (1620–1661), der 41 Jahre amtierte und dessen Bild in der Kirche hängt. In seine Amtszeit fielen beide Schwedenkriege. Er erneuerte die Rechnungsbücher und Kirchenbücher, sorgte für die Turmuhr, ließ das Innere der Kirche vom Maler streichen und schaffte eine neue Orgel an. Am bedeutendsten aber war der Bau des neuen hohen Kirchturms, der von 1642 bis 1646 dauerte und insgesamt 13.889 Mark kostete. Es war der höchste Kirchturm des Danziger Werders.

1627 bat der Schulmeister von Müggenhahl, Johannes Schmied (seit 1623 in Müggenhahl), den Rat der Stadt um Unterstützung. Er berichtete, dass er, als er sich mit seiner Frau in die Stadt in Sicherheit bringen wollte, mehrmals von schwedischen Soldaten beraubt worden sei. Auch der übrige Hausrat, den er zusammen mit anderen Dorfbewohnern in die Kirche gebracht hatte – in der Hoffnung, dass er dort sicher verwahrt wäre – wurde ihm genommen.

Der Rat gestattete ihm daraufhin einen „Kirchenstand zur Pfarre“, das heißt, er durfte eine Kollekte in der Pfarrkirche St. Marien für sich einsammeln.

Kolonialladen und Gasthof

112 Ein Glockengießer aus Danzig.

Auf dem oberen Foto ist das Gebäude von Paul Kerstens Kolonialladen und Gasthof zu sehen. Die Räumlichkeiten befanden sich in der Hauptstraße 9 (heute Ogrodowa).

Im Jahr 1690 verzeichnete Müggenhahl 412 Einwohner, von denen die überwiegende Mehrheit Protestanten waren. Sie besuchten die örtliche Kirche, während die Katholiken die Kirche St. Wojciech aufsuchten.

Die Kirche in Müggenhahl war von einem nahezu quadratischen Friedhof umgeben. Auf diesem Friedhof wurden überwiegend evangelische Mitbürger beerdigt.

Ein Teil des Dorfes in der Nähe von der Kirche und des Friedhofs hieß Krähenwinkel. Die Kirche besaß einen Hegewald,[113] ein Hauptgrundstück, eine Dreiviertelhufe, den Garten hinter dem Pfarrhaus (drei Viertelhektar), das Grundstück, in dem die Kirchendiener wohnten, sowie drei Viertelhektar Land südlich des Mühlengrabens.

Im Laufe der Zeit wurde neben der Kirche eine einklassige evangelische Schule gebaut. Dort unterrichtete der Organist, wie auch in anderen umliegenden Dörfern. Zudem kam der Lehrer aus Praust wöchentlich für den katholischen Religionsunterricht.

Die Schule besaß drei Viertelhektar Land links an der Straße nach Nassenhuben sowie ein weiteres Grundstück südlich des Großen Mühlengrabens. Dazu gehörte auch der Schulgarten neben dem Schulgebäude. Im 17. Jahrhundert betrug das Schulgeld zwei Gulden pro Kind und Jahr.

Die schwedischen Kriege des 17. Jahrhunderts sowie der Nordische Krieg brachten Preußen und Polen große Zerstörungen. Die Folgen dieser Kriege sowie einer Pestepidemie von 1708 bis 1710 führten zu großer Verarmung der Region.

Nach der Ersten Teilung Polens im Jahr 1772 blieb Thorn innerhalb des polnischen Staates, wurde jedoch von seinen „Gewerbe-

113 Zu bestimmten Zwecken geschonter, nicht der normalen forstwirtschaftlichen Nutzung unterliegender Wald.

gebieten“ abgeschnitten. Im Zuge der preußischen Blockade wurden sämtliche Straßen, die von Thorn nach Danzig (Gdańsk) und ins übrige Polen führten, abgeriegelt. Bei der Zweiten Teilung Polens im Jahr 1793 fiel Thorn schließlich an Preußen.

Die Provinz Westpreußen war von 1773 bis 1829 eine Provinz des Staates Preußen. Sie entstand nach der Ersten und Zweiten Teilung Polens vor allem aus Gebieten des Königlichen Preußens (Polnisch-Preußen). Während die Bevölkerung der größten Städte – Danzig, Elbing und Thorn – überwiegend deutsch war, blieb sie in den ländlichen Gebieten zunächst mehrheitlich polnisch.

Der preußische König Friedrich II. verfügte 1772, dass die neue Provinz den Namen Westpreußen erhalten sollte, während die bisherigen preußischen Besitzungen, zusammen mit dem Ermland, fortan, als Ostpreußen bezeichnet wurden. Nach der Wiedervereinigung der westlichen mit den östlichen Teilen Preußens konnte sich der preußische König nun „König von Preußen“ nennen, anstatt wie zuvor nur „König in Preußen“.

Im Steuerwesen wurde durch die „Instruktion für die Klassifikationskommission“ vom 5. Juni 1772 die Kontribution eingeführt. Zwischen September 1772 und Anfang 1773 erfolgte eine präzise Vermessung des Landes sowie eine Schätzung der Erträge einzelner Grundstücke. Dabei wurde die Bodenqualität „klassifiziert“, sodass die zu entrichtende Kontribution nicht nur nach der Flächengröße, sondern auch nach der Güte der Böden berechnet wurde. Diese Erhebungen offenbarten den trostlosen Zustand des flachen Landes und der kleinen Städte.

Das Kontributionskataster enthielt zudem eine namentliche Erfassung aller Haushaltsvorstände, jeweils mit Angaben zur Anzahl der männlichen und weiblichen Personen über und unter zwölf Jahren, zu den ausgeübten Berufen sowie zur jeweiligen Konfession der Bewohner.

Eine Erfassung der ethnischen Zugehörigkeit (Deutsche, Kaschuben, Polen) fand bei dieser Gelegenheit nicht statt. Aufgrund verschiedener Quellen weiß man jedoch, dass die pommerellische Bevölkerung etwa zur Hälfte aus Deutschen und zur anderen Hälfte aus Kaschuben und Polen bestand.

Die Deutschen waren in der Regel lutherisch und lebten hauptsächlich in den Städten sowie als Bauern in einem west-östlich verlaufenden Streifen im Netzegebiet.

Die Leibeigenschaft, von der vor allem polnische und kaschubische Bauern betroffen waren, wurde durch die Verordnung vom 8. November 1773 durch die mildere Erbuntertänigkeit[114] ersetzt. Jeder Untertan, auch ein gutsherrlicher, sollte vor den ordentlichen staatlichen Gerichten sein Recht einfordern dürfen.

Die auf adeligen Gütern lebenden Menschen, die als Handwerker, Gärtner, Instleute oder Gesinde ihren Lebensunterhalt verdienten, wurden 1785 in Freie und Untertanen unterschieden. Die Untertanen waren nicht frei, sondern gehörten mit ihren Kindern in einer abgemilderten Form der Leibeigenschaft zum Gut. Sie konnten sich jedoch freikaufen und erhielten dafür vom Gutsbesitzer einen „Freiheitsbrief". Ohne dessen Erlaubnis durften sie nicht wegziehen und waren zu sämtlichen Diensten gegenüber dem Gutsherren verpflichtet.

Die bäuerlichen Familien schenkten werdenden Müttern wenig Aufmerksamkeit – weniger als einer tragenden Stute im Stall. Kinder wurden geboren; überlebten sie, war es gut, schafften sie es nicht, so wurde mit ziemlicher Sicherheit im nächsten Jahr ein neues Kind geboren. Schwangerschaften wurden eher als Last empfunden, da die Frauen für einige Zeit als Arbeitskräfte ausfielen. Daher war es üblich, dass sie bis kurz vor der Entbindung auf den Feldern arbeiteten und sich erst bei Einsetzen der Wehen ins Bett legten.

Aufgrund der allgemein schlechten Ernährung blieben die Menschen kleinwüchsig und körperlich wenig leistungsfähig. Dies

---

114 Eine besondere Form der wirtschaftlichen und persönlichen Abhängigkeit des Bauern vom Grundherrn, ähnlich der Leibeigenschaft.

galt insbesondere für Frauen, die durch regelmäßige Schwangerschaften zusätzlich geschwächt wurden.

Entbindungen waren oft mit erheblichen Risiken für die werdenden Mütter verbunden, da die Geburtshilfe in der Regel von älteren Nachbarinnen oder Hebammen übernommen wurde, die weder um die Bedeutung von Hygiene noch um die Gefahren ansteckender Krankheiten wussten.

Oft waren die Mütter nicht in der Lage, ihre Neugeborenen zu stillen. Die schreienden Säuglinge wurden stattdessen mit dickem Brei gefüttert, der häufig aus saurer Milch und anderen bereits verdorbenen Zutaten zubereitet wurde. Zur Beruhigung war es weit verbreitet, den Kleinkindern ein wenig Schnaps einzuflößen.[115]

Die Dorfgemeinschaften errichteten gemeinsam die Gehöfte, wobei sie das reichlich vorhandene Holz als Baumaterial nutzten und Schilf für die Dacheindeckung verwendeten. Im Mittelpunkt der Wohnhäuser stand die offene Feuerstelle, wodurch die Gebäude einer hohen Brandgefahr ausgesetzt waren. Trotz aller Vorsichtsmaßnahmen kam es häufig zu verheerenden Bränden in den Dörfern.

Trotz verbesserter landwirtschaftlicher Methoden wuchs die Bevölkerung so stark, dass die Landwirtschaft sie nicht mehr vollständig ernähren konnte. Dies führte zu einem Überangebot an landwirtschaftlichen Arbeitskräften, von denen viele gezwungen waren, als Saisonarbeiter in anderen deutschen Ländern zu arbeiten. Andere suchten ihr Glück in der Auswanderung nach Russland, um dort ein besseres Auskommen zu finden.

Über Müggenhahl habe ich hier ausführlich berichtet und gehe davon aus, dass es in den anderen ländlichen Ortschaften der Provinz ähnlich zuging.

---

115 Ernst-Martin Jend, „Das 18. Jahrhundert – ein Jahrhundert der Stagnation."

In die neue Heimat

Die gewaltsame Auflösung des polnischen Staats im 18. Jahrhundert wirkte noch lange nach. Damals war das polnisch-litauische Reich eines der größten europäischen Staaten gewesen, das dann verschwand.

Mitte des 18. Jahrhunderts brach der Siebenjährige Krieg aus. In diesem Krieg von 1756 bis 1763 kämpften alle europäischen Großmächte jener Zeit um ein Kräftegleichgewicht und territoriale Gewinne in Europa, um Kolonien und Einfluss in Nordamerika, Indien und Afrika, um die Herrschaft über die transatlantischen Seewege sowie um Handelsvorteile. Im Wesentlichen standen Preußen und Großbritannien einer Allianz aus der Habsburgermonarchie mit dem Heiligen Römischen Reich sowie Frankreich, Russland und Spanien gegenüber. Als Verbündete kamen auf beiden Seiten weitere kleinere und mittlere Staaten wie Kurhannover und Kursachsen hinzu.

Während Preußen, Habsburg, Frankreich und Russland primär um ihre Machtposition in Mitteleuropa stritten, ging es im Teilkonflikt zwischen Großbritannien und Frankreich auch um die Vorherrschaft in Nordamerika und Indien. In Preußen wurde der Siebenjährige Krieg als dritter Schlesischer Krieg betrachtet, da die primären Ziele des Landes die Selbstbehauptung und die Sicherung der in den 1740er-Jahren eroberten schlesischen Gebiete waren.

Um noch einmal die unruhigen Zeiten im 18. Jahrhundert zu verdeutlichen, greife ich zu Aufzeichnungen von A. A. Polovtsov über Fürst Aleksander Prosorowski im russischen biographischen Lexikon.[116] In der Geschichte unserer Familie spielte er eine wichtige Rolle.

---

116 Aleksander Aleksandrowich Prosorowski im russischen biografischen Lexikon, Band 15, 1910, S. 4-11, „Александр Александрович Прозоровский“, in: Русский биографический словарь, Band 15, 1910, S. 4–11.

Er war Generalfeldmarschall, stammte aus einer alten russischen Fürstenfamilie, die von Rürik, einer Linie der rürikidischen Fürstendynastie aus Jaroslawl, welche sich seit dem 15. Jahrhundert nach ihrem Stammgut Prosorowo nannte, abstammte.

Mit dem Ausbruch des Siebenjährigen Krieges mit Preußen zog Fürst Prosorowski in den Kriegsschauplatz. Er unternahm mit den russischen Truppen einen sehr schwierigen Feldzug nach Westen und nahm am 19. August 1757 an der Schlacht bei Groß-Jägersdorf teil, wo er durch eine Kugel im linken Arm verwundet wurde.

Östlich des Ortes Groß-Jägersdorf fand am 30. August 1757 eine entscheidende Schlacht zwischen dem von Friedrich II. mit der Sicherung Ostpreußens beauftragten preußischen Feldmarschall Hans von Lehwaldt (1685 – 1768) und den Russen unter Feldmarschall Apraxin statt, wobei die Preußen von den Russen geschlagen wurden. Diese fielen im Jahr 1757 mit 100.000 Mann in Ostpreußen ein – nach anderen Quellen waren es 60.000. Am 5. Juli fiel die Festung Memel, am 8. August nahmen sie Gumbinnen und marschierten anschließend in Insterburg ein. Die Russen hatten das Schlachtfeld behauptet, wagten aber keine Verfolgung des Gegners und mussten sich wegen der anhaltenden Versorgungsprobleme nach Polen zurückziehen. Ostpreußen blieb 1757 vorerst in preußischer Hand...

Von Januar bis Juni 1758 war Fürst Prosorowski mit seinem Regiment in Thorn stationiert. Später, nach seiner Verletzung, wurde er 1760 zum Kommandanten von Thorn ernannt.

Am 28. Juni 1758 wurde Prosorowski zum Sekundmajor befördert. Diese Nachricht erreichte ihn, während er sich unter den Mauern der von den Russen belagerten Festung Küstrin aufhielt. Er nahm am 4. August desselben Jahres an einem der großen Ereignisse teil, die sich in der Nähe dieser Stadt abspielten. Tapfer kämpfte er am 14. August in den Reihen der russischen Truppen bei Zorndorf,[117] wo er zum zweiten Mal durch eine Kugel in die rechte Schulter verwundet wurde.

Am 12. Juli 1759 nahm er unter Graf von Saltykow an einem Gefecht mit dem preußischen General Wedel bei Palzig teil, bei dem die Preußen besiegt wurden. Am 1. August desselben Jahres kämpfte er in der berühmten Schlacht bei Kunersdorf nahe Brandenburg, wo er in den vordersten Reihen der Armee stand.

Gegen Abend des 12. August 1759, nach der Schlacht, erlitt König Friedrich II. von Preußen einen Nervenzusammenbruch. Während die Reste seiner Armee in wilder Flucht aus der verlorenen Schlacht bei Kunersdorf jagten, stand er allein, nur in Begleitung eines Pagen, auf einem Hügel und blickte auf das Chaos, das sich vor ihm entfaltete. Vor lauter Verzweiflung soll er ausgerufen haben: „Gibt es denn keine verdammte Kugel für mich?“ Das zerrüttete Nervenkostüm des Herrschers überraschte allerdings nicht. An diesem Tag wurden ihm bereits zwei Pferde unter dem Leib weggeschossen. Eine dritte Kugel war an seiner Tabakdose abgeprallt. Friedrich schien am Ende zu sein.

Für seine Tapferkeit in diesen Schlachten wurde Fürst Prosorowski am 20. Dezember desselben Jahres zum Premiermajor und am 1. Januar 1760 zum Oberstleutnant befördert. Am 28. September 1760 zog er mit den russischen Truppen in Berlin ein.

Seine energische Tätigkeit, Tüchtigkeit und Tapferkeit wurden anerkannt, und am 15. Februar 1761 erfolgte seine Beförderung zum Oberst.

Der damalige Herrschaftswechsel veränderte die Richtung der russischen Politik dramatisch. Kaiser Peter III. befahl bei seiner Thronbesteigung nicht nur, die Feindseligkeiten gegen die Preußen einzustellen, sondern begann auch, dem preußischen König

117 In der Schlacht von Zorndorf trafen am 25. August 1758 eine preußische Armee unter König Friedrich II. und die russische Hauptarmee unter Wilhelm von Fermor aufeinander. Durch seinen Sieg verhinderte Friedrich II. im Siebenjährigen Krieg das Eindringen der russischen Streitkräfte in die Mark Brandenburg, die Kernprovinz des preußischen Staates.

zu helfen, indem er den russischen Truppen befahl, sich der preußischen Armee anzuschließen.

Prosorowski war die ganze Zeit bei der russischen Armee, und erst mit der Thronbesteigung der Kaiserin Katharina II., die die militärischen Operationen nicht fortsetzen wollte und die russischen Truppen abzog, kehrte er nach Russland zurück. Am 24. November 1764 wurde er zum Brigadier und am 18. Mai 1766 zum Generalmajor befördert und im selben Jahr (28. Juni) mit dem Anna-Orden ausgezeichnet.

Fürst Prosorowski hatte über einen längeren Zeitraum in Preußen für Russland gekämpft. Ganz Preußen hatte er bereist.

Laut Akte 19/134 des Archivs in Dnipro, bekam Baron von Brackel am 31. Mai1796 einen Bericht, in dem es hieß, dass ein Teil der Josefstaler Kolonisten, unter anderen auch Schmoldt, aus Gumbin/Preußen vom Fürst Prosorowski 1778 nach Neurussland in seine Dörfer eingeladen waren und von ihm 1785 freigelassen seien. In der Zeit hatten sie in Nowomoskowsk am Fluss Orel gelebt. Darüber später mehr.

Friedrich II., der König von Preußen, schrieb 1768 in seinem Politischen Testament: „Polen kann sich kaum zu den Mächten in Europa zählen. (…) Die Wahlen ihrer Könige, gefolgt von Bürgerkriegen, die aufrührerischen Reichstage, von denen keiner überdauert; keinerlei Gesetzgebung, keinerlei Rechtsprechung. Es ist die Herrschaft der Anarchie. Der Adel ist stolz sowie arrogant in seinem Reichtum, feige im Unglück, begierig nach Bestechungsgeldern, ebenso unfähig, eine machtvolle Partei aufzubauen, wie diese zu unterstützen. In einem Wort, nach meiner Meinung, ist dies die rückständigste Nation Europas.“[118]

Die Teilung Polens, politische Veränderungen, Steuererhöhungen und die Überbevölkerung im Norden Polens, sodass ein Landerwerb nicht mehr möglich war – all das waren die Hauptgründe für

---

118 Geheimes Staatsarchiv Preußischer Kulturbesitz, I. HA-Rep. 400, Nr. 158/1-2.

die steigende Auswanderung nach Neurussland im 18. Jahrhundert. Die wirtschaftlichen Missverhältnisse hatten ein Ausmaß erreicht, bei dem niemand mehr an eine baldige Besserung glaubte.

Zurück nach Neurussland.

Während der Herrschaft Anna Ivanovnas (1730-1740) ließ der Feldmarschall Münich die damalige Grenze des russischen Reiches zwischen der Mündung des Orel-Flusses in den Dnepr und der Ortschaft Isjum als „Ukrainische Linie“ befestigen und in der Gegend das „Landmilitia“-Regiment ansiedeln. Nach dem schwedischen Vorbild sollten die Grenzbewohner Land erhalten, von dem sie zumindest einen Teil ihres Lebensunterhalts bestreiten konnten. 1727 wurde hier ein serbisches Regiment (1.000 Serben) angesiedelt. Den serbischen Soldaten folgten einzelne Serben aus angesehenen Familien, von denen einige eine steile militärische Karriere hinlegten. Unter ihnen durften nur Serben, Bulgaren, Mazedonier und Walachen dienen.

1756 errichteten sie ihr Hauptquartier in Bachmut. Ausgesetzt in „einer reinen und stillen Wüste“, fühlten sich die Serben wie „Schiffbrüchige auf einer einsamen Insel“.[119] Ihre Hütten stürzten beim ersten Sturm ein. Sie sammelten die Früchte der Steppe und jagten Wildziegen und Hasen. Erst allmählich lehrte sie die Not, Äcker zu bestellen und Vieh zu züchten.

Immer wieder kamen Beschwerden über die tyrannische Herrschaft der serbischen Offiziere. 1763 befand eine Untersuchungskommission die Serben der Willkürherrschaft, Vetternwirtschaft und Unterschlagung schuldig. Sie wurden verurteilt und verbannt. Die Kommission stellte fest, dass die serbischen Militärkolonien ihren Zweck nicht erfüllt hätten. Das von Serben besiedelte Gebiet wurde 1764 in das neu geschaffene Neurussland eingegliedert.

In den 70er-Jahren des 18. Jahrhunderts wurden christliche Griechen und Armenier, überwiegend Handwerker und Kaufleu-

---

119 Piscevic, S. S. u. A. Der Name der Stadt Slavjano-Serbsk erinnert an einen serbischen Ursprung.

te, aus dem tatarischen Chanat der Krim nach Neurussland übersiedelt. 1783 wurden sie zwischen den Flüssen Dnepr, Samara und Orel angesiedelt, später auch in der Stadt Jekaterinoslaw und deren Umgebung.

Trotz aller Erleichterungen und Freiheiten, die der Staat ihnen gewährte, bereuten die Umsiedler schnell ihre Entscheidung, nach Jekaterinoslaw zu ziehen. Sie waren mit nur knappen Vorräten, Vieh und Geräten ausgestattet und hatten wenig Erfahrung in der Landwirtschaft. Aufgrund dieser Schwierigkeiten kehrten sie bald wieder auf die Krim und an das Asowsche Meer zurück, wo sie 1780 die Stadt Mariupol gründeten.

Karte des 1764 gegründeten Neurussland,
von DiscoverWithDima, CC BY-SA 4.0

Als die ersten deutschen Siedler in die Gegend von Josefstal kamen, fanden sie noch die zerfallenen Häuser und Hütten der Armenier und Griechen, die ihnen in den ersten Jahren als Behausungen dienten.

Polen machte, als es 1340 die Kiewer Rus und Kleinrussland eroberte, die Bevölkerung dieses Territoriums zu Leibeigenen. Diejenigen jedoch, die ihre Freiheit bewahren wollten, die ein Gewehr in der Hand halten konnten den Mut hatten auszubrechen, flohen aus der Leibeigenschaft und siedelten im südlichen Teil der Dnepr-Gegend, hinter den Stromschnellen, in den „wilden Steppen". Man nannte diese Gegend auch „Saporogi" (hinter den Stromschnellen), was später zum Namen „Saporoschje" führte.

Diese nach Freiheit strebenden Menschen wurden Kosaken genannt, was auf Türkisch „freier Mann" bedeutet.

Der mächtige Kosakenaufstand unter Jemeljan Pugatschev von 1773 bis 1775, der nur durch außergewöhnliche militärische Anstrengungen niedergeschlagen werden konnte, erfasste zu jener Zeit den russischen Landessüden an der Wolga und am Don. Schon bald bedrohte der Aufstand auch das Zentrum des Reiches um Moskau, während das Russische Imperium bereits seit fünf Jahren im Krieg mit dem Osmanischen Reich stand.

Im 17. Jahrhundert wurden die Kosaken zu einem privilegierten Militärstand im russischen Zarenreich. Diese militärischen Kosakeneinheiten erhielten Land an den Landesgrenzen, mussten jedoch diese Grenzen auch militärisch schützen. Unter dem Druck, sich in die staatliche Ordnung des Zarenreichs zu fügen, unterwarfen sie sich jedoch zwischen 1711 und 1739 der Herrschaft der Hohen Pforte[120] und der Herrschaft der Krimtataren.

1774 wurde der Frieden mit der Türkei geschlossen, und die Kosaken, dieses unruhige Volk, wurden überflüssig. Da immer mehr Leibeigene zu den Kosaken flüchteten, hatte Katharina II. einen guten Grund, die Saporoger Sitsch[121] zu liquideren.

---

120 „Hohe Pforte" war im Osmanischen Reich der Name des Tors des Topkapı-Palasts in Istanbul und wurde schließlich zum Metonym für den Sitz der Regierung des Osmanischen Reiches und für die Regierung selbst.

121 Die Sitsch steht für verschiedene befestigte Verwaltungszentren der Saporoger Kosaken.

Ab dem 5. Juni 1775 waren die Kosaken unter dem Kommando von General Potjomkin ihrer Saporoschje Sitsch verlustig – sie wurde aufgelöst. Ein Teil der Kosaken unterwarf sich, während es dem anderen Teil gelang, an die Donauufer zu fliehen.

Die Ländereien der Kosaken, unter anderem auch am Fluss Orel, wurden etwa ab 1775 an Adelige verteilt. Je höher der Anwärter in der sozialen Hierarchie stand, desto mehr Land durfte er erwerben.

Unter den Namen der Adeligen (Pomeschiki), die Land erwarben, tauchen folgende auf: Fürst G. Potjomkin, Fürst A. Wjasemskij, Fürst A. A. Prosorowski[122], der jahrzehntelang erfolgreich in Polen/Preußen gekämpft hatte, und andere.

Der Fluss Orel (ukrainisch Оріль; russisch Орель) ist ein linker Nebenfluss des Dnepr in der Ukraine. Er hat eine Länge von 346 km und ein Einzugsgebiet von 9.800 km². Der Fluss entspringt auf dem Donezrücken bei dem Dorf Jefremiwka im Kreis Perwomajskyj in dem ukrainischen Gebiet Charkiw und mündet bei der Siedlung städtischen Typs Obuchiwka, unweit der Stadt Dnipro, in den Fluss Dnepr.

Die Kolonie Josefstal wurde 1789 durch den Gouverneur und Wirklichen Staatsrat Kochowsky bei der neuerrichteten Stadt Jekaterinoslaw gegründet. Bevor dies geschah, schickte er einige der neuangekommenen Kolonisten der zukünftigen Kolonie nach Nikopol, 120 Werst[123] am Dnepr gelegen, um dort taugliche Ländereien zur Ansiedlung auszusuchen. Sie berichteten jedoch, dass das dortige Land für eine Niederlassung ungeeignet sei. Als neue Ankömmlinge hatten sie die Eigenschaften und Lage des Landes nicht richtig beurteilen können. Darauf wurden sie an den Samara-Fluss geschickt, wo ihnen das Land besser gefiel. Auf Befehl des Staatsrats Kochowsky wurde dort schließlich die Kolonie angelegt.

---

122 D. I. Jawornitzkij, „Die Geschichte der Stadt Jekaterinoslaw“.

123 Die Werst (1,0668 Kilometer) ist eine Maßeinheit für die Länge.

Mit dem Bau von Häusern wurde zunächst nicht begonnen. Da an diesem Ort früher eine Ansiedlung von Griechen und Armeniern existiert hatte, die jedoch wegen häufiger Überschwemmungen verlassen worden war, wurden die zurückgelassenen Häuser als vorläufige Wohnungen genutzt. Erst im Jahr 1796 erteilte die Gouvernementsregierung den Kolonisten den Befehl, eigene Häuser zu bauen, da das Holz dafür bereits 1792 gekauft worden war.

Die Kolonie lag an der rechten Seite des Samara-Flusses, welcher sich hier mit dem kleinen Fluss Kiltschin vereinigte, die Wiesen der Kolonie durchzog und unweit des der Kolonie Josefstal und Rybalsk gehörigen Igrener Holzhavens in den Dnepr mündete. Das Land der Kolonie lag in einer Niederung, die von einer Seite durch Sandhügel umzogen war. Josefstal war 15 km von Jekaterinoslaw und 12 km von der Kreisstadt Nowomoskowsk entfernt.

Das teils aus salzhaltigem Ton und Sand, teils aus Humuserde mit einer Unterlage von Ton und Salpeter bestehende Land war nicht besonders zum Ackerbau geeignet. Das beste Mittel, diese verschiedenen Erdarten für das Gedeihen der Frucht fruchtbar zu machen, war der Dung, welcher mit gutem Erfolg angewendet wurde.

Um das bei den Sandhügeln gelegene Land vor Flugsand zu schützen, hatte die Obrigkeit die Anpflanzung von Sträuchern vorgeschrieben. Der größere Teil der Wiesen stand gewöhnlich bis Anfang Juni unter Wasser und lieferte dann nur Schilf, Binsen und Farnkräuter. Das Wachsen des Getreides und der Gartenpflanzen ging im Frühling bei nassem, warmem Wetter rasch voran. Doch sobald die Hitze kam, trocknete der Boden völlig aus und das Wachstum stand still. In nassen Jahren jedoch gab es in den gedüngten Feldern gute Ernten an Getreide und Gemüse.

Aus Dankbarkeit für das entgegengebrachte Wohlwollen seitens des Wirklichen Staatsrates Josef Kochowsky gaben die Kolonisten ihrem Dorf den Namen Josefstal und wollten ihm damit ein bleibendes Denkmal setzen.

Von den 100 aus der Stadt Danzig und Umgebung ausgewanderten Familien kamen nur 90 in Josefstal an; zehn Familien waren auf der Reise und in den Winterquartieren verstorben. Diese 90 Familien waren in ihrer Zahl stark dezimiert. Sie gründeten die beiden Kolonien Josefstal und Rybalsk. 1808 kamen noch 22 württembergische Familien, die auf freien Plätzen angesiedelt wurden.

Die ersten Ansiedler kamen 1788 gemeinsam mit den Mennoniten aus der Danziger Gegend nach Neurussland. Sie hatten außer ihren aus der eigenen Mitte gewählten Aufsehern keine eigenen Anführer. Infolge einer großen Überschwemmung im Jahr 1788 verließen die hier wohnenden Griechen und Armenier Novomoskowsk sowie den Ort Bogorodiza für immer. Daher fanden die Deutschen einige wenige verfallene Häuser vor, die sie sich notdürftig zum Wohnen einrichteten und siedelten sich allmählich an einer etwas höher gelegenen Stelle in der Nähe an. Eines der vorgefundenen Häuser war in einem besseren Zustand und wurde nach Renovierung zum Inspektionsgebäude eingerichtet. Es stand noch bis 1832.

Neben den täglichen Nahrungsgeldern und den von der Krone gebauten Häusern erhielten die ersten Ansiedler noch 250 Rubel als Unterstützung. Das aus dem Ausland mitgebrachte Vermögen bestand bei den meisten Ansiedlern lediglich aus einer Kiste mit Kleidungsstücken, da sie in ihrem Heimatland als Tagelöhner und arme Handwerker in Not und Armut lebten. Wer auf der Reise noch etwas besaß, musste seinen Mitbrüdern in den vielen Fällen von Krankheit, Tod, Beerdigungen und anderen mit der Reise verbundenen schwierigen Umständen helfen, sodass er schließlich ebenso arm in das Land kam wie die anderen.

Durch Feuersbrünste hat die Kolonie wenig gelitten, umso mehr jedoch durch Überschwemmungen. Im Jahr 1820 überschwemmte der Fluss Samara die Getreidefelder und Gärten, zum Teil auch die Wohnhäuser. 1824 standen die Getreidefelder erneut unter Wasser. Die Überschwemmungen der Wiesen wiederholten sich, mit wenigen Ausnahmen, jährlich und dauerten so lange an, dass später nicht mehr ausreichend Futter für die Kühe wachsen konnte. Die schlimmste Überschwemmung wurde im Jahr 1845 registriert; das Dorf und die Ackerfelder glichen einem See. Das Wasser stieg so schnell an, dass sich die Bewohner auf den Hügeln fremder Gemeinden, auf den Sandbergen ihres eigenen Landes und in der Kolonie Rybalsk in Sicherheit bringen mussten. Der erlittene Schaden war groß, doch glücklicherweise gab es keine Todesopfer.

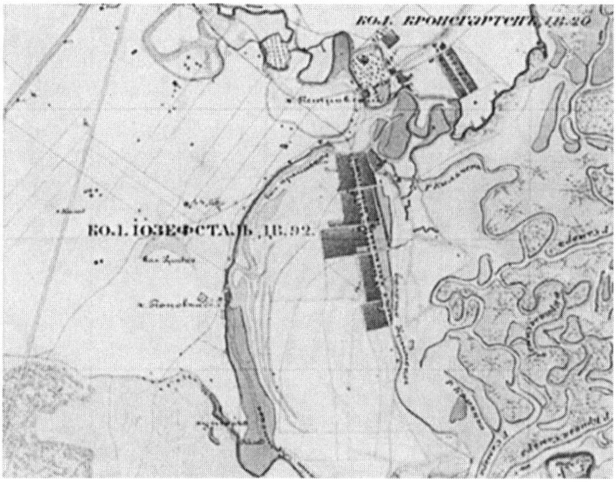

Karte von Josefstal aus dem 19. Jahrhundert

Epidemien haben Josefstal nie heimgesucht. Missernten wurden 1820, 1824, 1833 und 1834 registriert.

Da die Kolonisten von Haus aus wenig Erfahrung im Ackerbau hatten, war ihr Start anfangs schwierig. Dennoch gaben sich Alt und Jung die größte Mühe, um in der Landwirtschaft mit den anderen Ansiedlern Schritt zu halten. In dem Wirklichen Staatsrat Kontenius fanden sie einen zuverlässigen Ratgeber. Er setzte sich dafür ein, den Wohlstand der Kolonie zu fördern und die Zukunft der Kolonisten zu sichern. So wurde von ihm Saatgut für die Kolonisten angekauft, dessen Erträge in der nahegelegenen Stadt Jekaterinoslaw guten Absatz fanden und das Einkommen der Kolonie steigerten.[124]

Im Juli 1798 inspizierte Staatsrat Samuel Kontenius, der von 1800 bis 1818 Oberrichter des Vormundschaftskontors für ausländische Ansiedler in Südrussland war, die Kolonie Josefstal. Er verfasste ein negatives Urteil über die Hälfte der Einwanderer aus Danzig. Arbeitsunlust und Trunkenheit bei einigen sowie übermäßiger Kaffeekonsum bei anderen schwächten ihre Einnahmen. Kontenius reichte eine Beschwerde gegen vier „schlechte" Wirte in St. Petersburg ein, denen von den übrigen Gemeindemitgliedern Trunkenheit, Streitsucht und Untreue vorgeworfen wurden.

Die Expedition empfahl, diese vier Personen des Landes zu verweisen, und der Senat beschloss, sie dem Gericht zu übergeben.[125]

Nur die Hälfte der Siedler widmete sich dem Ackerbau, doch alle züchteten Vieh. Sie verkauften ihre Produkte im nahegelegenen Noworossijsk.[126]

Samuel Kontenius (1749–1830) war außerordentliches Mitglied des Fürsorgekomitees der ausländischen Siedler in Südrussland. Für seine bedeutenden Verdienste erntete er den Dank der ausländischen Siedlungen in Russland. Er wurde 1748[127] als Sohn eines armen Landpfarrers in Westfalen geboren. Nach Beendigung der höheren Schule studierte er an einer deutschen Universität Sprachwissenschaften und kam im Alter von 25 Jahren als Privatlehrer zu einer wohlhabenden Adelsfamilie nach Russland. 1785 trat er in den russischen Staatsdienst ein und erhielt 1799 den Auftrag, die ausländischen Siedler in Südrussland zu inspizieren. Im Jahr 1800 wurde er zum Oberrichter des neurussischen

124 Dorfbericht vom 8. Mai 1848, unterschrieben von M. Eisfeld, J. Janzen, Ch. Göbel.

125 Kontenius an Expedicija v. 15.7.1798 bzw.22.5.1801.

126 1798 wurde Jekaterinoslaw in Noworossijsk für kurze Zeit umbenannt.

127 Nach Angaben von K. Keller im Jahre 1750.

Vormundschaftskontors für ausländische Ansiedler ernannt. 1818 erhielt die Behörde, die zuvor diesen Namen trug, den Titel „Fürsorgekomitee für ausländische Ansiedler im südlichen Russland“ und hatte ihren Sitz in der Gouvernementsstadt Jekaterinoslaw.

Kontenius oblag die verantwortungsvolle Aufgabe, nicht nur Streitigkeiten unter den Ansiedlern zu schlichten, sondern vor allem die eingewanderten Ausländer in Neurussland anzusiedeln und nachhaltige landwirtschaftliche Bauernwirtschaften zu gründen.

Bereits in den Jahren 1797 bis 1800 bereiste und inspizierte er im Auftrag der russischen Regierung die noch unter Katharina II. angelegten deutschen Siedlungsgebiete.

Ein bedeutendes Hindernis für die wirtschaftliche Entwicklung der Kolonien war für Kontenius die weit verbreitete Korruption im russischen Beamtentum. Trotz des Versprechens von Katharina II. in ihrem Manifest von 1764, den ausländischen Ansiedlern eine Selbstverwaltung auf Lebenszeit zu gewähren, hob sie diese Selbstverwaltung nach der Umstrukturierung ihres Reiches in Gouvernements im Jahr 1782 auf. Die Kolonien wurden der russischen Staatsverwaltung unterstellt, wodurch sie der Willkür der Beamten ausgesetzt waren. Bestechungen, Erpressungen und andere gesetzeswidrige Handlungen seitens des russischen Beamtentums führten schnell zum wirtschaftlichen Niedergang der deutschen Dörfer. Diese waren zunehmend nicht mehr in der Lage, ihre Staatsschulden und Steuern zu begleichen. Als Hauptursache für ihre Verarmung nannten die Kolonisten in ihren Beschwerden bei der Regierung die Korruption der Beamten.

Im Jahr 1797 erkannte die Regierung die Klagen der Ansiedler als berechtigt an. Sie vollzog die Ausgliederung der Kolonistengebiete aus dem russischen Staatsapparat und gewährte ihnen ihre ursprüngliche Selbstverwaltung zurück.

Unter Kontenius‘ Anleitung vollzog sich der Aufbau der Selbstverwaltung von unten nach oben. Jede Dorfgemeinde wählte ihren Schulzen für eine Amtszeit von zwei Jahren. Nur erfahrene, unbescholtene Landwirte wurden gewählt, die den Dorfbewohnern in jeder Hinsicht mit gutem Beispiel voran gingen.

Der Schulze war verantwortlich für die äußere und innere Ordnung sowie für die Bedürfnisse der Gemeinde. Kleinere Vergehen konnten vom Schulzen mit Zustimmung der „besten Leute“ der Gemeinde bestraft werden.

Die administrativen Aufgaben des Dorfschulzenamtes übernahm ein amtlich angestellter Dorfschreiber.

Das Schulzenamt unterstand dem Oberschulzenamt, das mehrere Dörfer umfasste. An der Spitze des Oberschulzenamtes stand der Oberschulze, der in der Regel ein oder zwei Beisitzer hatte, die ebenfalls gewählt wurden. Der Oberschulze hatte mehr Befugnisse als der Dorfschulze. Er konnte schuldige Ansiedler mit Geldstrafen, Arrest und öffentlicher Arbeit bestrafen, jedoch nur mit Zustimmung der Dorfschulzen.

Ab 1803 war Kontenius mit der Ansiedlung zahlreicher Ausländer beschäftigt, die nach Neurussland kamen: Deutsche, Bulgaren, Griechen, Schweden und Franzosen. In den Jahren 1803 bis 1805 leitete er die Gründung von 120 Dörfern in der Nähe von Odessa, auf der Krim und am Fluss Molotschna sowie den Bau der nötigen Infrastruktur. Zudem organisierte er den Obstanbau und überwachte die Seiden- und Weinindustrie. Kontenius legte somit den Grundstein für den zukünftigen Wohlstand der deutschen Siedlungen, insbesondere in der Molotschna, und widmete sich gewissenhaft allen Wirtschaftszweigen. Auf seine Initiative geht auch die Gründung des Landwirtschaftsvereins im Jahr 1830 zurück.

Auf seiner Reise auf die Krim durchquerte der russische Zar Alexander I. die Mennonitendörfer und war tief beeindruckt von den Erfolgen, die Kontenius in 15 Jahren erreicht hatte. Durch seine unermüdliche Arbeit waren prächtige Obstgärten angelegt und wunderschöne Wälder bewirtschaftet worden. Der Zar bat Kontenius, seine wertvolle Arbeit für die Siedler fortzusetzen.

Dieser Aufgabe widmete er sich bis zu seinem Tod. Sein kleines Vermögen hinterließ er dem Bau von Schulen und Kirchen, da er wusste, dass ohne eine solide Bildung die geistige Entwicklung der Kolonisten langfristig gefährdet wäre. Er setzte alles daran, für jede Kolonie eine Schule sowie eine Kirche oder ein Bethaus zu errichten. Da die Gemeindesteuern nicht ausreichten, um diese Projekte zu finanzieren, ließ er einen Teil des Pachtgeldes für den Bau von Schulen und Kirchen abzweigen.

Eine weitere Einnahmequelle für den Bau dieser Einrichtungen war der Weinhandel. Kontenius empfahl die Verpachtung des Weinanbaus, wobei Kaufleute den Verkauf übernahmen und dafür Pacht zahlten, die oft sehr hoch war. So zahlten Kaufleute aus Odessa für die Pacht des Weins aus den deutschen und bulgarischen Kolonien in den Kreisen Cherson, Tiraspol und einem Teil des Kreises Owidiopol jährlich 22.000 Rubel, eine beachtliche Summe zu dieser Zeit. Das Weinpachtkapital wurde weitgehend für den Bau von Schulen, Kirchen und Bethäusern verwendet. Diese Einrichtungen standen unter der Aufsicht des Pastors, ebenso wie der Lehrer.

Kontenius war auch sehr darum bemüht, eine gute Lehrerschaft auszubilden. In seinem Testament hinterließ er 15.000 Rubel für die Ausbildung von Lehrern und Geistlichen, was seine Hingabe an das geistige Wohl seiner Kolonisten unterstrich.

Bis zu seinem Tod nach einer langen und schweren Krankheit am 30. Mai 1830 wirkte Kontenius weiterhin für das Wohl seiner Kolonisten. Die dankbaren Bewohner von Josefstal errichteten ihm auf dem örtlichen Friedhof ein Denkmal mit der Inschrift: „Denn er wird ewiglich bleiben; des Gerechten wird nimmermehr vergessen“, aus dem 112. Psalm: Glückseligkeit der Gottesfürchtigen und Barmherzigen.

Im Jahr 2001 stießen Studenten der Geschichte bei einer Ausgrabung in der Nähe der Gartenhäuser in Samarivka (ehemals Josefstal) zufällig auf die Überreste eines Grabsteins. Auf diesem war eine Gedenkinschrift sowohl in Russisch als auch in Deutsch zu finden, die einen Teil des Konteniusdenkmals bildete, welches im 19. Jahrhundert auf dem Grab von Samuel Kontenius errichtet worden war.

Die Josefstaler, genauso wie die Mennoniten, erhoben ebenfalls Anspruch auf ausstehende Verpflegungsgelder, die sie mit 11.313 Rubel berechneten. Kontenius jedoch hegte Zweifel, ob die Siedler diese Summe tatsächlich in ihre Wirtschaft investieren würden. Aus diesem Grund entschied die Expedition, dass die Weisung von Katharina II. aus dem Jahr 1792, nach der den Lutheranern halb so viel Unterstützung wie den Mennoniten gewährt wurde, auch für die Reisegelder galt.

Positiv hob Kontenius jedoch die Leistung der sogenannten „Oreler" Siedler in Josefstal hervor. Diese zwölf Familien stammten angeblich aus Thorn und waren 1780 auf Einladung russischer Edelleute nach Russland gekommen.[128]

Einige von ihnen hatten sich als Pächter eines Gutsbesitzers am Fluss Orel niedergelassen und 1796 um Anerkennung als Kolonisten gebeten. Bei der letzten Revision wurden sie als Staatsbauern eingestuft und mussten die übliche Grundsteuer zahlen. Nun hofften sie auf eine zehnjährige Steuer- und Abgabenfreiheit, da sie nie staatliche Unterstützung in Anspruch genommen hatten.

Mitte 1798 besaßen die insgesamt 102 Familien in Josefstal und Rybalsk 290 Pferde, 878 Rinder und 248 Schafe. Von den Orelern hatten sie jeweils 11 Pferde, 192 Rinder und 16 Schafe.

In der wirtschaftlichen Zusammenfassung von 1801 wurden die „Oreler" Kolonisten mit folgenden Namen extra aufgeführt: Werner, Niss, Jeworsky, Schmolt, Schmidt, Hirschfeld und Foltmann.

Es existierte eine Verordnung der Gouvernementsverwaltung in Jekaterinoslaw vom 31. Mai 1796, adressiert an den zuständi-

128 Detlef Brandes, „Von den Zaren adoptiert", Schriften des Bundesinstituts für ostdeutsche Kultur und Geschichte.

gen Beamten für die Kolonien, Baron von Brackel. Darin wurde unter anderem vermerkt, dass die Ausländer Jakub Knis, Friedrich Schmit, Jusef Hirschfelt (Jelenewski) und Michajlo Foltmann erklärten, vor 18 Jahren aus Preußen, speziell aus der Stadt Gumbin, auf Einladung von Fürst Prosorowski nach Russland gekommen zu sein. Nach ihrer Ankunft in Neurussland hatten sie zunächst im Dorf von Fürst Prosorowski im Kreis Nowomoskowsk bis 1785 gewohnt, bevor sie vom Fürsten freigesprochen wurden. Anschließend lebten sie als Pächter eines Gutsbesitzers in der Sloboda Orel, aber weil dort nur Menschen ukrainischer Herkunft wohnten, entschieden sie sich, sich den Kolonisten im Kreis Nowomoskowsk anzuschließen, die sie schließlich in Josefstal und im Fischerdorf aufnahmen.

In diesen Kolonien ersuchten sie um eine offizielle Aufnahme, ohne staatliche Unterstützung in Anspruch zu nehmen, und erklärten sich bereit, die gleichen Steuern wie die anderen Kolonisten zu entrichten, also 15 Kopeken pro Zehntel jährlich.

In Antwort auf diese Bitte erging eine Verordnung, die besagte, dass die „Oreler" genauso viel Land erhalten und Steuern zahlen, sollten wie die übrigen Josefstaler, jedoch ohne die Möglichkeit, von Freijahren zu profitieren.

Aus diesen Informationen wissen wir nun, dass unsere Vorfahren, die Familie Schmoldt, bereits 1778 auf Einladung von Fürst Prosorowski aus Preußen, nach Neurussland gekommen sind.

Meine Reise in die Vergangenheit

Es ist ein ewiges Thema: Wir nehmen uns etwas vor und sind fest entschlossen, morgen endlich anzufangen – nur um es dann doch nicht zu tun. Diese Kluft zwischen Wollen und Handeln scheint tief in unserer menschlichen Natur verankert zu sein. Der kritische Punkt zwischen Wollen und Handeln ist das Anfangen, der erste Schritt.

Am 1. Juli 2023, am Samstag, machten Waldemar und ich uns auf die Busreise nach Westpreußen, in die Heimat meiner Vorfahren. Es war eine Reise, die bereits lange fällig war und aus verschiedenen Gründen immer wieder verschoben wurde.

An einem bestimmten Punkt, als mein Buch über die Geschichte meiner Kröcker-Vorfahren fast vollendet war, konnte ich diese Reise nicht länger hinauszögern.

Interesse, Langeweile, Neugier, Irritation, Trauer, Mitleid, Abscheu und Faszination – all diese Emotionen begleiteten mich, als ich mich mit der Geschichte meiner Familie auseinandersetzte. Sie prägten nicht nur meine Begegnung mit den Ereignissen und Schicksalen der Vorfahren, sondern formten auch mein Verständnis von den Menschen der Vergangenheit und deren Lebenswegen.

Der Besuch von historischen Orten, von Geschichtspräsentationen in Museen, von Gedenkstätten oder Denkmälern, das Anschauen von multimedialen historischen Dokumentationen im Fernseher oder im Internet, aber auch die Arbeit mit vermeintlich „trockenen" Geschichtsbüchern – all diese Auseinandersetzungen mit Geschichte lösen Gefühle aus, die die vorhandenen Bilder über die Geschichte schärfen und Klarheit mit sich bringen.

Emotionen können den Zugang zur Vergangenheit öffnen oder verschließen. Manchmal entstehen diese Emotionen ganz unbewusst, während man sich mit der Geschichte auseinandersetzt.

Manchmal werden sie bewusst unterdrückt. Darüber hinaus sind Gefühle ein Teil der Vergangenheit selbst: Die Geschichten vergangener Menschen und Zeiten erzählen von Liebe, Hass, Wut, Trauer, Vertrauen oder Zuneigung – Emotionen, die den Lauf historischer Ereignisse mitbestimmen.[129]

Der Reiseplan, der bis ins kleinste Detail von Johann Peter Wiebe, einem Gemeindemitglied der Mennonitischen Kirche Bechterdissen Leopoldshöhe, ausgearbeitet war, schien so perfekt auf uns, die Mitreisenden, abgestimmt zu sein, dass es fast den Anschein erweckte, er hätte ihn speziell für jeden Einzelnen von uns erstellt.

Mein Ziel war es, einmal die Ortschaften zu besuchen und zu sehen, in denen meine Vorfahren einige Jahrhunderte lang sicher gewohnt hatten.

Als wir am frühen Morgen die mennonitische Kirche in Bechterdissen Leopoldshöhe erreichten, begrüßten die Mitreisenden uns sehr freundlich.

Während der Vorstellungsrunde erfuhren wir, dass einige Mitreisende, genau wie wir, aus Russland stammen, ihre Vorfahren waren auch vor 200 Jahren aus Westpreußen nach Neurussland ausgewandert. Die meisten Mitreisenden waren Nachkommen von Mennoniten, die die Schrecken des Zweiten Weltkrieges und die Grausamkeiten während der Flucht in den Westen erlebt hatten.

Dem Reiseplan zufolge waren täglich 30-minütige Andachten mit Gesang in den alten, ehemals mennonitischen Kirchen eingeplant. Während dieser Andachten wurden manche Lieder sogar mehrstimmig gesungen.

Die Landschaft im ehemaligen Westpreußen hat einen eigenen Reiz. Jedes Detail trägt zum harmonischen Gesamtbild bei. Die Weiden und Pappeln atmen die Feuchtigkeit aus Feldern und

129 Juliane Brauer und Martin Lücke „Emotionen, Geschichte und historisches Lernen. Einführende Überlegungen."

Gräben, während die Linden die Friedhöfe und Parks schmücken. Wege und Gräben durchschneiden in rechtwinkligen Linien die Felder.

Das Luthertum fand seit dem 16. Jahrhundert besonders bei der deutschen Bevölkerung in den nordpolnischen Städten viele Anhänger. Meine Vorfahren väterlicherseits waren und sind evangelischen Glaubens. Ich habe mir während der Reise immer wieder Pläne darüber gemacht, wie wir es schaffen, einen außerplanmäßigen Ort zu besuchen.

Laut Reiseplan waren Besuche der ehemals mennonitischen Dörfer vorgesehen. Das waren interessante Erfahrungen für uns.

Es war aber einfacher, als ich es mir gedacht hatte: Am sechsten Tag unserer Reise nahmen wir uns in Danzig ein Taxi und fuhren los nach Rokitnica (Müggenhahl).

Rokitnica (Müggenhahl)

Das Dorf liegt etwa vier Kilometer östlich von Pruszcz Gdański (deutsch Praust) und elf Kilometer südlich der regionalen Metropole Gdańsk (Danzig), auf der sogenannten Danziger Höhe.

Die Ortsbezeichnung Rokitnica kommt in Polen sechsmal vor.

Die deutsche Ortsbezeichnung Müggenhahl ist dem Plattdeutschen entlehnt und bedeutet so viel wie „Mückenloch“.

Das Dorf gehörte vor 1919 zur deutschen Provinz Westpreußen und wurde nach dem Ersten Weltkrieg im Rahmen des Versailler Vertrags dem Gebiet der Freien Stadt Danzig zugeordnet. Nach dem Zweiten Weltkrieg wurde der Ort zusammen mit der gesamten Region unter polnische Verwaltung gestellt. Das Dorf ist heute ein Teil des 1999 neu gegründeten polnischen Verwaltungsbezirks Danzig. 2011 wohnten im Dorf 925 Einwohner.

Auf unserer Reise nach Rokitnica hätten wir gerne alte Vorlaubenhäuser, die alte Kirche und den alten Friedhof gesehen. Unsere Erwartungen wurden jedoch nur teilweise erfüllt: Erhalten geblieben sind das neben der Kirche stehende ehemalige Pfarrhausgebäude, zwei holländische Gehöfte aus dem Anfang des 19. Jahrhunderts und ein ehemaliger Pferdestall mit der deutschen Inschrift „Erbaut im Jahre 1870 von Andreas Heim.“

Vor dem Grundstück in der Ul. Bałtycka 32 stehen Pfosten, die den Danziger Stürzen aus dem Jahr 1701 nachempfunden sind.

Ein ehemaliger Pferdestall mit der deutschen Inschrift „Erbaut im Jahre 1870 von Andreas Heim.“

Mit gutem Gefühl verließen wir den Ort: Wir haben das Heimatdorf von Rahel Zernechel (Schmoldt*)* gesehen. In diesem Dorf wurde sie geboren.

Die evangelische (heute katholische) Kirche in Rokitnica, gegründet 1400, nach dem Zweiten Weltkrieg neu gebaut

Zum Abschluss unserer Reise tauchten wir mit dem Besuch von Thorn, einer der ersten Gründungen des Deutschen Ordens, in das späte Mittelalter ein.

Die wunderbar erhaltene Stadt steht mit ihren ehrfurchtgebietenden Kirchen, dem imposanten Rathaus und den stolzen Bürgerhäusern im Schutze von teilweise noch erhaltenen mächtigen Ringmauern seit 1997 zurecht auf der Liste des Weltkulturerbes der UNESCO.

Abschließend sei noch eines großen Sohnes von Thorn gedacht: des berühmten Astronomen Nikolaus Kopernikus, geboren 1473 in Thorn und gestorben 1543 in Frauenburg/Ermland. Deutschland und Polen beanspruchen ihn gleichermaßen, doch in Wahrheit gehört er der gesamten Menschheit.

Es gab in Westpreußen hunderte deutscher Ortschaften und jeder Ort hatte eine eigene Geschichte, wobei sie alle auch viele Gemeinsamkeiten hatten. Das Land wurde oft zerstört, belagert, erobert und annektiert und zwischen anderen Ländern aufgeteilt. Durch häufige Überflutungen standen so manche Ortschaften bis zu fünf Jahren unter Wasser. Oft änderten sich die ökonomischen Voraussetzungen für das Überleben.

Weit genug entfernt von den Zentren der Macht, um sich dem Willen der Mächtigen widersetzen zu können, wohlhabend und einflussreich genug, um eigene Wege zu gehen, individuell genug, um sich eine eigene Geschichte zuzulegen: Das war Westpreußen viele hundert Jahre.

Begehrt und umworben, in sich ruhend, eingebettet in die Schönheit der Geschichte, der Stadtlandschaft und der natürlichen Umgebung, selbstbewusst und manchmal selbstvergessen, immer wieder in der Lage, vom Spielball der Mächte und Mächtigen zu einem Akteur der Geschichte zu werden: So war Westpreußen.[130]

Nach neun Tagen ging unsere Reise zu Ende. Mit gutem Gefühl machten wir uns auf den Weg nach Hause. Der Kreis: Das Heilige Römische Reich Deutscher Nation, Polen-Litauen, Westpreußen, Neurussland, Russland, Deutschland hatte sich für mich geschlossen. Das Gefühl, schon einmal in Westpreußen gewesen zu sein, begleitete mich während der ganzen Reise.

Unabhängig davon, wohin wir reisen, steht fest: Unsere Seelen und unsere Herzen nehmen wir immer mit.

Im Juli 2024 packte ich wieder meinen Koffer und begab mich gemeinsam mit Waldemar, meinem Mann, und Barbara, einer guten Seele, auf die Spurensuche in den Ortschaften, die laut den Daten aus dem Bundesarchiv Berlin für viele Josefstaler Stationen der Zwangsumsiedlung in den Jahren 1944 und 1945 im ehemaligen Warthegau waren.

Ursprünglich wollte ich das VoMi-Lager „Tuschin Wald“, etwa 20 km südwestlich von Lodz, besuchen. Vor dem Krieg hatten die Juden im Tuschin-Wald nicht nur Sommerhäuschen, sondern auch größere Gesellschaftshäuser, Erholungsheime und Landvillen angelegt. Während der deutschen Besatzung befand sich im Tuschin-Wald ein großes Umsiedlerlager der VOMI (Volksdeutsche Mittelstelle). Dort waren ab 1939 deutschstämmige Umsiedler aus der Sowjetunion, Bessarabien, Kroatien und anderen Regionen untergebracht, die später im Generalgouvernement angesiedelt werden sollten.

Nach dem Kriegsende diente das Lager als Gefängnis für Nazikriegsverbrecher. Meine ausführlichen Recherchen über Tuschin Wald waren leider erfolglos: Heute ist Tuschin Wald ein Stadtteil

130 Peter Oliver Loew, „Biografie einer Stadt“.

von Tuszyn, und von dem ehemaligen Umsiedlerlager ließ sich keine Spur mehr finden.

Am zweiten Tag unserer Reise kamen wir nach Kępno (Kempen im ehemaligen Warthegau). Bei strahlendem Sonnenschein erlebten wir eine freundliche Kleinstadt, die durch ihr historisches Bahnhofsgebäude und den Charme vergangener Zeiten beeindruckte.

Der Bahnhof in Kępno (Kempen) ist einer der wenigen Zweigeschossbahnhöfe, an dem sich zwei Bahnlinien kreuzen, wobei jede Linie ihren eigenen separaten Bahnsteig hat.

Bahnhof von Kepno (Kempen im Warthegau)

Hier kamen die Erinnerungen an Emilie Schilling hoch und an den kalten, verschneiten Morgen im Februar 1945, als sie mit ihren Kindern am Bahnhof verharrte.

In einem der größten viereckigen Marktplätze Polens, mit einem mittelalterlichen, räumlichen Netz von zehn abzweigenden Wegen, standen wir vor dem zweigeschossigen Rathausgebäude (1835), das heute Sitz der Selbstverwaltung von Kępno ist. Hier wurde meiner Großmutter und vielen anderen Josefstalern nach einer gründlichen Untersuchung die 100-prozentige Deutschstämmigkeit bescheinigt, und hier erhielt sie am 28. August 1944 ihre Einbürgerungsurkunde.

Unser weiteres Ziel war Grabów nad Prosną (Altwerder im Warthegau), 18 km von Kępno entfernt. In diesem Ort wohnte und arbeitete meine Großmutter mit ihrer Schwiegertochter und zwei Enkelkindern bis zur Repatriierung 1945 auf einem Bauernhof.

Das Dorf liegt am westlichen Ufer des Flusses Prosna, der nach der dritten Teilung Polens 1795 zum Grenzfluss zwischen Preußen und Russland wurde. Über die Brücke konnte man von einem Land ins andere wechseln. Heute ist es eine einfache Betonbrücke, die keine besondere Sehenswürdigkeit mehr darstellt.

In Grabów nad Prosną wurde mein Cousin Emil Görz 1944 geboren und in der evangelischen Kirche getauft. Die im neugotischen Stil erbaute Kirche, die auf dem Dorfplatz neben einem Teich steht, stammt aus dem 19. Jahrhundert. Der Turm wurde durch einen Blitzschlag zerstört und 1899 wieder aufgebaut. Besonders sind die Holzdecke in Tonnenform und die Buntglasfenster mit Ziegelumrahmung.

Leider konnten wir die Kirche nicht betreten, da sie mit einer alten Schuppentür verschlossen war, die sich kaum noch an den Angeln hielt und deutliche Gebrauchsspuren aufwies. Es gab keine Fußspuren auf dem Gras rund um den Eingang. Die Kirche, wie auch viele andere alte, zerfallene Häuser in den polnischen Dörfern, erweckten den Eindruck, als seien sie schon lange von Menschen verlassen, nicht mehr zu gebrauchen und verwaist.

2019 erschien das Buch „Poniemieckie" in polnischer Sprache, verfasst von Karolina Kuszyk, die 1977 in Niederschlesien geboren wurde. Sie beschreibt ihre besondere Faszination für Gegenstände, die die Deutschen nach ihrer Flucht und Vertreibung zurückgelassen haben.

„Poniemieckie" ist ein Neologismus, der gegen Kriegsende entstand, um alles zu benennen, was die Deutschen hinterlassen haben – von Häusern bis hin zu Industrieobjekten. Es war eine enorme logistische Herausforderung, dieses Erbe im neuen Teil Polens zu verwalten. Es ging darum, all die hinterlassenen Dinge und Objekte zu erfassen und Regeln zu etablieren, wer was bekommen würde und zu welchem Preis. Denn es war nicht so, dass die Zugezogenen alles kostenlos erhielten. Für die Häuser war das nicht der Fall, aber für Möbel und Einrichtungsgegenstände mussten sie an den polnischen Staat bezahlen.[131] Mit der Zeit wurde der Begriff poniemieckie immer mehr verdrängt.

Karolina Kuszyk berichtete im Interview: „In meinem Kinderzimmer etwa hing ein Öldruck mit einem Schutzengel und einem Geschwisterpaar. Ich wusste von diesem Bild nur, dass es alt war. Ich hatte keine Ahnung davon, dass es ein poniemieckie, ein „ehemals deutsches" Bild war. Meine Familie wohnte damals in einem Plattenbau. Die Plattenbau-Ästhetik passte nicht zu diesem alten Bild. Es erinnerte an eine andere Zeit und ganz andere Wohnräume. Ehemals deutsche Gegenstände fand ich auch in der Wohnung meiner Großeltern in einem Mietshaus vom Ende des 19. Jahrhunderts. In Liegnitz/Legnica. Da gab es zum Beispiel eine blaue Brotbüchse mit der Aufschrift „Unser täglich Brot gib uns heute", einzelne Möbelstücke und Geschirr der ehemaligen Einwohner. Diese Gegenstände waren für mich wie ein Geheimnis, weil ich sie nicht deuten konnte. Sie gehörten einer anderen Wirklichkeit an, die ich damals nicht kannte. Als meine Eltern Anfang der 1990er die Hälfte eines vor 1945 gebauten Hauses kauften und meine Familie in dieses Haus zog, fanden wir im Keller noch deutsche Bücher, Notenhefte, alte Fläschchen, Tassen … Und das, obwohl dieses Haus schon mehrere polnische Vorbesitzer gehabt hatte! Aus Gesprächen mit den Menschen, die in „ehemals deutschen" Häusern leben, habe ich erfahren, dass sie oft noch Fotografien von deutschen Familien haben und alte Bücher. Diese Dinge wurden oft nicht weggeworfen, weil sich das nicht richtig angefühlt hätte.

Aber es gab auch ganz praktische Gründe dafür, dass man sich deutscher Gegenstände nicht einfach so entledigte. Dinge des täg-

131 „Das deutsche Erbe ist hoch im Kurs," Karolina Kuszyk spricht im Interview mit Markus Nowak über die Beliebtheit von »poniemieckie« – deutschen Antiquitäten und anderen Hinterlassenschaften in Polen. März/April 2022 – Kulturkorrespondenz östliches Europa № 1428

lichen Gebrauchs etwa wurden genutzt. Viele Siedler, die sich im ehemaligen deutschen Osten eingerichtet hatten, brachten nicht viel aus ihrer alten Heimat mit. Ihre Häuser waren ausgebombt oder sie waren aus anderen Gründen mit ganz wenig aus dem einstigen polnischen Osten gekommen. Sie starteten bei null. All die Dinge der Deutschen, wie Möbel, Kleidungsstücke und Besteck: Man brauchte sie. Einige schätzte man, so wie mein Opa immer die Qualität deutscher Werkzeuge lobte.

Zu den Häusern dagegen hatten die neuen Einwohner ein gespaltenes Verhältnis. Bis in die 1980er Jahre hinein herrschte in Polen das propagandistische Narrativ der „Wiedergewonnenen Gebiete", das den Machthabern dazu diente, den polnischen Anspruch auf die nach dem Krieg angeschlossenen Gebiete zu legitimieren. Trotzdem sagten viele Umsiedler, es lohne sich nicht, die Häuser zu modernisieren und hier Wurzeln zu schlagen, weil die Deutschen irgendwann wiederkommen und uns das wegnehmen, was ihnen früher gehört hatte. Im Laufe der Zeit ist die Angst vor der Rückkehr der Deutschen kleiner geworden. Aber vor den 1960ern wurde generell nicht renoviert. Das Gefühl der Vorläufigkeit war allgegenwärtig. Den schönen Kleinkram aber lernte man zu schätzen und sogar zu lieben: Besteck, Bilder, Weihnachtsdeko … und natürlich gab es auch Leute, die deutsche Bücher verbrannt haben, weil sie eben mit dem ehemaligen Feind assoziiert wurden. Oder es gab Leute, die Häuser verwüstet haben aus Rache für das Leid, das man durch die Deutschen im Krieg erfahren hatte. Man hat sich gerächt an Dingen, Häusern und auch an Friedhöfen der Deutschen."

So fand ich die Erklärung für die vielen verfallenen Häuser im Südwesten Polens, die einst imposanten Häuser, die die Deutschen nach der Vertreibung aus dem Gebiet in der Nachkriegszeit hinterlassen hatten.

Während meiner Vorbereitungen für diese Reise habe ich viele alte Bilder und Postkarten von Altwerder angeschaut. Immer wieder fiel mir eine Wasserpumpe auf dem Marktplatz auf. Groß war meine Freude beim Wiedererkennen einer Wasserpumpe auf dem Marktplatz in Grabow nad Prosna, es war fast so, als ob ich nach langer Zeit wieder eine alte Freundin getroffen hätte. Es war zwar nur noch eine Attrappe, dennoch stand die Wasserpumpe in der Mitte des Dorfes noch an ihrem Platz.

Für diese Reise hatte ich mir Ziele gesetzt, die ich in den drei Tagen erreichen wollte. Es lief alles glatt, und dank meiner Freundin Barbara konnte ich sprachliche Probleme überwinden und zum Beispiel im historischen Museum von Kepno nach Informationen zum Zweiten Weltkrieg fragen.

Marktplatz mit der Wasserpumpe in Grabow nad Prosna.

Die Leute begegneten uns ausgesprochen freundlich und bedankten sich für unser Interesse. Im Museum wurde ich sogar mit einem Geschichtsbuch über Kepno beschenkt.

Meine Sorgen und Zweifel in Bezug auf die Reise, die immer wieder zu Verschiebungen des Reisetermins geführt hatten, erwiesen sich als völlig unbegründet.

Zu Hause ist meistens ein Tag wie der andere: aufstehen, arbeiten, einkaufen, fernsehen, Zeit mit der Familie verbringen, schlafen. Irgendwann kommt der Gedanke auf, dass das doch nicht alles sein kann. Reisen ist eine Möglichkeit, an die eigenen Grenzen zu gehen – und diese zu erweitern. In meinem Fall war es eine Grenzerweiterung in Bezug auf die Geschichte des Zweiten Weltkrieges.

Im Alltag ist unsere Wahrnehmung häufig eingeschränkt. Wir funktionieren. Viele Dinge erledigen wir automatisch. Autopilot ein, los geht's. Der Tag der meisten Menschen wird von Routinen bestimmt.

Beim Reisen ist das anders. Wir verlassen die Eintönigkeit des Alltags und bewegen uns außerhalb unserer Komfortzone. Alles ist neu, aufregend, eben einfach anders. Dadurch sind unsere Sinne geschärft. Wir saugen die noch unvertrauten Eindrücke in uns auf: Gerüche, Geräusche, der Geschmack… Fernab der Heimat sind wir plötzlich wieder vollständig.

Dadurch wird das Reisen oft zu einer Reise zu uns selbst. Was wir unterwegs erleben, prägt uns. Wir meistern Herausforderungen und tun Dinge, die wir zu Hause niemals tun würden. Unterwegs finden wir diesen Mut. Genau das erweitert unseren Horizont und lässt uns wachsen.

Für Notizen